D1737283

La búsqueda

OSHO

La búsqueda

Descubre tu fuerza interior, tu potencial

www.edaf.net

MADRID - MÉXICO - BUENOS AIRES - SANTIAGO
2018

Título del original: *THE SEARCH. Finding Your Inner Power, Your Potencial*, por Osho

© 1976, 2006. Osho International Foundation. www.osho.com/copyrights
© Traducción de: Rocío Moriones Alonso
© 2018. De esta edición, Editorial EDAF, S. L. U., por acuerdo con Osho International Foundation, Osho International, 445 Park Avenue, 9, New York, NY 10022, U.S.A., representados por Luís Martín Santos, Agente Literario, Jorge Juan 142, 28028, Madrid, España.
Todos los derechos reservados.
© De las ilustraciones de *Gomizen's, Ten Bulls of Zen*, Tenri University Fuzoku Tenri Library.
Diseño de cubierta: Gerardo Domínguez

Editorial EDAF, S. L. U.
Jorge Juan, 68. 28009 Madrid
http://www.edaf.net
edaf@edaf.net

Algaba Ediciones, S.A. de C.V.
Calle, 21, Poniente 3323, Colonia Belisario Domínguez
Puebla, 72180, México. Tfno.: 52 22 22 11 13 87
jaime.breton@edaf.com.mx

Edaf del Plata, S. A.
Chile, 2222
1227 - Buenos Aires, Argentina
edaf4@speedy.com.ar

Edaf Chile, S.A.
Coyancura, 2270, oficina 914, Providencia
Santiago - Chile
comercialedafchile@edafchile.cl

El material de este libro es una selección de las charlas dadas por Osho durante más de treinta años. Todas ellas han sido publicadas íntegramente en inglés y también están disponibles las grabaciones originales en audio. Ambas se pueden encontrar on-line en la biblioteca de la www.osho.com

Julio de 2018

Depósito legal: M-19.063-2018
ISBN: 978-84-414-3838-5

IMPRESO EN ESPAÑA   PRINTED IN SPAIN

Impreso por Cofas, S. A. (Móstoles) Madrid

Índice

Prólogo

El zen no es en absoluto una filosofía. Abordarlo como si lo fuera sería empezar con mal pie desde el principio. Una filosofía es algo de la mente; el zen está totalmente fuera de la mente. El zen es el proceso de ir más allá de la mente, lejos de ella; es el proceso de trascendencia, de sobrepasar la mente. No puedes entenderlo con la mente, la mente no tiene ninguna función en él.

El zen es un estado de no-mente; hay que recordar esto. No es el vedanta. El vedanta es una filosofía que puede entenderse perfectamente. El zen ni siquiera es como el budismo. El budismo también es una filosofía.

El zen es un florecimiento muy extraño... es el encuentro de la experiencia de Buda y la experiencia de Lao Tse. Buda, al fin y al cabo, formaba parte de la tradición hindú. Él hablaba el lenguaje de la filosofía; se expresa de una manera completamente clara y puedes entenderle. De hecho, él evitaba todas las cuestiones metafísicas; era muy sencillo, claro y lógico. No obstante, la suya no era una experiencia de la mente. Él trataba de destruir tu filosofía proporcionándote una filosofía negativa. Del mismo modo que puedes usar una espina para sacar otra espina, la idea de Buda era la de sacarte la filosofía de la mente con otra filosofía. Una vez has sacado la primera espina, puedes tirar las dos espinas y, entonces, estarás más allá de la mente.

Cuando las enseñanzas de Buda llegaron a China sucedió algo tremendamente hermoso: una fusión. En China, Lao Tse había plasmado su experiencia en el Tao de una manera completamente no física, de una forma muy absurda, de una forma completamente ilógica. Sin embargo, cuando los místicos budistas y los meditadores budistas coincidieron con los místicos taoístas inmediatamente se entendieron entre sí con el corazón, no con la mente. Podían sentir la onda, podían ver que el mismo mundo interior se había abierto; podían oler la misma fragancia. Así que se acercaron y, al hacerlo, a base de reunirse y combinarse entre sí, empezó a crecer algo nuevo. Eso es el zen. Posee tanto la belleza de Buda como la belleza de Lao-Tse: es el hijo de ambos. Nunca antes ni desde entonces se había producido una unión así.

Osho, *Walking in Zen, Sitting in Zen*

La búsqueda del toro y el descubrimiento de las huellas

El toro nunca se ha perdido, porque el toro eres tú.
El toro es tu energía, es tu vida.
El principio de tu dinamismo es el toro.
El toro nunca se ha perdido.

1. La búsqueda del toro

En los pastos del mundo,
aparto incesantemente las altas hierbas en busca del TORO.
Siguiendo ríos desconocidos,
perdido por caminos que atraviesan montañas lejanas,
me fallan las fuerzas y mi vitalidad se agota,
y no puedo encontrar al toro.
Al caer la noche, solo oigo el canto del grillo en el bosque.

Comentario:

El toro nunca se ha perdido. ¿Qué necesidad hay de buscarlo? Únicamente la separación de mi verdadera naturaleza me impide encontrarlo. En la confusión de los sentidos pierdo incluso sus huellas. Lejos de casa me encuentro ante muchas encrucijadas, pero no puedo distinguir cuál es el verdadero camino. Me encuentro atrapado por la avaricia y el miedo, por lo bueno y lo malo.

2. Descubrir las huellas

A la orilla del río, bajo los árboles,
¡descubro las huellas!
Veo sus huellas incluso bajo la hierba fragante.
Las encuentro lejos, en las montañas remotas.
Esas huellas ya no se pueden ocultar.
Al igual que no se puede ocultar la propia nariz que mira al cielo.

Comentario

Al comprender la enseñanza, veo las huellas del toro. Aprendo entonces que, al igual que muchos utensilios están hechos de un solo
metal; asimismo, hay miríadas de entidades hechas de los ropajes
del yo. A menos que distinga, ¿cómo voy a percibir la diferencia
entre lo verdadero y lo falso? Aunque todavía no he atravesado la
puerta, ya he descubierto el camino.

Nos adentramos en un extraño peregrinaje. *Los Diez Toros del Zen* suponen algo único en la historia de la conciencia humana. La verdad es algo que se ha expresado de muchas maneras y siempre se ha descubierto que, hagas lo que hagas, queda inexpresada. Da igual cómo la expreses, es algo que elude toda expresión, es inaprensible. Sencillamente, escapa a cualquier descripción. Las palabras que utilizas para expresarla no la pueden contener. Y en cuanto la expresas, te sientes frustrado, como si te hubieras olvidado de lo esencial y solo hubieras expresado lo no esencial. *Los Diez Toros del Zen* han intentado expresar lo inexpresable de una sola vez. De modo que, para empezar, contaré algo acerca de la historia de estos diez toros.

En un principio eran ocho dibujos, no diez; y no eran budistas, eran taoístas. Se desconoce su origen. Nadie sabe cómo surgieron, quién pintó los primeros toros. Sin embargo, en el siglo XII, un maestro zen chino, Kakuan, los volvió a pintar; y no se limitó a esto, sino que añadió dos dibujos más, de modo que de ocho, pasaron a ser diez. Los dibujos taoístas terminaban en el octavo; el octavo es el vacío, la nada. Pero Kakuan añadió dos dibujos nuevos. Esta es la verdadera aportación del zen a la conciencia religiosa.

Cuando se realiza un viaje interior, se abandona el mundo, se renuncia a todo lo que obstaculiza el camino, se renuncia a todo lo no esencial para poder buscar y escrutar lo esencial. Se intenta ir ligero de peso para que el viaje sea más fácil, porque el viaje, este viaje, es un viaje a la cumbre, a la cumbre más alta que existe; la cima de las posibilidades humanas, el verdadero clímax. Se abandona el mundo, se renuncia al mundo; no solo al mundo, se renuncia a la mente, porque la mente es la causa del mundo en su totalidad. El mundo de los deseos, el mundo de las posesiones, no es más que la parte exterior. La parte interior es la mente: la mente deseosa, la mente lasciva, la mente celosa, competitiva, la mente plagada de pensamientos; esa es la semilla.

Se renuncia a lo exterior, se renuncia a lo interior, uno se vuelve vacío; en eso consiste la meditación. Uno se vuelve completamente vacío. Pero, ¿es ese el fin? Las pinturas taoístas terminaban con la nada. Kakuan dice que este no es el fin; hay que volver al mundo, hay que volver a la plaza del mercado; solo entonces se completa el círculo. Evidentemente, uno vuelve totalmente renovado. Nunca se vuelve con lo antiguo, lo antiguo ha desaparecido, ha desaparecido para siempre. Se vuelve totalmente renovado, resucitado, renacido; como si uno nunca se hubiera ido; como si uno llegara totalmente nuevo y virgen. Se vuelve de nuevo al mundo y se vuelve a vivir en el mundo, pero se vive más allá de este. Una vez más, uno se vuelve normal —corta madera, carga agua del pozo, camina, se sienta, duerme—, uno se vuelve completamente normal. En lo más profundo, el vacío permanece incorrupto. Uno vive en el mundo, pero el mundo no está en tu mente, el mundo no está dentro de ti. Uno vive intacto, como una flor de loto.

Estos dos dibujos devuelven al buscador al mundo, y Kakuan ha realizado algo verdaderamente maravilloso. Uno vuelve al mercado; no solo eso, sino que uno vuelve con una botella de vino, borracho —embriagado de lo divino— para ayudar a otros a embriagarse, porque hay muchos que están sedientos, hay muchos que están buscando, hay muchos que están dando tumbos en su camino, hay muchos que están en profunda oscuridad. Se vuelve al mundo por compasión. Se ayuda a que otros viajeros lleguen. Uno ha llegado, ahora ayuda a que otros lleguen. Uno se ha iluminado, ahora ayuda a que otros alcancen el mismo objetivo, y todo el mundo está buscando el mismo objetivo.

Los ocho toros taoístas estaban bien, pero no eran suficientes; eran bellos, pero les faltaba algo. El vacío es perfecto, pero todavía se puede alcanzar más perfección. El vacío es perfecto, permíteme que te lo repita, pero todavía se puede alcanzar más perfección. El vacío es perfecto de forma negativa. Has renunciado, es negativo, pero todavía no has amado. Falta lo positivo. La infelicidad se ha ido, la tristeza ha desaparecido, pero todavía no estás extático. Has alcanzado el silencio y el silencio es bello, pero tu silencio todavía no es una satisfacción, no es un rebosamiento; no es una danza dichosa de tu ser interior.

Aquí Kakuan trasciende el taoísmo y trasciende el budismo, porque ambos terminan en el vacío, como si el viaje hubiera finalizado. Has alcanzado el Everest, contento, tranquilo, sosegado. ¿Qué sentido tiene ahora ir al mercado? Pero si tu meditación no se convierte en compasión, quiere decir que, en cierto modo, tu meditación está ocultando tu ego, que tu meditación todavía es egoísta.

Si no lloras, si las lágrimas no nublan tus ojos por los demás, y no empiezas a encaminarte de nuevo al mundo para ayudar a las personas que están dando tumbos, entonces, en cierto modo, tu meditación todavía no es religiosa. Te ha ayudado; puede que te estés sintiendo realmente bien, pero, a menos que se convierta en compasión y se derrame en todas las direcciones, el árbol habrá llegado a un tope, todavía no habrá florecido. El árbol está verde, sano, tiene un aspecto maravilloso, pero un árbol sin flores no está completo. Un árbol sin flores puede parecer hermoso pero todavía se puede conseguir una mayor perfección. El árbol debe florecer, el árbol debe exhalar su fragancia a los vientos para que esta pueda ser llevada hasta los confines de la existencia.

Kakuan devuelve al buscador al mundo. Evidentemente, él es totalmente diferente, así que, naturalmente, el mundo no puede ser el mismo. Vuelve al mercado, pero permanece en su meditación; ahora el mercado ya no puede convertirse en una distracción. Si el mercado se convierte en una distracción, entonces tu meditación todavía no es completa. Si todavía hay algo que te puede distraer, entonces tu meditación ha sido algo forzado; te has inmovilizado a ti mismo, en cierto modo te has controlado. Tu meditación todavía no es espontánea, no es un flujo natural. No es algo que te haya ocurrido; has hecho que ocurra. De ahí el miedo a volver al mercado.

Hallarás muchos sannyasins en los Himalayas que se encuentran allí estancados en el octavo toro; vacíos, en silencio. No hay nada malo en ellos, lo máximo que puedes decir es que no hay nada malo en ellos, pero no puedes decir que hayan florecido, no puedes decir que hayan exhalado su fragancia a los vientos. Su luz sigue brillando solo para sí mismos. Hay cierta fealdad en esto. Puede que no lo veas inmediatamente, pero si reflexionas sobre ello verás que es egoísmo. Al principio es bueno ser egoísta; de lo contrario, nunca crecerás; pero al final, cuando la meditación está llegando a su culmen, en un *crescendo*, debe desaparecer el ego, debe desaparecer el egoísmo. Debes convertirte en uno con el todo.

Y no solo eso; dice Kakuan que se vuelve con una botella de vino. ¡Un detalle importantísimo!: se vuelve embriagado de lo divino. Uno no se dedica únicamente a estar en silencio, uno baila, canta, se vuelve creativo. Lo único que se hace no es escapar y esconderse en una cueva. En ese momento se es tan libre que no hace falta esconderse en ningún lado. En ese momento la libertad es la cualidad de uno. El mundo se convierte en una nueva aventura. Se completa el círculo: del mundo al mundo; empezando en el mercado y terminando de nuevo en el mercado. Por supuesto, totalmente diferente, porque ahora no tienes mente, de modo que el mercado es tan hermoso para ti como los silenciosos Himalayas, no hay ninguna diferencia. Y la gente está sedienta. Tú les ayudas, les muestras el camino.

Buda dijo que cuando alguien se convierte en un *siddha*, cuando alguien lo alcanza, existen dos posibilidades. Puede que permanezca satisfecho en su consecución, sin salir de ella; entonces se convierte en una especie de alberca: fresca, agradable, serena, sin ondas, pero alberca al fin y al cabo; en cierto modo, estática, no un río, fluyendo. Buda utiliza dos palabras. Si te conviertes en una alberca, te llama *arhat*. *Arhat* significa el que ha alcanzado la perfección, pero no se preocupa en absoluto por los demás. Y otra de las palabras que utiliza es *bodhisattva*. Si tu meditación florece en la compasión, te has convertido en un *Bodhisattva*; entonces ayudas a los demás y tu éxtasis es compartido.

Kakuan realizó diez dibujos de toda la búsqueda del hombre; y el hombre es una búsqueda. No es únicamente alguien que investiga: es la investigación. Desde el mismo momento de la concepción comienza la búsqueda. Si preguntas a los científicos, te dirán que cuando un hombre y una mujer se encuentran, el hombre libera millones de células y que esas células empiezan a correr hacia el óvulo femenino. No saben dónde está, pero corren muy deprisa. La búsqueda ha comenzado. Son células muy pequeñas, pero están buscando el óvulo. Una de ellas llegará; las otras perecerán en el camino. Una de ellas alcanzará el óvulo, nacerá en el mundo. Desde el momento en el que ha empezado la búsqueda, ha empezado la investigación. La búsqueda continúa hasta la muerte.

Sócrates se estaba muriendo. Sus discípulos empezaron a llorar y a sollozar; era normal, sin embargo, él les dijo:

—¡Basta! No me molestéis; dejadme que investigue la muerte. ¡No me distraigáis! Ya lloraréis más tarde, pronto me moriré. Ahora, dejadme que investigue qué es la muerte. Llevo esperando toda la vida a que llegue este momento para adentrarme en la realidad de la muerte.

Lo habían envenenado. Estaba yaciendo en su lecho, observando qué era la muerte, investigando qué era la muerte. Y después les dijo a sus discípulos:

—Se me están adormeciendo los pies, pero sigo estando tan entero como antes. No me han quitado nada. La sensación de mi ser es tan total como antes. Mis pies se han muerto.

Después añadió:

—Mis piernas se han muerto, pero sigo siendo el mismo. No veo que me haya reducido a algo menos. Sigo siendo un todo.

A continuación aseguró:

—Se me está adormeciendo el estómago, se me están adormeciendo las manos.

Pero estaba muy excitado, extático. Y continuó:

—Pero insisto en que soy el mismo, no me han quitado nada.

Y después, empezó a sonreír y dijo:

—Esto demuestra que más tarde o más temprano la muerte también me arrebatará el corazón, pero a mí no me puede arrebatar.

Después exclamó:

—Mis manos se han muerto, ahora incluso mi corazón se está muriendo, y estas serán mis últimas palabras, porque se me está adormeciendo la lengua. Pero yo os digo lo siguiente, recordad, estas son mis últimas palabras: Sigo siendo el mismo, una totalidad.

Esta es la investigación de la muerte. Desde el mismo momento de la concepción hasta el mismo final, el hombre es una investigación en busca de la verdad. Y si no estás buscando la verdad, no eres un hombre. Te has equivocado. Entonces, como mucho, pareces un hombre, pero no eres un *hombre*. Tu humanidad es solo de apariencia, pero no de corazón. Y que no te engañen las apariencias: cuando miras en el espejo, puedes ver que eres un hombre; eso no prueba nada. A menos que tu investigación alcance tales alturas que toda tu energía se transforme en investigación y tú te conviertas en una búsqueda, no serás un hombre.

Esa es la diferencia entre los animales y el hombre. Ellos viven, no investigan. Ellos simplemente viven, no buscan. Ningún animal se ha preguntado nunca: ¿Cuál es la verdad? ¿Qué es la vida? ¿Cuál es el significado de la vida? ¿Por qué estamos aquí? ¿De dónde venimos? ¿Adónde vamos? Ningún árbol, ningún pájaro, ningún animal; esta tierra inmensa nunca se ha preguntado esto. Este cielo enormemente vasto nunca se ha preguntado esto.

Esta es la gloria del hombre. Es muy pequeño, pero es más grande que el firmamento, porque hay algo en él que es único: la búsqueda. Ni siquiera el vasto firmamento es tan vasto como el hombre, porque puede que el firmamento tenga fin, pero la búsqueda del hombre no tiene fin. Es un eterno peregrinaje; sin principio, sin fin.

Estos diez toros son una representación gráfica de la búsqueda, la búsqueda a la que yo denomino *hombre*. Kakuan realizó los dibujos pero no estaba satisfecho. Son unos dibujos bellísimos, pero no estaba satisfecho. La verdad es una cosa tal que hagas lo que hagas permaneces insatisfecho. No se puede expresar. Entonces escribió poemas, para sustituirla. Primero realizó los diez dibujos; al sentirse insatisfecho, escribió diez breves poemas para complementarlos. Intentó lograr en los poemas lo que faltaba en los dibujos. De nuevo se sintió insatisfecho. Entonces escribió diez comentarios en prosa. Yo sé que en ese momento también se debió sentir insatisfecho, pero ya no podía hacer nada más. La verdad es inmensa, la expresión es limitada, pero él hizo todo lo posible. Nadie ha hecho esto antes ni después.

La pintura es el lenguaje del subconsciente. Es el lenguaje de la visualización. Es el lenguaje de los niños. Los niños piensan en dibujos; por tanto, en los libros infantiles tenemos que poner muchos, muchos dibujos, dibujos de colores. El texto es muy breve, los dibujos son muy grandes; porque esa es la única manera de persuadir a un niño de que aprenda a leer, porque solo pueden leer a través de los dibujos. La mente primitiva piensa en dibujos.

Por eso es por lo que se piensa que las lenguas como el chino deben ser las más antiguas, porque son pictográficas. Son lenguas que no tienen alfabeto; el chino, el japonés, el coreano no tienen alfabeto, tienen miles de dibujos. De ahí que sea tan difícil aprender chino; el alfabeto facilita mucho las cosas. ¡Un dibujo para cada cosa! ¿Cuántas cosas hay en el mundo?

Además, los dibujos nunca pueden ser muy precisos. Solo insinúan. Por ejemplo, cuando el chino tiene que escribir «guerra», «lucha», «conflicto», tiene un pictograma: un pequeño tejado, y bajo el tejado dos mujeres sentadas: eso es «lucha» ¡Un tejado y dos mujeres! Eso significa, un marido y dos mujeres; lucha. Pero es algo meramente indicativo, una clave.

Los niños piensan en dibujos, en sueños. Sea lo que sea lo que piensen, primero tienen que visualizarlo. Todos los primitivos hacen eso. Ese es el lenguaje del inconsciente. Tú también sigues haciéndolo; por muy articulado que seas con el lenguaje y por muy experto que te hayas vuelto en la argumentación racional, por la noche sueñas en dibujos. Cuanto más primitivo seas, más coloridos serán tus dibujos; cuanto más civilizado te hayas vuelto, menos coloridos serán tus dibujos. Se irán volviendo poco a poco blancos y negros. El blanco y negro es el lenguaje de la civilización. El arcoíris es el lenguaje de lo primitivo. El blanco y negro no es un verdadero lenguaje, pero tendemos... Todas las personas que han sido educadas en la lógica aristotélica tienden a pensar en blanco y negro, bueno y malo, noche y día, verano e invierno, Dios y demonio; ¡blanco y negro! Y no hay medias tintas. ¿Quién hay entre Dios y el demonio? Nadie. Esto no es posible. Mira el arcoíris: siete colores. Negro en un extremo, blanco en el otro, y entre ellos dos una gran gama de colores, gradualmente.

Toda la vida es colorida. Piensa en colores, no pienses en blanco y negro. Esta es una de las mayores enfermedades que le ha ocurrido a la humanidad. La enfermedad se denomina «Aristotelitis», proviene de Aristóteles. Si dices: Este hombre es bueno. ¿Qué quieres decir? Si después dices: Ese hombre es malo. ¿Qué quieres decir? Si dices: Este hombre es un santo y aquel es un pecador. ¿Qué quieres decir? ¿Has visto alguna vez a un pecador en el que haya desaparecido por completo el santo? ¿Has visto alguna vez un santo en el que haya desaparecido por completo el pecador? Puede ser una diferencia de grados, no de blanco y negro.

El pensamiento blanco y negro hace a la humanidad esquizofrénica. Tú dices: Este es mi amigo y este es mi enemigo. Pero el enemigo se puede convertir mañana en un amigo, y el amigo se puede convertir mañana en un enemigo. De modo que la diferencia puede ser, como mucho, relativa; no puede ser absoluta.

Piensa en color; no pienses en blanco y negro.

La visualización es el lenguaje de los niños, de todas las personas primitivas y del inconsciente. Tu inconsciente también piensa en dibujos.

Kakuan primero intentó el lenguaje del inconsciente porque es el más profundo: dibujó esos diez toros. Pero se sintió insatisfecho. Después escribió diez poemas como complemento, como un apéndice. La poesía está a medio camino entre el inconsciente y el consciente: un puente, una tierra brumosa donde las cosas no están ni completamente en la oscuridad ni completamente iluminadas, solo en algún lugar entre medias. Por eso es por lo que allí donde la prosa falla, la poesía puede mostrar. La prosa es demasiado superficial; la poesía es mucho más profunda. La poesía es más indirecta pero tiene más significado, es más rica.

Sin embargo, a pesar de ello, Kakuan se sintió insatisfecho, de modo que escribió unos comentarios en prosa.

Primero escribió en el lenguaje del subconsciente, el lenguaje de los pintores, escultores, soñadores; después escribió en el lenguaje de los poetas, el puente entre el inconsciente y el consciente; de todo arte. Y después escribió en el lenguaje de la lógica, la razón, Aristóteles; el consciente. Por eso es por lo que digo que ese experimento es único; nadie más lo ha realizado. Buda hablaba en prosa. Meera cantó en poesía. Hay pintores y escultores desconocidos que han hecho muchas cosas: Ajanta, Ellora, el Taj Mahal. Pero no hay una sola persona que haya hecho las tres cosas.

Kakuan es un ejemplo raro, y debe de haber sido un gran maestro. Sus dibujos son magníficos, su poesía es magnífica, su prosa es magnífica. Muy pocas veces se da el caso de que un hombre posea un talento tan extraordinario en todas las direcciones, en todas las direcciones de la conciencia.

Ahora vamos a ver los poemas de Kakuan:

La búsqueda del toro

En los pastos del mundo aparto incesantemente las altas hierbas en busca del toro.

El toro es símbolo de energía, de vitalidad, de dinamismo. El toro significa la vida misma. El toro significa tu poder interior, tu potencialidad. El toro es un símbolo, recuérdalo.

Tú estás allí, tú también tienes vida; pero no sabes lo que es la vida. Tú tienes energía, pero no sabes de dónde viene esa energía y hacia qué objetivo se dirige. Tú eres esa energía, pero todavía no eres consciente de lo que es esa energía. Vives sin saber. No te has hecho la pregunta básica: ¿Quién soy yo? Esa pregunta es lo mismo que la búsqueda del toro: ¿Quién soy yo? Y a menos que sepas esto, ¿cómo vas a seguir viviendo? Todo va a resultar fútil, porque no se ha planteado, no se ha contestado la pregunta básica. A menos que te conozcas a ti mismo, cualquier cosa que hagas va a resultar fútil. Lo más básico es conocerte a ti mismo. Pero lo que ocurre es que no hacemos más que olvidar lo más básico y preocuparnos por lo más trivial.

Una vez escuché esta anécdota:

Una joven que estaba preparando su boda visitó el hotel en el que iba a tener lugar el banquete. Estaba ocupada inspeccionando el lugar, dando indicaciones de dónde había que colocar los vinos, dónde debían situarse los camareros, y entonces le dijo al director del hotel: «En la mesa principal, mi madre se sentará aquí, yo, al lado de mi madre, y aquí, a mi derecha, se sentará este ¿cómo se llama?».

¡Se le había olvidado el nombre del marido! Esto es algo que ocurre continuamente en la vida, que no haces más que ocuparte de lo inútil y te olvidas por completo de lo más esencial.

¿Cómo te llamas? El nombre con el que te has conocido como tú mismo no es más que un nombre dado, es algo utilitario. Cualquier otro nombre valdrá igual. Da igual que te llames Pedro o que te llames José: ¿Cuál es tu verdadero nombre? ¿Cuál es tu rostro original? ¿Quién eres? Construirás grandes casas, comprarás grandes coches, dirigirás esto y aquello, y cuando mueras dejarás una gran cantidad de dinero en el banco; todo secundario, y sin ir siquiera a la verdadera búsqueda de quién eres.

El toro significa tu energía; la extraña energía desconocida que tú eres, la increíble energía de la que has surgido, que continúa creciendo en ti como un árbol. ¿Qué es esa energía? Ese es el significado del toro.

En los pastos del mundo aparto incesantemente las altas hierbas en busca del toro. ¿Qué son las altas hierbas? Es algo simbólico. La poesía habla a través de símbolos. La pintura pinta los símbolos, la poesía habla de símbolos. Los deseos son las altas hierbas en las que tu toro está perdido. Muchos deseos, tirando de ti hacia un lado y hacia otro. ¡Tantos deseos! Un tira y afloja constante: un deseo te lleva hacia el sur, otro hacia el norte.

En una pequeña escuela preguntó el profesor:
—A ver, ¿quién me puede decir dónde crece la guayaba?
—Yo lo sé, profesor —contestó el niño—. Dondequiera que una mujer va... el hombre allá va.

Dondequiera que una mujer va... el hombre allá va, siguiendo a la mujer, la mujer siguiendo al hombre. La vida no es más que una carrera en pos de este deseo o del otro. Al final, no se consigue nada, solo sueños frustrados, un montón de sueños frustrados. Vuelve la vista atrás, ¿qué es lo que has logrado? No has hecho más que correr, ¿dónde has llegado? Estas son las altas hierbas.

El dinero atrae, el poder atrae; y sin preguntarnos a nosotros mismos: ¿Debo correr tras estas cosas?, seguimos corriendo. De hecho, como toda la sociedad está corriendo, todos los niños heredan esta enfermedad. Todo el mundo está corriendo; el niño aprende por imitación. El padre corre, la madre corre, el hermano corre, el vecino corre, todo el mundo corre; para conseguir poder, prestigio, dinero, cosas mundanas. Sin darse cuenta, el niño es conducido a la fuerza a la corriente principal de la vida. Antes de que el niño empiece a pensar, ya está corriendo.

En nuestros colegios enseñamos a competir, nada más. En nuestros colegios preparamos a los niños para la mayor competición de la vida. De hecho, nuestros colegios no son más que un ensayo: cómo luchar, como arreglárselas y cómo dejar a otros atrás, cómo llegar a la cima. Pero nadie se hace la pregunta básica: ¿Para qué? ¿Por qué se debe anhelar la cima? ¿Qué vas a hacer cuando llegues a la cima? Cuando llegues a ser presidente de un país, ¿qué vas a hacer? ¿De qué modo te va a colmar esto?

Es como si una persona estuviera sedienta y la pusiéramos en una senda que la condujera a tener cada vez más dinero. Va, lucha con todas sus fuerzas, acumula mucho dinero, pero el dinero es algo que no tiene nada que ver con la sed. Entonces, de repente, se siente frustrado. Entonces dice: El dinero no puede hacer nada, pero ya es demasiado tarde.

Observa cuál es tu necesidad interior, y luego lucha por ella, y trabaja de manera diligente para conseguirla. Pero primero observa cuál es tu necesidad interior. Y solo podrás descubrir tu necesidad interior cuando descubras quién eres.

Si puedes entender qué tipo de energía tienes, serás capaz de comprender qué es lo que te va a colmar. De lo contrario, si te desconoces a ti mismo, continuarás corriendo. Es casi una carrera de locos. Párate a un lado del camino, medita un poco, reconsidera lo que estás haciendo y por qué lo estás haciendo. No te pongas a correr como loco porque correr te hará correr más rápido. Correr te hará poco a poco incapaz de pararte. Continuarás haciendo esto o aquello; se convertirá en un hábito. Sin eso no te sentirás vivo.

Conozco a personas que han ganado el dinero suficiente como para poderse jubilar. De hecho, llevan toda la vida diciendo que cuando logren tener esa cantidad de dinero se jubilarán, pero no se jubilan.

Conozco a un hombre. Durante los últimos veinte años he estado con él muchas veces. Cada vez que voy a Calcuta me quedo en su casa y siempre me dice: «Me voy a jubilar; ahora ya tengo suficiente. Solo tengo que arreglar un par de cosas, porque no es bueno dejar las cosas incompletas, y después me jubilo».

La última vez que lo visité le pregunté: «¿Cuándo? ¿Te vas a jubilar después de morirte? No haces más que decir que primero tienes que completar unas cosas, pero no haces más que empezar cosas nuevas, así que nunca las vas a completar».

Él me respondió: «No, ahora he fijado una fecha. Dentro de diez años me retiro».

Entonces tenía sesenta años, ahora está muerto. Trabajó muchísimo y vivió como un mendigo, con la esperanza de que algún día fuera a disfrutar. Pero cuando tuvo dinero se había obsesionado con tener más y más...

Hay que entender algo fundamental: estas cosas no te van a colmar, porque no son necesidades básicas. Hace falta algo más. Pero ese algo más lo tienes que buscar dentro de ti mismo; nadie más te puede dar la dirección.

Tu destino está dentro de ti.

El proyecto está dentro de ti. Antes de que empieces a correr detrás de algo, lo más importante es que cierres los ojos, que entres en conexión contigo mismo, con tu energía, y que la escuches; lo que te diga será bueno para ti. Entonces sentirás satisfacción. Poco a poco te acercarás a tu florecimiento, a tu floración.

Sin embargo, las personas tienen miedo de convertirse en ellas mismas. Las personas tienen miedo de ser ellas mismas, porque si intentas ser tú mismo te quedarás aislado. Cada persona es única y está sola. Si intentas ser tú mismo, sentirás la soledad. De modo que la gente sigue a otros, a la multitud, se vuelven uno con la multitud. Allí no se sienten solos... rodeados, porque hay mucha gente. Si meditas, estarás solo; y si te obsesionas en conseguir dinero, nunca estarás solo; todo el mundo estará allí. Si buscas a Dios, estarás solo; pero si buscas la política, el poder, entonces el mundo entero estará allí, nunca te sentirás solo.

Las personas tienen miedo de estar solas. Y si tienen miedo de estar solas, nunca se podrán conocer a sí mismas, nunca podrán buscar al toro.

Walter Kaufmann acuñó un término para un determinado tipo de miedo que siempre ha existido, pero para el que no existía ningún término. Lo llama *decidofobia*. Las personas tienen miedo a decidir algo por sí mismas: *decidofobia*. Dejan que otros decidan por ellas, así no tienen que asumir la responsabilidad.

Naciste de manera accidental en una familia cristiana, o en una familia hindú; de modo que dejaste que tus padres decidieran tu religión. ¿Cómo pueden tus padres decidir tu religión? ¿Quiénes son ellos para decidir tu religión? ¿Y cómo se puede decidir por el nacimiento? El nacimiento no tiene nada que ver con la religión. ¿Cómo puede el nacimiento decidir? Sus padres decidieron su religión y así seguirá siendo; tú decidirás la religión de tus hijos.

Prestada; debe haber algún miedo profundo a tomar la decisión por ti mismo. El miedo es que si decides por ti mismo, ¿quién sabe?, a lo mejor te equivocas. Es mejor dejar que otros decidan; ellos saben más, tienen más experiencia. Deja que la tradición decida, deja que la sociedad decida, deja que los políticos decidan, deja que los sacerdotes decidan. Hay algo seguro: tienen que decidir los demás para librarte de la responsabilidad de tomar una decisión. Por tanto, las personas no hacen más que seguir a los demás, y todo el mundo no hace más que perder su propia individualidad.

Existen dos maneras de evitar una decisión. Una es: permite que los demás decidan. La otra es: no decidas nunca, simplemente sigue a la deriva. Ambas son la misma porque la cuestión básica consiste en no tener la responsabilidad de decidir. Las nuevas generaciones han adoptado la otra alternativa: ir a la deriva. Las generaciones anteriores eligieron la primera alternativa: dejar que los demás decidan. Puede que tú no permitas que tu padre decida, pero eso no significa que vayas a decidir por ti mismo; puede que simplemente vayas a la deriva. Puede que hagas cosas, pase lo que pase… puede que seas como un leño a la deriva.

De las dos maneras la búsqueda se hace imposible. La búsqueda significa capacidad de decisión. La búsqueda significa aceptar riesgos. Así que recuerda esta palabra: *decidofobia*. No tengas miedo, abandona este miedo. ¿Quién más puede decidir por ti? Nadie más puede decidir algo por ti. Sí, los demás te pueden ayudar, los demás te pueden mostrar el camino, pero la decisión tiene que ser tuya; porque a través de tu decisión va a nacer tu alma.

Cuanto más decisivo te vuelvas, más integrado te volverás. Cuanto más aceptes la responsabilidad de las obligaciones… Evidentemente, es muy peligroso, pero la vida es peligrosa. Sé que hay muchas posibilidades de que te equivoques, pero tienes que correr ese riesgo. Hay posibilidades de que yerres, pero uno aprende errando. La vida es un ejercicio de prueba y error.

Una vez oí lo siguiente:

En el siglo XVII, época en la que Francia contaba con una aristocracia decadente y privilegiada, un pobre profesor fue contratado para enseñar geometría al vástago de uno de los duques del país.

Con mucho esfuerzo, el profesor le planteó al joven noble uno de los primeros teoremas de Euclides, pero a cada pausa, el joven sonreía y amablemente decía: «Mi querido amigo, no lo entiendo».

Suspirando, el profesor hizo el asunto más sencillo, le explicó las cosas más despacio, utilizó palabras más básicas, pero, aun así, el joven noble dijo: «Mi querido amigo, no lo entiendo».

Desesperado, el profesor al final se quejó: «Mi señor, le doy mi palabra de honor de que lo que digo es verdad».

Tras lo cual, el noble se levantó, se inclinó educadamente y respondió: «Entonces, ¿por qué no lo dijo al principio para que pudiéramos pasar al siguiente teorema? Si es una cuestión en la que me da su palabra de honor, jamás osaré dudar de ella».

Sin embargo, la vida no es una cuestión de palabra de honor de nadie. No es un teorema, no es una teoría. No la puedes aceptar solo porque alguien te lo esté diciendo de forma autoritaria. La autoridad es un truco. Detrás de ella ocultas tu miedo.

Tienes que decidir. Las decisiones pueden ser fatales, pero no existe otra manera. Puedes equivocarte, pero no tiene nada de malo. Al equivocarte aprenderás algo, te enriquecerás. Podrás volver, y te alegrarás de haberte equivocado, porque hay muchas cosas que solo se pueden aprender equivocándose. Hay millones de cosas que solo se pueden aprender si eres lo suficientemente valiente para cometer errores. Solo debes recordar una cosa: no cometas el mismo error una y otra vez.

Cuando la religión la deciden los demás, no hay necesidad de buscar. Tu padre dice: «Dios existe». Tu madre cree en el cielo y en el infierno, de modo que tú también crees. La autoridad, el sacerdote, el político, dice algo y tú lo crees. Estás evitando algo; a través de la fe estás evitando la confianza. La fe es la enemiga de la confianza. ¡Confía en la vida! No creas en los credos; ¡evítalos! Evita los credos; el hinduismo, el islam, el cristianismo. Busca por ti mismo. Puede que llegues a la misma verdad. Llegarás, porque la verdad es única. Una vez que la encuentres podrás decir: Sí, la Biblia es verdad; pero no antes. Una vez que la encuentres podrás decir: Sí, los Vedas son verdad; pero no antes. A menos que los hayas experimentado, a menos que seas testigo de ellos personalmente, todos los Vedas y todas las biblias serán inútiles. Te cargarán con peso, no te harán más libre.

En los pastos del mundo
aparto incesantemente las altas hierbas en busca del toro.
Siguiendo ríos desconocidos
perdido por caminos que atraviesan montañas lejanas,
me fallan las fuerzas y mi vitalidad se agota, y no puedo encontrar
al toro.
Al caer la noche solo oigo el canto del grillo en el bosque.

La búsqueda es difícil porque se desconoce la verdad. La búsqueda es difícil, porque la verdad no solo se desconoce, sino que no se puede conocer. La búsqueda es difícil, porque el buscador tiene que arriesgar toda su vida por ella.

De ahí que Kakuan diga: Siguiendo ríos desconocidos... Si sigues las escrituras, estás siguiendo ríos ya conocidos. Si sigues una determinada religión, una secta, una iglesia, entonces tienes un mapa; y no puede haber mapa de la verdad. No puede haber mapa, porque la verdad es privada y no pública. Los mapas se vuelven públicos; se necesitan para que otras personas puedan también seguir. En el mapa se muestran las grandes autopistas, no los senderos; y la religión es un sendero, no una gran autopista. No puedes llegar a Dios como cristiano, o hindú o musulmán. Llegas como tú, auténticamente tú, y no puedes seguir el sendero de nadie.

Siguiendo ríos desconocidos, perdido por caminos que atraviesan montañas lejanas, me fallan las fuerzas y mi vitalidad se agota, y no puedo encontrar al toro.

Al caer la noche, solo oigo el canto del grillo en el bosque.

Y llega un momento en la búsqueda en el que la persona se siente totalmente exhausta, cansada. Empieza a pensar que habría sido mejor no haber empezado nunca esta búsqueda. Se siente tan frustrada que empieza a sentirse celosa de aquellos que nunca se han preocupado por tales cosas. Esto es natural, pero este es exactamente el momento en el que comienza la verdadera búsqueda.

Esta energía agotada, este cansancio, es mental. La mente se siente cansada porque la mente siempre está feliz siguiendo los mapas. Con lo conocido, la mente sigue siendo la maestra; con lo desconocido, lo extraño, la mente está totalmente perdida. La mente no puede imaginarse qué es lo que ocurre; la mente se siente cansada, la mente se siente agotada. La mente dice: ¿Qué estás haciendo? ¿Por qué estás malgastando tu vida? ¡Vuelve! ¡Vuelve al mundo, sé como los demás son! Sigue a la multitud, no trates de ser individual.

De ahí que nunca veas *hippies* de más de treinta y cinco años. Para entonces ya están cansados. Para entonces ya empiezan a pensar en casarse, en asentarse, en una casa. Para entonces empiezan a convertirse en personas decentes. Para entonces han olvidado todo acerca de la revolución, la rebelión y todas esas tonterías. Se vuelven parte del *statu quo*; cansados, agotados; en realidad, arrepentidos, sintiendo una especie de culpabilidad. Este es un momento que llega a la búsqueda de toda persona. Es un momento esencial. Y si puedes caminar, a pesar de que te sientas agotado, cansado, frustrado; si puedes seguir caminando, entonces se abandonará la mente y surgirá el primer destello de la meditación.

El segundo poema:

A la orilla del río, bajo los árboles, ¡descubro las huellas!

Si continúas, si no escuchas a la mente y a su juego de cansancio, agotamiento, y de esto y aquello... La mente quiere empujarte para que vuelvas al redil, a la multitud. La mente quiere que pertenezcas a una secta, a una iglesia, para que no tengas que decidir cada paso por ti mismo. Todo está ya decidido, todo está ya listo. Solo tienes que creer en ello.

A la orilla del río, bajo los árboles,
¡descubro las huellas!
Veo sus huellas incluso bajo la hierba fragante.
Las encuentro lejos, en las montañas remotas.
Esas huellas ya no se pueden ocultar
Al igual que no se puede ocultar la propia nariz que mira al cielo

Se abandona la mente. Y solo se abandona la mente cuando tú continúas a pesar de que la mente te esté diciendo que pares; cuando no escuchas a la mente y dices: Voy a investigar, voy a buscar. Si estás cansado, puedes tirar la toalla. La mente se apegará a ti todavía un poco más. Pero si no la escuchas y mantienes las distancias y te despreocupas y tus ojos se concentran ahí en el objetivo, en el toro, llegarás a descubrir las huellas. Siempre han estado allí, sólo que estabas demasiado lleno de pensamientos, demasiado nublado por la mente. De ahí que no fueras capaz de ver esas huellas sutiles.

A la orilla del río, bajo los árboles, ¡descubro las huellas! Veo sus huellas incluso bajo la hierba fragante.

Antes te comenté que las altas hierbas representan los deseos. Y ahora encuentras las mismas huellas del toro, incluso bajo la hierba, incluso bajo tus propios deseos. Encuentras a Dios oculto incluso bajo los deseos. Has estado buscando algo del más allá incluso bajo las denominadas cosas mundanas.

Cuando un hombre busca cada vez más dinero, ¿qué es en realidad lo que está buscando? ¿Dinero? Si está buscando dinero, llegará un momento en el que estará satisfecho; pero este momento nunca llega. Parece que está buscando algo más. Por equivocación, buscando dinero, está intentando encontrar algo más. Quiere ser rico...

Déjame que te lo diga de esta manera: el hombre que busca dinero quiere ser rico, pero no sabe que ser rico es algo totalmente diferente a tener dinero. Ser rico significa que tienes todas las experiencias que la vida te puede dar. Ser rico significa ser un arcoíris, no blanco y negro; todos los colores juntos. Ser rico significa ser maduro, estar alerta, vivo.

El hombre que va en pos del dinero, va en pos de algo más; por eso, cuando consigue el dinero, no consigue nada. El hombre que busca el poder, ¿qué es lo que busca en realidad? Quiere ser un dios. Y en el mundo, dice, si tienes poder, puedes fingir ser un dios. Tras esta búsqueda de poder, se oculta la misma búsqueda de Dios. De modo que cuando llega al poder, de repente, se sentirá por dentro sin poder, impotente; exteriormente, rico; interiormente, pobre, un mendigo.

Veo sus huellas incluso bajo la hierba fragante.
Las encuentro lejos, en las montañas remotas.
Esas huellas ya no se pueden ocultar.
Al igual que no se puede ocultar la propia nariz que mira al cielo.

Y después uno se sorprende: ¿Cómo es posible que no pudiera ver estas huellas? ¡Están delante de mí! Siempre han estado ahí como tu propia nariz. Pero si tus ojos están cerrados o nublados, entonces no puedes ver. Una vez oí la siguiente anécdota:

Era tarde, por la noche, y un hombre se había perdido completamente después de dar muchas vueltas con el coche. Se paró en una granja para preguntar el camino:

—¿Voy en la dirección correcta para ir a Atlanta? —preguntó a la mujer que abrió la puerta.

—¿En qué dirección iba? —preguntó ella.

Como no estaba seguro de la dirección, probó de nuevo.

—Lo que quiero decir es que si las luces de mi coche están enfocadas a esa dirección.

—Sí, señor —dijo la mujer—. Al menos las rojas.

Esto es lo que ocurre. Cuanto más corres, más te confundes. Cuanta más velocidad tienes, más y más confusión te llega. Poco a poco, pierdes el sentido de la orientación. No haces más que ir a la carrera de aquí para allá. La velocidad en sí misma se convierte en el objetivo, como si, al correr más rápido, uno sintiera que está llegando a algún sitio; de ahí la atracción por la velocidad. Es una neurosis.

Toda la ciencia está ocupada en hacer las cosas cada vez más aceleradas. Nadie se pregunta hacia dónde se dirige. Y, según mi punto de vista, tus luces rojas son las que están en la dirección adecuada. Ya has dejado tu hogar, en algún lugar detrás de ti. En algún lugar en la misma raíz de tu ser está tu hogar: esto quiere decir que, hagas lo que hagas, no podrás alejarte mucho de tu hogar, porque, hagas lo que hagas, será una especie de sonambulismo.

Una mujer estaba muy preocupada. Fue al médico y le dijo: «Doctor, mi marido parece estar siempre perdido en sus pensamientos».

«No se preocupe por eso», dijo el médico, «conozco a su marido. No puede ir muy lejos».

Te conozco. No puedes ir muy lejos; porque, de hecho, solo estás soñando con la velocidad, con el marchar, con el objetivo. Estás profundamente dormido. Todo ocurre en tu mente, no en la realidad.

Por tanto, el zen dice que si estás preparado, la iluminación puede ocurrir en este preciso instante; porque no puedes ir muy lejos. Si tu viaje es un viaje verdadero, no es posible la iluminación repentina. Tendrás que volver. Tendrás que recorrer de nuevo la misma distancia.

Y llevas viajando millones de vidas. Si tienes que volver a recorrer la misma distancia, entonces la iluminación es casi imposible. Si la iluminación va a ser gradual, es casi imposible. El zen dice que tiene que ser repentina: como si una persona estuviera profundamente dormida y soñando, y soñara que ha ido a la Luna. Pero por la mañana, cuando abre los ojos, ¿dónde se descubre a sí mismo? ¿En la Luna? Se encontrará aquí, ahora. La luna desaparecerá con el sueño.

El mundo es un sueño. No quiere decir que no exista, que no esté; el mundo es un sueño porque el mundo que piensas que existe, no es otra cosa que tu sueño, porque tú estás dormido, inconsciente, adormilado, moviéndote, haciendo cosas. ¡Afortunadamente no puedes ir muy lejos! Puedes despertar en este mismo instante.

Ahora el comentario en prosa a este primer sutra:

El toro nunca se ha perdido. ¿Qué necesidad hay de buscarlo? Únicamente la separación de mi verdadera naturaleza me impide encontrarlo. En la confusión de los sentidos pierdo incluso sus huellas. Lejos de casa me encuentro ante muchas encrucijadas, pero no puedo distinguir cuál es el verdadero camino. Me encuentro atrapado por la avaricia y el miedo, por lo bueno y lo malo.

El toro nunca se ha perdido; porque el toro eres tú. El toro es tu energía, es tu vida. El principio de tu dinamismo es el toro. El toro nunca se ha perdido. ¿Qué necesidad hay de buscarlo? Si puedes entender eso, no hay necesidad de buscarlo. Entonces solo ese entendimiento es suficiente. Sin embargo, si este entendimiento no surge en ti, es necesaria la búsqueda.

La búsqueda no te va a ayudar a alcanzar el objetivo, porque el objetivo nunca se ha perdido. La búsqueda solo te va a ayudar a abandonar la avaricia, el miedo, el afán de posesión, los celos, el odio, la ira. La búsqueda solo te va a ayudar a que abandones los obstáculos, y una vez que los obstáculos ya no estén allí, de repente, te volverás consciente: Siempre he estado aquí, nunca he ido a ningún otro lugar.

De modo que, en cierto sentido, toda la búsqueda es negativa. Es como cuando alguien esculpe una estatua en un bloque de mármol. ¿Qué es lo que hace? Simplemente desconcha las partes no esenciales y, poco a poco aparece la imagen.

Alguien le dijo a Miguel Ángel... Él estaba esculpiendo una estatua de Jesús; alguien le dijo: «Tu creación es maravillosa».

Él contestó: «Yo no he hecho nada. Jesús estaba escondido dentro de este bloque de mármol y yo solo le ayudé a que saliera. Él ya estaba allí, solo había más mármol del necesario. Lo no esencial estaba allí; he eliminado lo no esencial. Yo simplemente lo he descubierto, no lo he creado».

De hecho, era un bloque de mármol que los constructores habían desechado. Cuando caminaba por la iglesia que iba a ser construida, Miguel Ángel preguntó a los constructores: «¿Por qué han tirado este bloque de mármol?»

Ellos le contestaron: «No vale para nada». Así que lo cogió él; y de él salió una de las más bellas imágenes de Jesús.

Miguel Ángel solía decir: «Estaba caminando al lado del bloque de mármol y Jesús me llamó». Escondido dentro del bloque, me dijo: «¡Miguel Ángel, ven y libérame!». Lo único que he hecho ha sido un trabajo en negativo.

El toro ya está allí. El buscador es lo buscado. Solo te están abrumando algunas cosas innecesarias. La búsqueda es negativa; abandónalas y te descubrirás a ti mismo en toda tu gloria.

El toro nunca se ha perdido. ¿Qué necesidad hay de buscarlo? Únicamente la separación de mi verdadera naturaleza me impide encontrarlo. En la confusión de los sentidos pierdo incluso sus huellas. Lejos de casa me encuentro ante muchas encrucijadas, pero no puedo distinguir cuál es el verdadero camino. Me encuentro atrapado por la avaricia y el miedo, por lo bueno y lo malo.

El comentario del segundo sutra:

Al comprender la enseñanza, veo las huellas del toro. Aprendo entonces que, al igual que muchos utensilios están hechos de un solo metal, asimismo hay miríadas de entidades hechas de los ropajes del yo. A menos que distinga, ¿cómo voy a percibir la diferencia entre lo verdadero y lo falso? Aunque todavía no he atravesado la puerta, ya he descubierto el camino.

Al comprender la enseñanza, veo las huellas del toro.

Al comprender la enseñanza... Budas, millones de Budas, han estado en esta tierra. Todos ellos han enseñado lo mismo. No pueden hacer otra cosa. La verdad es una, las descripciones son muchas. La verdad es una; todos ellos han hablado de ella. Ahora, si intentas comprender, serás capaz de distinguir las huellas del toro. Pero más que comprender, lo que haces es intentar seguir; y ahí es donde fallas.

Seguir no es comprender. Comprender es algo muy, muy profundo. Cuando comprendes, no te haces budista. Cuando comprendes, tú mismo te conviertes en Buda. Cuando comprendes, no te haces cristiano. Cuando comprendes, tú mismo te conviertes en Cristo. El hecho de seguir el camino te hará cristiano. La comprensión te hará un Cristo; hay una gran diferencia. Seguir es de nuevo *decidofobia*. Seguir significa: Ahora simplemente voy a seguir ciegamente. Ahora no es asunto de mi propia decisión. Ahora iré, vayas donde vayas. Comprender es: Digas lo que digas, escucharé, meditaré. Y si mi comprensión se eleva y sintoniza con tu comprensión, entonces seguiré mi comprensión.

Los maestros son útiles, indican el camino. No te apegues a ellos. Seguir supone apego; es algo fruto del miedo, no de la comprensión.

Una vez que te conviertes en un seguidor, te estás equivocando de camino. Una vez que te conviertes en un seguidor, hay una cosa segura: que tú ya no estás investigando. Puedes convertirte en un teísta y puedes decir: «Dios existe, creo en Dios». Puedes convertirte en un ateo y puedes decir: «No creo en Dios. Soy un ateo, o un comunista». Pero en ambos casos has entrado a formar parte de una iglesia. Has entrado a formar parte de una doctrina, un dogma. Has entrado a formar parte de una multitud, de una muchedumbre.

La búsqueda es individual, llena de peligro. Cuando uno está solo tiene que moverse. Pero ahí está la belleza. En profunda soledad, solo en profunda soledad, donde no hay presente siquiera un pensamiento, Dios entra en ti, o se te revela. En profunda soledad, la inteligencia se convierte en una llama, brillante. En profunda soledad, el silencio y la dicha te rodean. En profunda soledad, con los ojos abiertos, con tu ser abierto. La búsqueda es individual.

¿Qué es lo que hago yo aquí? Estoy intentado haceros individuales. A vosotros os gustaría formar parte de una muchedumbre, os gustaría porque es muy práctico y cómodo seguir como un ciego. Pero yo no estoy aquí para haceros ciegos. Yo no estoy aquí para que os apeguéis a mí, porque entonces yo no os voy a ser en absoluto útil. Os permitiré que os acerquéis a mí, pero no os permitiré que os apeguéis. Os permitiré todo para que me entendáis, pero no os permitiré que creáis en mí. La diferencia es sutil pero grande. Y permaneced alerta, porque vuestra mente tenderá a cargar en mí toda la responsabilidad.

Eso es lo que significa cuando dices: «Me he rendido». No es una rendición de confianza; es fruto de la decidofobia, fruto del miedo, un miedo a estar solo. No, yo no estoy aquí para hacer tu viaje cómodo, práctico, porque no se puede hacer cómodo ni práctico. Tiene que ser duro, es duro, es cuesta arriba. Y en el último momento, en el momento final de lo que las personas que practican zen llaman satori, ni siquiera yo estaré contigo. Solo podemos ser compañeros de viaje hasta la puerta. Cuando atravieses la puerta, estarás solo.

De modo que durante todo el camino tengo que hacerte capaz de estar solo. Tengo que ayudarte a abandonar el miedo, ayudarte a ser decidido. Confía en la vida; no necesitas confiar en nada más. Confía en la vida, y esta te conducirá espontáneamente y naturalmente a lo último, a la verdad, a Dios; o a como lo quieras llamar.

El río de la vida fluye hacia el océano. Si confías, fluirás en el río. Ya estás en el río, pero te estás apegando a unas raíces muertas que hay en la orilla, o estás intentando luchar contra la corriente. Apegarse a las escrituras, apegarse a los dogmas, a las doctrinas, es no permitir que el río te lleve con él. Abandona todas las doctrinas, todos los dogmas, todas las escrituras. La vida es la única escritura, la única Biblia. Confía en ella y permite que te conduzca al océano, a lo último.

Ha sido suficiente por hoy.

2

Abandonar el porqué

Yo no puedo darte la respuesta.
La respuesta vendrá a ti,
Y solo es verdadera si viene a ti.
La verdad tiene que provenir de uno mismo;
solo entonces es la verdad, liberadora.

La primera pregunta:
Osho,

No sé por qué estoy aquí.

Nadie lo sabe; además, no hay forma de saberlo, y no hay necesidad de saberlo. Este preguntarse constantemente: «¿Por qué estoy aquí? ¿Por qué estoy haciendo esto?». Este constante anhelo del porqué, es una enfermedad de la mente. Ninguna respuesta te va a satisfacer, porque puedes volver a preguntar por qué. Si yo digo algo —tú estás aquí por esto—, lo único que conseguirás es que retroceda un poco el porqué. Volverás a preguntar: ¿Por qué? El porqué es interminable.

En cuanto lo comprendas, te desprenderás de él. El porqué es ridículo. En vez de preguntarte: «¿Por qué estoy aquí?», es mejor que aproveches la oportunidad, es mejor que florezcas, es mejor que existas auténticamente. Y ahí radica la belleza, en que en cuanto empieces a vivir auténticamente, verdaderamente, en cuanto abandones todo el pensamiento estúpido y te empieces a regocijar en la vida, en cuanto ya no seas un filósofo, se responderá el porqué. Pero no lo responderá alguien desde el exterior; lo responderá tu propia energía vital.

La respuesta es posible, pero no llegará en forma de respuesta, llegará en forma de experiencia vivida. La respuesta va a ser existencial, no intelectual. La pregunta es intelectual. ¡Abandónala! En lugar de realizarla, ¡sé! De lo contrario, puedes seguir preguntando... Durante siglos el hombre ha estado realizando millones de preguntas; ni una sola pregunta se ha resuelto a través de la especulación, el pensamiento, la lógica, la razón. Ni una sola pregunta se ha resuelto. Por el contrario, cada vez que las personas han intentado responder a una pregunta, esta ha creado otras mil y una preguntas.

¿Quién creó el mundo? Y se ha respondido a esto: Dios creó el mundo. E inmediatamente surge la pregunta: ¿Quién creó a Dios?: o ¿Por qué creó el mundo? ¿Cuándo creó el mundo? Y ¿por qué creó un mundo así, tan infeliz, tan infernal? Quien te respondía que Dios creó el mundo debía pensar que desaparecería tu pregunta; pero de una sola respuesta surgen mil y una preguntas. La mente es un mecanismo creador de preguntas. Lo primero que hay que entender es lo siguiente: abandona el porqué. Inmediatamente te volverás religioso. Continúa con el porqué; seguirás siendo filosófico. Continúa preguntando y permanecerás en la cabeza. Abandona el cuestionamiento; de repente, la energía pasará a una nueva dimensión: la dimensión del corazón. El corazón no tiene preguntas, y allí se esconde la respuesta.

Puede parecer paradójico, pero, aun así, me gustaría decirte lo siguiente: cuando cese tu cuestionamiento, llegará la respuesta. Y si sigues cuestionado, la respuesta se hará cada vez más elusiva.

¿Por qué estás tú aquí? ¿Quién puede responder a eso? Y si se puede responder, ya no serás un hombre, te convertirás en un mecanismo. Este micrófono está aquí y existe una razón; se puede responder. El coche está ahí en el porche; el porqué se puede responder. Si tu porqué también se puede responder, te conviertes en un mecanismo como un micrófono o un coche; te conviertes en algo útil, en un producto. Pero tú eres un hombre, no una máquina.

Hombre quiere decir libertad. ¿Por qué hay libertad? Puedes plantear la cuestión, pero la cuestión es una estupidez. El porqué del hombre no se puede responder. Y si no se puede responder el porqué del hombre, ¿cómo puede responderse el porqué de lo último, de Dios? Ni siquiera se puede responder el porqué del hombre, así que es prácticamente imposible plantear correctamente la cuestión de Dios.

Mi empeño no consiste en responder tus preguntas, sino en hacer que seas consciente de que de cada cien preguntas, noventa y nueve son tonterías. ¡Abandónalas! Y una vez que hayas abandonado las preguntas tontas —parecen muy filosóficas— quedará la única pregunta. Y esa pregunta ya no tiene que ver con cosas irrelevantes, no esenciales. Esa pregunta tiene que ver con la existencia, contigo, con tu ser. No sobre por qué estás aquí, no acerca del propósito de tu estancia aquí, sino sobre tu ser aquí; quién eres: ¿Quién soy yo?

Esto es algo que puede saberse, porque para ello no hace falta acudir a nadie más; puedes dirigirte a tu interior. Para ello, no hace falta que busques en las escrituras; puedes mirar dentro. Para ello, solo tienes que cerrar tus ojos y sumergirte en un profundo silencio. Y puedes tener la sensación: quién eres. Puedes sentir el sabor: quién eres. Puedes olerlo, puedes tocarlo. Este es el cuestionamiento existencial. Pero por qué estás aquí, no lo sé. Y no hay ninguna necesidad de saberlo.

Lo siguiente que hay que saber es esto: que cada vez que realizas ese tipo de preguntas estás reflejando un determinado estado mental. Por ejemplo, cada vez que eres infeliz, preguntas por qué. Cuando estás dichoso, nunca preguntas por qué. Cuando estás sufriendo, preguntas: ¿Por qué estoy sufriendo? Pero cuando estás danzando dichoso, tranquilo, completamente satisfecho, ¿acaso preguntas por qué soy dichoso? En ese momento el porqué parece ridículo.

Preguntamos el porqué de aquello que no nos parece aceptable. Preguntamos el porqué del sufrimiento, de la infelicidad, del infierno. Nunca preguntamos el porqué del amor, de la felicidad, de la dicha, del éxtasis. Así que el porqué no es más que un indicativo de que debes ser infeliz. De modo que mejor que preguntarte por qué estás aquí, pregunta por qué eres infeliz. Entonces se puede hacer algo, porque la infelicidad se puede cambiar.

Buda solía decir a sus discípulos: «No hagáis preguntas metafísicas, haced preguntas existenciales. No preguntéis quién ha creado el mundo, no preguntéis por qué ha creado el mundo. Estas preguntas solo demuestran que eres infeliz. Pregunta por qué eres infeliz; en ese caso la pregunta está viva y se puede hacer algo, algo que cambiará tu infelicidad, que transformará la energía que hay en la infelicidad, la liberará de la infelicidad. Y esa misma energía puede convertirse en un florecimiento de tu ser».

Tú estás aquí; ¿quién eres tú? Esa pregunta no me la puedes hacer a mí. Tienes que afrontar una auténtica pregunta. ¿Cómo puedo responder a tu pregunta de quién eres tú? Si no la puedes responder tú, entonces, ¿cómo voy a responder yo a tu pregunta de quién eres tú? Diga lo que diga, será algo que provenga del exterior; y tú estás allí, en lo profundo, en lo más profundo de ti mismo. Tienes que dirigirte a lo profundo, tienes que caer en tu propio abismo, en ese espacio interior donde solo estás tú y nadie más; ni siquiera un pensamiento hay allí.

Solo en ese espacio obtendrás la respuesta; no una respuesta verbal, no es que algo te vaya a decir desde dentro que tú eres un alma, que tú eres Dios. Nadie te va a decir nada, porque no hay nadie; puro silencio. Pero ese silencio es la respuesta. En ese silencio, *sientes, conoces*. No hace falta darte ninguna información. No hacen falta palabras. Has llegado a tu fondo, a tu más profundo centro.

Una vez un niño le estaba hablando por primera vez a su hermano menor sobre el colegio. El niño de primero le dijo a su hermano de cuatro años: «Lo mejor que puedes hacer es no aprender a deletrear la primera palabra. En cuanto aprendas a deletrear "gato", ya la has fastidiado. A partir de ahí las palabras se hacen cada vez más y más largas».

Si estás aquí, quiere decir que ya has deletreado la palabra *gato*. Y el que me ha hecho esta pregunta es uno de mis sannyasins, Yoga Pratima. Tú ya has deletreado la palabra *gato*. Ahora las palabras se hacen cada vez más y más largas; ¡ya no hay escapatoria! Así que, en vez de preguntarte por qué estás aquí, utiliza esta oportunidad. Permíteme y permítete a ti mismo… hacia una transformación de tu ser. ¡Permíteme que entre en ti! No hagas preguntas estúpidas. Abre tus puertas.

Más que responderte, lo que puedo hacer es ayudarte a dirigirte hacia una transformación interior en la que desaparezcan todas las preguntas y aparezca la respuesta. Pero eso es algo experiencial. Lo sabrás, pero no serás capaz de contárselo a los demás. Lo sabrás, todo tu ser lo reflejará, tus ojos lo dirán, te rodeará una especie de aura. Las personas que tengan ojos para ver, serán capaces de ver que lo has sabido. Pero tú no serás capaz de decir quién eres. No hay palabra que pueda expresarlo; ¡es algo tan increíblemente inmenso! Lo puedes tener, pero no lo puedes expresar.

Entonces, ¿qué es lo que quieres? ¿Debería darte una respuesta verbal de por qué estás aquí? ¿No te das cuenta de que, diga lo que diga, será irrelevante? Puedo decir: porque en tus vidas pasadas acumulaste muchos karmas buenos, fuiste muy virtuoso; por eso estás aquí. ¿Te va a ayudar eso? Eso te hará más egoísta. Eso creará una barrera entre tú y yo. En vez de estar abierto te volverás más cerrado.

¿Qué es lo que quieres? ¿Quieres que te haya llamado como un elegido? ¿Que no hayas venido, sino que hayas sido llamado? Te gustaría que te diera ese tipo de respuestas, pero no tienen sentido y son dañinas, ya que una vez que empieces a sentir que estás entre los elegidos, me perderás porque todas esas cosas son trucos del ego. No hace más que tramar cosas.

No preguntes las respuestas. Pregunta la respuesta. Entonces te podré mostrar el camino, te podré conducir al templo. Una vez dentro del templo la sabrás. Y no hay otra manera de saberla.

El conocimiento a través de otra persona nunca puede ser un verdadero conocimiento. Es, como mucho, información. Conocer a través de otra persona nunca es algo íntimo. Es algo que queda en la periferia.

Nunca penetra en tu centro más profundo, nunca da en la diana. La filosofía y la religión se diferencian en esto. La filosofía siempre piensa en términos de preguntas y respuestas, razonamiento, silogismo, lógica; es pensamiento. La religión no es pensamiento en absoluto. Es algo más práctico; tan práctico como la ciencia, tan pragmático como la ciencia. El método de la religión no es la especulación; el método de la religión es la experiencia. Medita más, y en los interludios, en las pausas, en los intervalos, cuando un pensamiento se haya ido y el otro todavía no haya llegado, tendrás los primeros destellos del satori, del samadhi.

La palabra *interludio* es muy bella. Proviene de los palabras latinas: *inter* y *ludus*. *Ludus* significa juegos, recreo, e *inter* significa entre. *Interludio* significa entre juegos. Juegas al juego del marido o de la mujer; después juegas al juego del padre o de la madre. Después vas a la oficina y juegas a ser un banquero, un hombre de negocios; juegas a miles de cosas, durante veinticuatro horas al día. Entre dos juegos, interludios.

Dirígete hacia tu interior. Durante unos cuantos momentos cada día, siempre que tengas la oportunidad, abandona todos los juegos, sencillamente, sé tú mismo; no un padre, ni una madre, ni un hijo, ni un banquero, ni un criado: nadie. Todas estas cosas son juegos. Descubre los interludios. Entre dos juegos, relájate, sumérgete, adéntrate en tu propio ser; y allí estará la respuesta.

Te puedo mostrar la manera de sumergirte en los interludios; pero no puedo darte la respuesta. La respuesta vendrá a ti. Y solo es verdad cuando viene a ti. La verdad tiene que provenir de uno mismo; solo entonces es la verdad, liberadora. Mi verdad se convertirá en una teoría para ti; no será en absoluto una verdad. Mi verdad te cegará, pero no puede hacer tus ojos más perceptivos. Mi verdad te puede rodear como una seguridad, pero será algo prestado, y la verdad no se puede prestar.

La segunda pregunta:
Osho,

Por favor, explica la diferencia entre «decidofobia» y discipulado.

Esta pregunta es compleja, y tienes que estar muy atento para entender la explicación, porque con las preguntas complejas es más fácil que se produzca el malentendido que el entendimiento.

La primera cosa es esta: el discipulado supone una gran decisión. Solo puedes convertirte en discípulo si abandonas tu *decidofobia*, porque supone una gran decisión, es una responsabilidad. No puedes convertirte en discípulo si tienes miedo de hacer, de tomar decisiones. Esta es la mayor decisión en la vida de cada uno: confiar en otra persona como su maestro, confiar en otra persona y poner en juego toda tu vida. Es una apuesta. Hace falta mucha valentía. Hay mucha gente que acude a mí; me dicen que quieren convertirse en sannyasins, pero tienen miedo. Es una decisión muy fuerte, y antes de tomar la decisión hay que considerar mil cosas.

Decidofobia significa que tienes miedo de decidir cualquier cosa. El discipulado es una decisión. Si naciste hindú, eso no es discipulado. Si naciste hindú y un *shankaracharya* llega a tu ciudad y vas y le rindes respeto, eso no es discipulado. Tú nunca decidiste por primera vez ser hindú. Es una coincidencia, tu hinduismo no es más que un accidente. Otra persona es cristiana, el Papa llega y él le rinde sus respetos; eso no es discipulado. Nunca decidió ser católico ni cristiano.

De hecho, sigues siendo hindú o cristiano porque eres incapaz de decidir salir de ahí. No es una decisión, es una falta de decisión. Como tienes miedo de decidir, continúas lo que te han dado por tradición, herencia, de tu padre y de tu madre. Piensa en esto: la gente decide la religión por una cuestión de sangre; ¿es posible una estupidez mayor? ¿Decidir la religión por una cuestión de sangre? Entonces coge sangre de un musulmán, de un hindú y de un cristiano, y ve a un experto y pregúntale cuál es la sangre del hindú y cuál la del musulmán. Ningún experto lo puede saber; la sangre no es más que sangre. Existen diferencias en la sangre, pero no son diferencias religiosas.

Decidir la religión solo por el nacimiento, es como si decidieras tu futuro por el *I Ching*, o yendo al astrólogo, como si decidieras tu futuro por las estrellas, o por el Tarot. Estas no son decisiones, son trucos para no decidir. Otra persona decide por ti. El libro del *I Ching* fue escrito hace cinco mil años; alguien, ya nadie sabe su nombre, está decidiendo por ti. Le pides a gente que ha muerto hace mucho tiempo que decida por ti. Le pides al pasado que decida tu futuro. Pero en cierto modo es útil, ya que no necesitas decidir más. Si eres hindú solo por nacimiento... entonces no lo has decidido. Tu discipulado no es discipulado, es decidofobia.

No tienes más que darte cuenta de esto: para las cosas mínimas piensas mucho, y para las cosas grandes no piensas en absoluto. Cuando vas al mercado a comprar ropa, tú eres el que decides; cosas ordinarias, triviales, tú eres el que decides. Es como si hubiera una norma que dijera que cuando conduzcas el coche despacio, conduzcas con cuidado, pero que cuando vayas a más de 50 kilómetros por hora, cierres los ojos. En las cosas pequeñas —comprar ropa, pasta de dientes o jabón— tú eres el que decides. En la religión, Dios, la meditación, la oración, dejas que alguien más decida por ti.

En las cosas grandes quieres ir con una venda en los ojos, y la tradición trabaja con una venda en los ojos. Las personas que no han nacido ciegas, se vuelven prácticamente ciegas por ir con una venda en los ojos. Tienen anteojeras en los ojos. Las anteojeras de unos se conocen como hindúes, las de otros como cristianas, las de otros como jainistas, pero todas son anteojeras, vendas de ojos, que la sociedad te ha dado porque tienes miedo de abrir los ojos. De modo que mejor dejas que otra persona decida; así te libras de la responsabilidad, y puedes decir: Soy obediente. La tradición es maravillosa, yo solo sigo la tradición. El pasado es maravilloso, y yo sigo el pasado.

Puedes racionalizar estas cosas, pero esto no es discipulado. El discipulado es siempre una elección personal. Por ejemplo, tú estás aquí: Yo no soy ni cristiano, ni hindú, ni musulmán, ni jainista, ni budista, y si decides venir conmigo, será una decisión. Si padeces *decidofobia*, no podrás venir conmigo; permanecerás en tu redil en el que naciste accidentalmente.

Una vez que decidas, y *decidir* significa que tú eres el que tiene que decidir, la responsabilidad será tuya y personal, será un compromiso. Y yo sé que decidir es algo muy difícil; por tanto, hace falta mucha valentía. Puedes ser hindú fácilmente; puedes ser cristiano fácilmente. Pero para caminar conmigo tendrás que abandonar tu decidofobia. Solo entonces te convertirás en un discípulo.

Así que depende del tipo de discipulado que tengas en mente. En el mundo hay muy pocos discípulos. Sí, las personas que decidieron seguir a Jesús fueron discípulos.

Un día Jesús pasó por un lago donde había dos pescadores que acababan de arrojar su red al lago. Él se acercó adonde estaban, puso su mano en el hombro de uno de los pescadores. El pescador miró a Jesús —esos ojos inmensamente penetrantes, esos ojos inmensamente silenciosos, más silenciosos que el lago— y Jesús le dijo a ese hombre: «¿Qué estás haciendo? ¿Por qué malgastas tu vida pescando peces? Ven conmigo, te enseñaré a pescar hombres. ¿Por qué desperdicias tu vida pescando peces? ¡Ven y sígueme!».

Un momento increíble. El hombre debió vacilar entre decidofobia y discipulado. Pero entonces se armó de valor, arrojó la red al río y siguió a Jesús.

Justo cuando estaban saliendo de la ciudad, un hombre llegó corriendo y le dijo al pescador: «¿Dónde vas? Tú padre que estaba enfermo ha muerto. ¡Vuelve a casa!»

Y el pescador le pidió permiso a Jesús: «Déjame que vaya durante tres o cuatro días para poder realizar los últimos ritos por mi padre muerto y después vendré».

Y Jesús le dijo: «Olvídate de todo eso. Ya hay suficiente gente muerta en la ciudad, ellos enterrarán al muerto. ¡Tú ven y sígueme! Y él lo siguió, se olvidó por completo de su padre muerto».

Esto es discipulado. Aquellos que siguieron a Jesús fueron discípulos, pero los cristianos no son discípulos; ahora están siguiendo una tradición muerta. Aquellos que siguieron a Buda fueron discípulos, pero los budistas no son discípulos. Vosotros sois mis discípulos; algún día, los hijos de vuestros hijos también me recordarán; ellos no serán mis discípulos. Si vuestros hijos empiezan a acordarse de mí, a amarme, a causa de vosotros, entonces no tendrán relación conmigo; tienen miedo de tomar una decisión. No creéis ese miedo en las mentes de vuestros hijos. Dejad que decidan por sí mismos.

La vida puede enriquecerse mucho si se permite que las personas decidan. Pero la sociedad intenta forzarte a tomar determinadas decisiones. La sociedad tiene miedo de que si no decide por ti, puede que tú no seas capaz de decidir. Pero, en realidad, es por eso por lo que poco a poco vas perdiendo la capacidad de decidir. Y una vez que pierdas tu capacidad de decisión, perderás tu alma.

La palabra *alma* significa unidad integrada dentro de ti. Surge de decisiones grandes y fatales. Cuanto más decidas y cuanto más arriesgada sea la decisión, más integrado, más cristalizado te harás.

Si tú has decidido —y atención al énfasis—, si tú has decidido estar conmigo, esta decisión supone una gran revolución en tu vida, un fenómeno trascendental. Pero si tú no eres el que decide; si viniste aquí porque tu mujer estaba aquí, o porque tu marido estaba aquí, o tus amigos estaban aquí, y viniste aquí y viste mucha gente que iba de aquí para allá vestida de naranja, y te empezaste a sentir como un extranjero y te empezaste a sentir incómodo, como si parecieras un extraño, y por eso tú también tomaste sannyas; entonces eso es decidofobia, no es discipulado; en ese caso, has seguido a la multitud. Tus sannyas no valen nada; porque no son en absoluto tus sannyas. Tú has imitado a otros. No imites nunca. Decide por ti mismo, y cada decisión te proporcionará cada vez más integración.

Y esta es una gran decisión: comprometerte, implicarte totalmente, encaminarte junto conmigo hacia lo desconocido. La mente creará mil dudas, vacilaciones; a la mente le gustaría aferrarse al pasado; pero si tú decides, a pesar de todo eso, te elevas por encima de tu pasado, transciendes tu pasado.

Pero no intentes ser listo. Intenta ser auténtico y verdadero. No intentes racionalizar… porque puede que hayas tomado sannyas sin ninguna decisión por tu parte. Puede que te hayas dejado llevar por la multitud. Después lo racionalizarás. Dirás: Sí, es una decisión propia. Pero ¿a quién pretendes engañar? Solo te estás engañando a ti mismo.

Una vez oí la siguiente anécdota:

Una madre estaba regañando a su hijo mayor: «Ya te he dicho muchas veces que tienes que dejar a tu hermano pequeño que juegue con los juguetes la mitad del tiempo».

«¡Pero si lo hago!», protestó el niño. «Yo cojo el trineo para bajar la montaña, y luego le dejo a él que lo coja en la subida, ¡la mitad del tiempo!».

No intentes ser listo. Puedes llamar discipulado a tu decidofobia; pero a mí no me vas a engañar, te estás engañando a ti mismo. Tenlo claro. Hace falta mucha claridad para buscar la verdad.

La tercera pregunta:
Osho,
   ¿Por qué la disciplina me provoca una reacción tan negativa?
   Y una atracción y una voz que dice: «¡Debes hacerlo!».
   ¿Existe alguna diferencia entre obediencia y rendición?

Existe una gran diferencia. No solo una diferencia: obediencia y rendición son cosas radicalmente opuestas. Escucha con atención.

Si te has rendido, no se plantea la cuestión de obedecer. Entonces mi voz es tu voz; tú no la obedeces. Entonces yo ya no estoy separado de ti. Si tú no te has rendido, me obedeces, porque mi voz está separada de la tuya. Consigues obedecer, impones una cierta disciplina en ti. Debe de haber algo de avaricia oculta detrás de esto. Puede que estés buscando determinados resultados. Así que obedeces, pero en lo más profundo permaneces separado. En lo más profundo, la resistencia continúa. En lo más profundo sigues luchando conmigo. En la misma palabra «obedecer» hay resistencia.

Obedecer es algo feo. Ríndete o actúa por tu cuenta. Obedecer es un compromiso; por una parte, no te quieres rendir; y por otra, no estás seguro de actuar por tu cuenta. De modo que adoptas una solución intermedia. Dices: Voy a actuar por mi cuenta, pero voy a obedecer. Te escucharé, digas lo que digas, y encontraré formas y medios de obedecerte.

La rendición es algo totalmente diferente. En la rendición no existe dualidad. Cuando el discípulo se rinde ante el maestro, se vuelven uno; en ese momento desaparece la dualidad. Ahora el maestro ya no se ve como algo separado, por lo tanto, ¿quién es el que obedece y quién va a obedecer a quién?

¿Por qué la disciplina me provoca una reacción tan negativa?

Porque todavía no ha tenido lugar la rendición. De lo contrario, la disciplina es algo maravilloso; no hay nada como la disciplina. Si ha tenido lugar la rendición, entonces no impones la disciplina, es algo que ocurre espontáneamente. Cuando te digo algo, y tú te has rendido, oyes mi voz como si fuera la tuya. De hecho, verás inmediatamente que eso es lo que tú querías hacer, pero no lo tenías claro. Serás capaz de entender que te he dicho algo que estabas buscando a tientas en la oscuridad. En cierto modo lo sentías, pero era un sentimiento vago; yo te lo he clarificado. Yo te he hablado. Yo te he traído el deseo de tu propio corazón.

Esto es lo que va a ocurrir en la rendición. Así que, ¿por qué llamarla obediencia? No es obediencia. En la obediencia se oculta una especie de conflicto.

Una vez oí la siguiente anécdota:

Un hombre llevaba tiempo teniendo problemas con su hijo adolescente, así que lo envió a trabajar a una granja que llevaba un antiguo amigo suyo. Después de que el joven llevara trabajando en la granja dos meses, le preguntó a su amigo sobre sus progresos.

—Bueno —dijo el viejo ganadero seriamente —, se ha esforzado bastante: Ya habla la lengua de las vacas.

—No está mal.

—Pero —dijo el ganadero seriamente—, todavía no ha aprendido a pensar como una vaca.

Esa es la diferencia. Una vez que empiezas a pensar como una vaca, ya no hay obediencia ni desobediencia. Una vez que empiezas a pensar como yo, ya no hay trabas, ya no hay problemas, ni conflictos, ni lucha, ni esfuerzo. De hecho, tú no me estás siguiendo a mí, te estás siguiendo a ti mismo. Esto es lo que ocurre en la profunda rendición.

Normalmente, las personas tienen una idea equivocada de la rendición, particularmente en Occidente. La rendición es un concepto profundamente oriental. Las personas piensan que en la rendición se perderá la individualidad. Eso es completamente falso, totalmente falso. En la rendición no pierdes tu personalidad. De hecho, en la rendición tu personalidad se vuelve transparente por primera vez; porque cuando te rindes, rindes tu ego, no la personalidad, no la individualidad. Esa idea equivocada de que tú eres alguien... Abandona esa idea. Una vez que hayas abandonado esa idea, te sentirás cómodo, crecerás; tu individualidad permanecerá intacta, de hecho, crecerá cada vez más. Por supuesto, no habrá sensación del «Yo», pero tendrá lugar un increíble crecimiento.

Cuando no hay rendición, surgen millones de preguntas sobre cómo obedecer.

Una vez me llamaron para que asistiera a un seminario; allí se habían congregado muchos rectores y vicerrectores de universidad. Estaban muy preocupados sobre la disciplina en los colegios, los institutos y las universidades, y por la actitud irrespetuosa de la nueva generación hacia los profesores. Escuché sus planteamientos y les dije:

«Veo que en alguna parte falla lo esencial. El profesor es alguien al que se respeta de forma natural, así que un profesor no puede exigir respeto. Si el profesor exige respeto, lo único que hace es demostrar que no es un profesor, que ha elegido la profesión equivocada, que no tiene vocación. La misma definición de profesor es aquel al que se respeta de forma natural; no al que tienes que respetar. Si tienes que respetarlo, ¿qué tipo de respeto va a ser ese? Fíjate: «Tengo que respetar»; ha perdido todo su encanto, el respeto no está vivo. Si tiene que ser hecho, por tanto no está allí. Cuando está allí, nadie es consciente de él, nadie se cohíbe por él. Sencillamente, fluye. En cuanto hay un profesor verdadero, fluye».

De modo que dije en el seminario: «En vez de pedir a los alumnos que respeten a los profesores, por favor, piensen de nuevo; deben de estar escogiendo a profesores equivocados, que no son en absoluto profesores».

Uno nace profesor, al igual que uno nace poeta; es un gran arte. No todo el mundo puede ser profesor, pero a consecuencia de la universalización de la educación, hacen falta millones de profesores. Imagínate una sociedad que pensara que la poesía debe ser enseñada por poetas, y que hay que enseñar poesía a todos. Harían falta millones de poetas. Evidentemente, entonces habría escuelas de poetas. Esos poetas serían falsos, y después exigirían: ¡Aplaudidnos! Porque somos poetas. ¿Por qué no nos respetáis? Esto es lo que les ha sucedido a los profesores.

Antiguamente había muy pocos profesores. La gente solía viajar miles de kilómetros para encontrar a un profesor, para estar con él. Había un gran respeto, pero el respeto dependía de la calidad del profesor. No era algo que se esperara del discípulo o del estudiante o del alumno. Era algo que, sencillamente, ocurría.

Si te has rendido, la obediencia ocurre sin ninguna cohibición. No es que tengas que seguir; sencillamente, te descubres a ti mismo siguiendo. Un día te das cuenta del hecho de que has estado siguiendo, y de que no ha habido conflicto, no ha habido lucha. Cuanto más intentes ser obediente, más resistencia surgirá.

Una vez oí lo siguiente:

Una mujer se estaba quejando a su médico: «¡No sabe lo mal que me siento! ¡Ni siquiera puedo comer lo que me dijo que no comiera!».

En cuanto le dices a alguien: «¡No hagas eso!», le surge un gran deseo de hacerlo. «No comas eso»; nace un gran deseo de comerlo. La mente funciona siempre de forma negativa; la verdadera función de la mente es negar, decir no.

No tienes más que observarte a ti mismo, observar cuántas veces dices «no» durante el día, y reducir esa cuota. Obsérvate a ti mismo, cuántas veces dices «sí», y aumentar esa cuota. Poco a poco observarás un ligero cambio en las proporciones de sí y de no, y verás que tu personalidad está cambiando de forma fundamental. Observa ahora cuántas de las veces en que dices no habría sido más fácil decir sí; en realidad, no había necesidad de decir no. Cuántas veces podrías haber dicho sí y, en cambio, dijiste no, o te quedaste callado.

Cada vez que dices sí, va contra el ego. El ego no puede comer sí; se alimenta de noes. Di: ¡No! ¡No! ¡No! Y dentro de ti surge un gran ego.

Ve a la estación de tren; puede que estés solo en la ventanilla para comprar el billete, pero el funcionario se pondrá a hacer algo, no te mirará. Está intentando decir: «No». Al menos te hará esperar. Fingirá estar muy ocupado, mirará en sus libros y en sus papeles. Te obligará a esperar. Eso da una sensación de poder, de que no es un funcionario cualquiera; puede hacer esperar a cualquier persona.

La siguiente anécdota ocurrió en los primeros días de la Rusia soviética, cuando León Trotski era allí el comisario de Guerra. Él era muy estricto con las reglas, con la disciplina, con esto y con aquello. Iba a tener lugar un encuentro importante del Partido Comunista y él era el encargado de conceder los pases. Se olvidó por completo de que él también necesitaba un pase para entrar en la sala. Cuando llegó allí, había un policía en la puerta que lo paró. Le dijo: «¿Dónde está su pase?» León Trotski dijo: «¿No me reconoce?»

Él le contestó: «Lo reconozco perfectamente, usted es nuestro comisario de Guerra, pero ¿dónde está su pase?»

Trotski dijo: «Mire los otros pases que tiene en la mano. Los he firmado yo».

El policía dijo: «Es posible, pero estas son las normas, que nadie puede entrar sin pase. Así que vuelva a casa y consiga un pase».

León Trotski escribió en su diario: «Pude darme cuenta de lo poderoso que se estaba sintiendo ese día, diciendo que no al comisario de Guerra, haciéndolo sentir minúsculo».

La gente no hace más que decir que no. El niño dice a la madre: «¿Puedo salir a jugar fuera?» E inmediatamente, sin pensarlo un momento, ella contesta: «¡No!» ¡Política! ¿Qué tiene de malo que esté fuera, que vaya fuera a jugar? Además, el niño va a ir; el niño insistirá, se cogerá un berrinche, y entonces la madre dirá: «Bueno, puedes ir». Lo podía haber dicho antes, desde un principio, pero ni siquiera una madre puede perder la oportunidad de decir no.

Lo primero que llega a tu mente es no. Sí es muy difícil. Solo dices sí cuando no te queda otra salida que decirlo. ¡Date cuenta de eso! Conviértete a ti mismo en uno que responde sí; abandona el decir no, porque el ego se alimenta, se nutre, del veneno del no.

La persona religiosa es aquella que ha dicho «sí» a la existencia.
De ese «sí» surge Dios.
«Sí» es el padre de Dios.
Esa actitud de decir «sí» es la actitud religiosa.

Pero recuerda esto: Yo no exijo obediencia. O bien estás conmigo totalmente o, si no, no estés conmigo en absoluto. El compromiso no es bueno, el compromiso mata. El compromiso te hace tibio, y nadie se puede evaporar en ese estado. El compromiso surge del miedo. Sé valiente: o estás conmigo o no estás conmigo; pero no estés en el limbo. De lo contrario, una parte de tu mente seguirá diciendo: Tengo que seguir, tengo que hacer esto, y otra parte de tu mente continuará diciendo: No, ¿por qué tengo que hacer esto?

Y este conflicto constante en tu interior disipa la energía, es destructivo. Envenenará todo tu ser.

La cuarta pregunta:
Osho,

¿Qué ocurre si no hay ningún espacio?

Mira en tu interior, eso es algo que nunca ha ocurrido y tú no puedes ser una excepción. Todos los buscadores que se han dirigido al interior han atravesado espacios. Los espacios están ahí, pero tú no has mirado y por eso la pregunta tiene un «si». Por favor, no hagas preguntas condicionales. Yo no estoy hablando de teorías, estoy hablando de hechos.

Es como si alguien dijera: ¿Y qué ocurre si dentro no hay corazón? Pero el «sí» es una mera especulación. Cierra los ojos y oirás el latido de tu corazón. Si tú estás ahí para hacer la pregunta, quiere decir que el corazón está ahí.

Si estás ahí para hacer esta pregunta, quiere decir que los espacios están ahí. Sin espacios no es posible el pensamiento. Entre dos palabras, el espacio es una necesidad; de lo contrario las dos palabras no se separarían, se superpondrían. Entre dos frases hay un espacio; no puede ser de otra manera, de lo contrario no habría división entre las frases, entre dos pensamientos.

Solo tienes que mirar en tu interior...

Una vez un granjero estaba muy enfadado durante la cena.

—¿Dónde estabais hace una hora cuando os llamé para que me ayudarais? —preguntó.

—Yo estaba en el granero colocando el grano —dijo uno.

—Yo estaba en el pajar colocando la paja —aseguró otro.

—Yo estaba en la habitación del abuelo, colocando el reloj —matizó el tercero.

—Y yo estaba en la despensa colocando una trampa —expuso el cuarto hijo.

—¡Pues vaya grupito! —exclamó el granjero—. ¿Y tú dónde estabas? —preguntó, dirigiéndose al hijo más joven.

—Yo estaba ahí colocado en la puerta, quieto.

Así que busca algunos momentos en los que puedas sencillamente «colocarte quieto»; inmediatamente estarás en los espacios. Si te sientas en silencio, estarás en los espacios.

Los pensamientos son intrusos; los espacios son tu verdadera naturaleza. Los pensamientos vienen y se van. El vacío dentro de ti siempre permanece; nunca viene, nunca se va. El vacío es el fondo sobre el que se mueven como figuras los pensamientos. Al igual que escribes en la pizarra con tiza blanca —la pizarra está allí, tú escribes con tiza blanca—, tu vacío interior funciona como una pizarra, y sobre esa pizarra se mueven los pensamientos.

¡Ve más despacio! Ve un poco más despacio. Simplemente siéntate en silencio, relajado, sin hacer nada en particular. Cuando haces preguntas condicionales, estás malgastando tu tiempo. En ese mismo tiempo y con la misma energía se pueden experimentar los espacios y te puedes enriquecer mucho. Y una vez que hayas saboreado los espacios, desaparecerá el dominio de los pensamientos sobre ti.

La última pregunta:
Osho,

¿Qué más da? ¿Es esto indiferencia creativa, o sueño?
Por favor, habla al respecto.

La creatividad nunca puede ser indiferente. La creatividad se preocupa porque la creatividad es amor. La creatividad es la función del amor y de la preocupación. La creatividad no puede ser indiferente. Si tú eres indiferente, poco a poco toda tu creatividad desaparecerá. La creatividad necesita pasión, vitalidad, energía. La creatividad necesita que sigas siendo un torrente, un torrente intenso y apasionado.

Si contemplas una flor con indiferencia, la flor no puede ser bella. A través de la indiferencia todo se vuelve ordinario. Así, uno vive de forma fría, encogido en sí mismo. Esta calamidad ha ocurrido en Oriente, porque la religión tomó un mal camino y las personas empezaron a pensar que había que ser indiferente hacia la vida.

Una vez vino a verme un sannyasin hindú. Cuando llegó, yo estaba trabajando en mi jardín, en el que tenía muchas flores. Él echó una mirada al jardín y me dijo: «¿Te interesan las flores y la jardinería?» En su rostro había una mirada de condena. Y añadió: «Yo pensaba que tú eras indiferente a todas esas cosas».

Yo no soy indiferente. La indiferencia es negativa, es suicida, es escapista. Evidentemente, si te vuelves indiferente, hay muchas cosas que no te preocuparán; vivirás rodeado de tu indiferencia. No te distraerán, no te molestarán, pero lo importante no es únicamente que no te distraigan. Nunca serás feliz ni rebosarás.

En Oriente muchas personas piensan que ser indiferente es el camino de la religión. Se alejan de la vida, se convierten en escapistas. No han creado nada. Solo vegetan y piensan que han logrado algo; no han logrado nada.

El logro siempre es positivo, y el logro siempre es creativo. Dios es creatividad, ¿cómo vas a alcanzar a Dios siendo indiferente? Dios no es indiferente. Se preocupa incluso por las briznas de hierba, también se preocupa por ellas. Tiene el mismo cuidado al pintar una mariposa que al crear un Buda.

El todo ama. Y si tú quieres ser uno con el todo, tienes que amar. La indiferencia es un suicidio lento. Enamórate profundamente, tanto que desaparezcas completamente en tu amor, que te conviertas en una pura energía creativa. Solo entonces participarás con Dios, irás con Él de la mano.

Para mí la creatividad es una plegaria, la creatividad es meditación, la creatividad es vida.

Así que no tengas miedo a la vida, y no te encierres en la indiferencia. La indiferencia te insensibilizará, perderás sensibilidad; tu cuerpo se adormecerá, tu inteligencia se adormecerá. Vivirás en una celda oscura, atemorizado de la luz y del sol, atemorizado del viento, de las nubes y del mar; atemorizado de todo. Te envolverás en una manta de indiferencia y empezarás a morir.

¡Muévete! ¡Sé dinámico! Y, hagas lo que hagas, hazlo con tanto amor que la mera acción se convierta en creativa y divina. No os estoy diciendo que tengáis que convertiros todos en pintores y en poetas; eso es imposible. Pero tampoco hace falta. Puedes ser un ama de casa y cocinar de forma muy creativa. Puedes ser un zapatero y hacer zapatos de forma muy creativa. Hagas lo que hagas, hazlo totalmente, amorosamente, íntimamente; implícate en ello de modo que tu acción no sea algo externo. Tú estás en tu acción, tu acción se convierte en una realización. Entonces es cuando te llamaré religioso. La persona religiosa, la conciencia religiosa, es inmensamente creativa.

No utilices nunca la frase: ¿Qué más da? Esa actitud proviene del ego; ¿qué más da? No, si realmente quieres crecer, interésate más. Deja que el interés sea todo tu estilo de vida. Interésate por todas las cosas. Y no hagas ninguna distinción entre lo grande y lo pequeño. Las cosas más pequeñas… el simple hecho de limpiar el suelo, hazlo con mucho interés, como si fuera el cuerpo de tu amado, y de repente, verás que estás naciendo de nuevo a través de tu propia creatividad.

Cada acto creativo se convierte en un renacimiento para el creador, y cada acto indiferente se convierte en un suicidio, en una muerte lenta. Rebosa, no seas avaro. No trates de retener; ¡comparte! Y permite que el interés sea el mismo centro de tu vida. Entonces no hará falta ir a la iglesia, no hará falta ir al templo, no hará falta arrodillarse ante ningún dios y rezar. Tu vida será como una mariposa, tu modo de vida será oración. Toques lo que toques lo harás sagrado. Cualquier cosa, he dicho, incondicionalmente.

El amor hace que todo sea sagrado. El desinterés hace que todo sea feo.

Ha sido suficiente por hoy.

3

Discurso en silencio

«Osho siempre habla sobre el silencio.
Hoy habló en silencio.
Su sonido carente de sonido se escuchó
en el fondo de los corazones.
Su mensaje era alto y claro.
Habló sin hablar.
Ese fue su gran discurso.
Nos regocijamos en él. Nos llenamos de él.
Fue pura bendicón:
El sonido de una mano aplaudiendo».

4

Percibir al toro

Dios está en todas partes.

Tienes que ser sensible, y podrás ver al toro en cualquier parte.

Detrás de cada árbol, y detrás de cada roca, se oculta el toro.

3. Percibir el toro

Oigo el canto del ruiseñor. El sol es cálido, la brisa es suave,
los sauces de la ribera son verdes.
¡Aquí no se puede esconder ningún toro!
¿Qué artista podría dibujar una cabeza tan imponente,
unos cuernos tan majestuosos?

Comentario:

Cuando uno escucha la voz, puede darse cuenta de su origen. En
cuanto se funden los seis sentidos, se atraviesa la puerta. ¡Dondequiera que uno entre, ve la cabeza del toro! Esta unidad es como
la sal en el agua, como el color en el tinte. Ni siquiera lo más ínfimo
está separado del yo.

4. Atrapar al toro

Lo atrapo tras una lucha denodada.
Su fuerte voluntad y poder son inagotables.
Embiste en la colina, muy por encima de la neblina,
o se yergue en un barranco impenetrable.

Comentario

¡Durante largo tiempo vivió en el bosque, pero hoy lo atrapé!

La seducción del paisaje lo desorienta. En su ansia por encontrar hierba más dulce, vaga de un lado a otro. Su mente todavía es terca y desenfrenada. Si quiero que se someta, debo alzar mi látigo.

Me pregunto si habrás observado esto o no: que el hombre es el único animal que realiza su dibujo, su propio dibujo. Ningún otro animal ha hecho eso nunca. No solo dibuja su propio dibujo, se coloca delante del espejo, se contempla en el espejo reflejado. No solo eso; se coloca delante del espejo, mira a su reflejo y se mira a sí mismo contemplando su reflejo, etc. Por eso surge la afectación. Por eso nace el ego. Por eso el hombre se vuelve más interesado en los reflejos que en la realidad.

¡Observa tu propia mente! Te interesa más una foto pornográfica que una mujer real. Las imágenes tienen un enorme poder sobre la mente humana; por tanto, el hombre vive en una ficción. Y el auto-conocimiento no es posible en la ficción. Tienes que interesarte más en lo real que en lo reflejado. Hay que romper los espejos. Tienes que volver a casa; de lo contrario, te vas alejando cada vez más de ti mismo.

Este interés en los reflejos, las ficciones, los sueños, los pensamientos, las imágenes, es la causa básica de que un hombre no se pueda conocer a sí mismo. No está interesado en sí mismo en absoluto. Está más interesado en la opinión de los demás, en lo que ellos piensan sobre él. Eso es, una vez más, un espejo. Estás constantemente preocupado por lo que piensa la gente sobre ti. No te preocupa en absoluto quién eres —esa no es una verdadera búsqueda—, sino lo que la gente piensa que eres. Así que no haces otra cosa que adornarte a ti mismo. Tu moralidad, tu virtud, no es sino un adorno para que puedas parecer maravilloso, bueno, justo, religioso a los ojos de los demás. Pero eso supone una gran pérdida.

El hecho de que la gente piense que eres religioso no te hace religioso. El hecho de que la gente piense que eres feliz, no te hace feliz. Y una vez que estés en el mal camino, puedes desperdiciar toda tu vida.

Interésate más en ser feliz que en ser considerado feliz. Interésate más en ser bello que en que te consideren bello, porque las consideraciones no pueden satisfacer tu sed, las consideraciones no pueden satisfacer tu hambre. Lo importante no es si la gente piensa que estás bien alimentado o no; no puedes engañar a tu cuerpo. Hace falta comida auténtica, no valen las fotos de comida. Hace falta agua auténtica, no valen fotos de agua, fórmulas de agua. H_2O no puede apagar tu sed. Una vez que entiendas esto, comienza el descubrimiento; entonces estás buscando al toro.

Obsérvate a ti mismo. Te descubrirás a ti mismo *in fraganti* muchas veces al día pensando en ficciones en vez de en la realidad. Mirar al espejo y pensar que te estás viendo a ti mismo es una de las cosas más absurdas. El rostro reflejado no es tu rostro; solo es la superficie; solo es la periferia. Ningún espejo puede reflejar tu centro. Y la circunferencia no eres tú. La circunferencia cambia a cada momento; fluctúa.

¿Por qué te atrae tanto la forma? ¿Por qué no te atrae lo real? El hombre que está buscando el yo, que se ha interesado por el autoconocimiento, no hace más que romper los espejos. No sonríe porque la gente lo esté observando y la sonrisa les dará una buena impresión de él, sonríe cuando lo siente. Su sonrisa es auténtica. No depende de las personas, no depende de los espectadores. Vive su vida. No está intentando convencer siempre a la audiencia de que «Soy esto y aquello».

Recuerda: las personas que están demasiado preocupadas por convencer a los demás son personas vacías, por dentro están huecas. No tienen nada auténtico. De lo contrario, el deseo desaparecería. Si eres un hombre feliz, eres un hombre feliz y no piensas en ello, no piensas en que tiene que verse reflejado en los ojos de los demás. No vas por ahí recogiendo opiniones. Sea cual sea la identidad que pienses que tienes, analízala y verás que hay miles de personas que han dicho cosas sobre ti y que tú has recolectado todas esas cosas. Una cosa que dijo tu madre, otra cosa que dijo tu padre, tu hermano, tus amigos, la sociedad, y tú has reunido todo eso. Evidentemente, va a ser contradictorio, porque son muchas personas, muchos espejos. Tu identidad es autocontradictoria. No puedes denominarla un yo, porque el yo solo es posible cuando has dejado de vivir en contradicción. Pero para eso, tienes que dirigirte hacia el interior. El primer paso del entendimiento es que tu ser ya está esperándote en tu interior. No necesitas mirar en los ojos de nadie.

No creas en los espejos, cree en la realidad.

Una vez oí que ocurrió lo siguiente:

Un anciano sacerdote aconsejó a un político que se pusiera bajo la lluvia y alzara los ojos al cielo. «Tendrás una revelación», le prometió.

Al día siguiente el político volvió. «Seguí su consejo», dijo, «pero el agua me bajaba por el cuello y me sentía como un idiota».

«Bueno», dijo el sacerdote, «para ser la primera vez, ¿no crees que es una revelación bastante importante?»

Si puedes comprender tu estupidez, esta será una revelación bastante importante; sí, porque a partir de ese punto comienza el viaje.

El hombre que está constantemente preocupado por la impresión que causa a los ojos de los demás, por su imagen en los espejos, es un idiota, porque está desperdiciando una maravillosa oportunidad en la que pueden ocurrir experiencias increíbles. Pero no ha dado el primer paso, temeroso de que pueda parecer un idiota. No tengas miedo de la idiotez; de lo contrario, seguirás siendo un idiota.

Más tarde o más temprano tendrás que reconocer el hecho de que, hasta ahora, has vivido en profunda estupidez. Y si sigues viviendo de esa manera —a través de espejos, reflejos, opiniones—, poco a poco perderás tu individualidad, te volverás parte de la masa, perderás tu alma. Entonces no serás un auténtico individuo.

La palabra *masa* proviene de la raíz latina *massa*. *Massa* significa algo que puede ser moldeado, amasado. Y cuando digo que te conviertes en una masa, quiero decir que estás siendo moldeado continuamente por otros, amasado por otros. Pero tú lo permites, tú cooperas en esto. Tú haces todo lo posible para formar parte de la masa, de alguna multitud, porque solo pierdes tu identidad. Toda tu identidad es a través de la multitud.

Por eso las personas, cuando se jubilan, se mueren antes. Los psicoanalistas dicen que la vida se acorta al menos diez años. Cuando los políticos están en el poder, tienen muy buena salud; en cuanto abandonan el poder, pierden la buena salud, mueren pronto; porque lejos del poder su identidad empieza a desaparecer como un sueño. De repente, cuando estás lejos de la oficina, tú ya no eres nadie. Llevas siendo nadie toda tu vida, pero continúas creyendo las ficciones que te creas a tu alrededor.

El hombre que es un gran oficinista se considera grande; en cuanto no tiene su puesto, desaparece toda su grandeza. El hombre que es rico se considera rico por su riqueza; piensa que es alguien. Si, de repente, entra en bancarrota, no solo desaparece su riqueza, desaparece su alma, desaparece toda su identidad. Era un barco de papel, era un castillo de naipes; una ligera brisa, y todo desaparece.

El autoconocimiento significa que has llegado a entender una cosa: que tienes que conocerte a ti mismo directamente, sin intermediarios; no a través de los demás, no por los demás. No hay necesidad de preguntarle a nadie; es una tontería preguntarle a alguien: ¿Quién soy yo? ¿Cómo te va a responder alguien a eso? Dirígete a tu interior; esa es la búsqueda del toro. Dirígete a tu propia energía; está ahí. Solo tienes que saborearla, solo tienes que fundirte en ella.

Una vez que hayas entendido que tienes que buscar tu identidad dentro de ti mismo, en total soledad, te empezarás a liberar de las masas, de la multitud. Habrá nacido la individualidad, te estarás volviendo individual, único. Y recuerda: cuando digo «individual» no quiero decir egoísta. El egoísta es siempre parte de la masa. El ego es el conjunto de todas las opiniones acerca de ti que has reunido de otros y, por tanto, el ego es muy contradictorio. A veces dice que no eres bello, que eres muy feo; otras veces dice que eres muy bello, encantador; a veces dice que eres tonto, otras veces dice que eres un hombre sabio; porque en situaciones muy diferentes se han dicho cosas diferentes sobre ti, y tú las has recolectado todas.

El ego siempre tiene problemas. Es una falsa identidad. Parece como si existiera, pero no existe.

Cuando te conviertes en un individuo… La palabra es buena: significa indivisible. Individuo significa aquello que no puede ser dividido, aquello que no puede sufrir división, que no puede ser dos, dual o muchos, aquello que es totalmente uno, no existe división; entonces eres un individuo. No tiene nada que ver con el ego. El ego es una barrera hacia él porque el ego siempre está dividido, tanto que muchas veces la gente acude a mí y les pregunto: ¿Eres feliz?, y se encogen de hombros. Les pregunto: ¿Eres infeliz?, y se vuelven a encoger de hombros. No tienen claro en qué estado mental se encuentran, porque en ellos hay muchos estados mentales. Les gustaría contestar a cada pregunta sí y no.

Una vez oí hablar de un líder político que sufría de doble personalidad, el principio de la esquizofrenia. Fue hospitalizado. Se había vuelto muy indeciso incluso para las cosas normales. No podía tomar decisiones normales: si ir al baño o no, si comer esto o no, si llevar esta ropa o no; cosas pequeñas, tonterías. Y cada vez que tenía que decidir algo sentía temblores. Le trataron durante seis meses en un hospital, y cuado los médicos decidieron que estaba completamente bien, le dijeron: «Ahora te puedes ir. Ya estás bien; ha desaparecido el problema. ¿Qué dices?»

Él contestó: «Sí y no».

El ego son muchos, nunca es uno. Dado que ha sido recolectado de tantas personas diferentes no puede ser uno. Tú eres uno, el ego son muchos. Y si tú piensas que eres el ego, estás en el camino de la locura. En cuanto entiendas esto, podrás ver las huellas del toro.

Una vez hice un viaje por toda la India con un amigo. Él estaba todo el rato con la cámara de fotos. Cuando estábamos en los Himalayas, no estaba interesado en los Himalayas, sino en hacer fotos. Una noche de luna llena estábamos contemplando el Taj Mahal, y él solo estaba interesado en hacer fotos. Después de un rato juntos, le pregunté: «¿Qué haces? El Taj Mahal está aquí. No te veo mirar al Taj Mahal. Estás todo el rato preocupado por tus fotos, por si saldrán o no, por si habrá luz suficiente o no».

Él contestó: «¿Para qué me voy a preocupar por el Taj Mahal? Después voy a hacer un álbum estupendo de todo el viaje. Entonces ya me podré sentar tranquilo y ver todo».

Esto es «kodakomanía»: estar más interesado en ver fotos que en la realidad. Interésate más por la realidad. Y cada vez que tu mente intente alejarte de la realidad —a fotos, ficciones, sueños— estate alerta, vuelve. Vuelve al momento presente.

Había un médico que solía venir aquí. Ahora lo han trasladado de Puna a otro lugar. No hacía más que tomar apuntes; mientras yo hablaba, él cogía apuntes. Yo le dije: «Intenta entender mientras hablo». Él contestó: «Pero es bueno que tome apuntes, porque después, en casa, con tranquilidad, puedo repasarlos y entenderlos».

Ese hombre nunca será capaz de entender lo que digo, porque no es una cuestión de tomar apuntes; es una transferencia de un determinado tipo de visión. Nunca me miraba, porque estaba mirando a su cuaderno. Y tampoco creo que tomara apuntes, porque cuando había terminado de escribir algo, yo ya había dicho otra cosa que se había perdido. Solo sería algo fragmentario. Y después haría un conjunto de todo eso; ese conjunto sería suyo, no mío.

Tienes que estar aquí conmigo de verdad, totalmente aquí conmigo. Entonces… Entonces surge un nuevo entendimiento. Y esto debería convertirse en tu forma de vida, en tu estilo. Implícate constantemente en la realidad, participa en la realidad. No seas un observador y no te intereses demasiado por las imágenes; de lo contrario, poco a poco, perderás la capacidad de ser consciente de la realidad. Pero la mente tiene viejos y arraigados hábitos, y al principio supondrá una lucha constante. La mente es como un pescador.

Una vez oí la siguiente anécdota:

El vendedor de una enciclopedia juvenil estaba plantado en la puerta de una casa intentando convencer a la madre de un niño de cinco años de que comprara una colección de libros.

«Estos libros responderán cualquier pregunta que haga su hijo», le aseguró a la mujer. «Con estos libros nunca se quedará usted sin respuesta». Acariciando la cabeza del niño dijo: «A ver, hijo mío, hazme una pregunta, la que quieras, y le demostraré a tu madre qué fácil es responder consultando estos libros».

El niño se quedó pensando un momento y después preguntó: «¿Qué coche conduce Dios?»

La vida es así: y la mente es como el vendedor y la *Enciclopedia Británica*. La mente no hace más que acumular cosas, catalogar experiencias, categorizar, clasificar, llenar, para que en el futuro, cuando llegue el momento, puedan ser utilizadas. Pero la vida es tan dinámica que nunca vuelve a hacer la misma pregunta. Y si tú estás demasiado centrado en tu mente, entonces, siempre, sea cual sea tu respuesta, no será la justa; nunca podrá serlo. La vida está cambiando a cada momento. Es como el niño que pregunta: «¿Qué coche conduce Dios?».

También puedes conseguir encontrar una respuesta a esto —un Rolls Royce o algo así—, pero el niño no volverá a preguntar otra vez lo mismo. La próxima vez preguntará otra cosa. La curiosidad del niño es mayor que cualquier enciclopedia. Y la vida es tan innovadora que no hay libro que pueda responder a las situaciones reales.

Así que trata de estar más alerta en vez de ser más erudito. Si te vuelves muy erudito, coleccionarás imágenes, memorias; te dedicarás a tomar notas; te dedicarás a comparar tus notas. Verás una rosa maravillosa y la compararás con otras rosas que hayas visto en el pasado; o la compararás con otras rosas que esperas ver en el futuro; pero no mirarás nunca a esta rosa. ¡Y esta rosa es la única real! Las rosas que están acumuladas en tu memoria son irreales, y las rosas con las que sueñas también son irreales. Solo esta rosa es real. Recuerda esto, aquí ahora.

En cuanto traslades tu energía de la mente al ser consciente, serás consciente de las huellas del toro. Normalmente, sigues a la multitud. Es práctico, es cómodo; es como un sedativo. Con la multitud no tienes que preocuparte; la responsabilidad recae en la multitud. Puedes dejar todas las preguntas a los expertos. Y puedes depender de una antigua tradición, la sabiduría de los años. Cuando hay tanta gente allí haciendo una cosa es más fácil imitarlos que hacer algo propio, porque, una vez que empieces a hacer algo propio, surgirá la duda: quizá… ¿Estarás en lo cierto o estarás equivocado? Con una gran multitud haciendo algo, tú te conviertes en parte de ella. Nunca surge la pregunta de si estás en lo cierto o estás equivocado. «Tanta gente no puede estar equivocada», la mente no hace más que decir: «Deben tener razón. Además, llevan haciendo eso mismo durante siglos; tiene que haber algo de verdad». Si surge la duda en ti, entonces la duda es culpa tuya. Durante siglos una multitud ha estado haciendo una determinada cosa. Uno puede seguirlos fácilmente, imitarlos. Pero una vez que imites a los demás, no serás capaz de saber quién eres. El autoconocimiento se volverá imposible.

En el idioma malayo tienen una palabra, *lattah*. Es muy bonita. La palabra significa: las personas imitan a otras porque tienen miedo; a causa del miedo imitan a los demás. ¿Te has fijado? Si estás sentado en un teatro y de repente hay un incendio en el teatro y la gente empieza a correr, tú sigues a la multitud; allá donde vaya. Ocurre lo mismo cuando se está hundiendo un barco, este resulta ser el principal problema: que toda la multitud corre en una dirección, que todos se concentran en un lado, lo que ayuda al barco a hundirse antes.

Cuando tienes miedo, pierdes tu individualidad. Entonces no hay tiempo para pensar y meditar, entonces no hay tiempo para decidir por ti mismo; el tiempo es corto y hace falta una decisión. En los momentos de miedo, las personas imitan a los demás. Pero también ocurre eso habitualmente, vives en *lattah*, vives en un constante estado de miedo. Y a la masa no le gusta que tú te vuelvas diferente, porque eso también crea sospecha en las mentes de los demás.

Cuando una persona va contra la multitud —un Jesús o un Buda—, la gente no se siente bien con esa persona, la gente lo destruirá; o, si la multitud es muy cultivada, lo adorarán. Pero ambas cosas son lo mismo. Si la multitud es un poco salvaje, inculta, Jesús será crucificado. Si la multitud es como los indios —muy cultos, siglos de cultura, de no-violencia, de amor, de espiritualidad—, adorarán a Buda. Pero al adorarlo están diciendo: «Somos diferentes; tú eres diferente. No te podemos seguir, no podemos ir contigo. Tú eres bueno, muy bueno, pero demasiado bueno para ser verdad. Tú no eres de los nuestros. Eres un dios; te adoraremos. Pero no nos metas en problemas; no nos digas cosas que puedan trastornarnos, que puedan disturbar nuestro pacífico sueño».

Matar a un Jesús o adorar a un Buda; es lo mismo. Jesús es asesinado para que la multitud olvide que existió alguna vez ese hombre, porque si ese hombre estuviera en lo cierto... y este hombre está en lo cierto. Todo su ser está tan lleno de dicha y de bendición, porque está en lo cierto; porque la verdad no se puede ver, solo se puede sentir la fragancia que surge de un verdadero hombre. Los demás pueden sentir la dicha, y esa es la prueba de que este hombre está en lo cierto. Pero si este hombre está en lo cierto, quiere decir que toda la multitud está equivocada, y eso es demasiado. Toda la multitud no puede tolerar a una persona así; es una espina, es doloroso. Hay que destruir a este hombre; o hay que adorarlo, para que podamos decir: «Tú vienes de otro mundo, no eres de los nuestros. Eres un engendro, no eres lo normal. Puede que seas una excepción, pero la excepción no hace más que confirmar la regla. Tú eres tú, nosotros somos nosotros: continuaremos por nuestro camino. Fue bueno que vinieras —te respetamos mucho—, pero no nos molestes. Ponemos a Buda en el templo para que no necesite ir al mercado; de lo contrario creará problemas».

A consecuencia del miedo sigues a otros. A consecuencia del miedo no te puedes convertir en un individuo. De modo que si estás buscando realmente al toro, abandona el miedo, porque esta búsqueda es tal que afrontarás peligros, te arriesgarás. Y la sociedad y la multitud no se van a sentir bien. La sociedad te creará todo tipo de problemas, para que puedas volver y ser de nuevo normal.

Lo primero que te dije del hombre es que está más interesado en las imágenes que en la realidad, más interesado en los espejos que en la realidad, más interesado en su propia imagen que en sí mismo. Y lo segundo que hay que recordar sobre el hombre es que es el único animal que se pone de pie, el único animal que camina sobre sus patas traseras. Esto ha creado una situación única para el hombre.

Los animales caminan a cuatro patas. Solo pueden mirar en una dirección. El hombre camina sobre sus dos pies; puede mirar en todas las direcciones a la vez. No hace falta que gire todo su cuerpo; solo tiene que girar la cabeza y puede mirar en todas las direcciones. Como resultado de esa posibilidad, el hombre se convierte en un escapista. Cuando está en peligro, en vez de luchar, de afrontar el peligro, escapa. En la misma situación en la que un animal habría afrontado al enemigo, el hombre intenta escapar. Tiene a su disposición todas las direcciones. El enemigo viene desde el norte —hay un león allí—, entonces tiene a su disposición todas las direcciones; puede correr, puede escapar.

El hombre es el único animal escapista. No tiene nada de malo en lo que se refiere a luchar con animales; y el hombre ha vivido durante mucho tiempo en la jungla. Todavía sigue escapando de los leones y de los tigres; debe haber tenido mucha experiencia en el pasado. Pero ese escapismo se ha convertido en un mecanismo profundamente arraigado en el hombre. Hace lo mismo con las cosas psicológicas.

Cuando tiene miedo, en vez de enfrentarse al miedo, va en otra dirección; ruega a Dios, pide ayuda. Al sentir la pobreza, la pobreza interior, en vez de enfrentarse a ella, sigue acumulando riqueza, para poder olvidar que es pobre interiormente. Al ver que no se conoce a sí mismo, en vez de enfrentarse a esa ignorancia sigue acaparando conocimiento, se convierte en erudito, como un loro, y continúa repitiendo cosas prestadas.

Todas estas cosas son escapatorias. Si realmente quieres encontrarte a ti mismo, tendrás que aprender a no escapar. La ira está ahí; no escapes de ella. Siempre que estás enfadado empiezas a hacer algo para sentirte ocupado. Evidentemente, si tu enemigo se mueve en otra dirección, la ira es reprimida. No puede tomarte ninguna energía; se repliega en el inconsciente. Pero se vengará; tarde o temprano encontrará de nuevo una oportunidad, y surgirá a un nivel completamente desproporcionado en relación con la situación.

Si en ti surge el sexo, empiezas a hacer otra cosa, empiezas a cantar un mantra. Pero estas cosas no son más que escapatorias. Y recuerda: la religión no es una escapatoria. Las religiones que conoces son todas escapatorias; pero la religión de la que yo te hablo no es una escapatoria; es un encuentro. Hay que encontrar a la vida. Sea lo que sea lo que te aparezca delante, tienes que observarlo profundamente, porque esa misma profundidad se convertirá en tu autoconocimiento.

Detrás de la ira están las huellas del toro. Detrás del sexo están las huellas del toro. Si escapas del sexo, la ira, la avaricia, de esto y de aquello, estarás escapando de las huellas del toro; y entonces te resultará imposible descubrir quién eres.

Estas dos cosas: que el hombre está más interesado en las ficciones... ¿Te has fijado en la gente en el cine cuando están viendo una película, lo diferentes que son? Lloran; si ocurre algo en la pantalla, derraman lágrimas. En la vida real no te parecen tan buenos, tan compasivos. En la vida real pueden ser muy duros. Pero cuando están viendo una película —y en la pantalla no hay nada; solo luz y sombra, un juego, un sueño— lloran, y sollozan y ríen y se excitan. Más que ver la película, sería más interesante que observaras a la audiencia. ¿Qué les pasa a estas personas?

El hombre parece estar más interesado en las ilusiones que en la realidad. Y si tratas de despertar a alguien de sus ilusiones, se enfada, nunca te perdonará. Se vengará; lo molestaste. Esas ficciones de la mente y una disposición constante a escapar son los dos problemas a los que hay que enfrentarse.

Una vez oí lo siguiente:

Una madre quería pasar el sábado por la tarde en el centro de la ciudad, y el padre, un estadista, accedió de mala gana a dejar el golf y a quedarse con los niños. A su regreso, el padre dio el siguiente informe de la tarde:

«Secado de lágrimas: nueve veces. Enlazamiento de cordones de zapatos: trece veces. Globos comprados: tres por niño. Duración media del globo: trece segundos. Advertencia a los niños de que no crucen la calle: veintidós veces. Número de sábados que volveré a hacer esto: cero».

Un estadista es siempre un estadista. Su mente es muy matemática; por eso la mente se ha vuelto tan poderosa. Por eso es tan difícil liberarse de la mente. Se ha invertido demasiado en ella: toda tu eficiencia, todo tu calibre, toda tu carrera; todo depende de la mente. Y en la meditación tienes que salir de ella. De ahí que muchas veces decidas salir, pero en el fondo sigues apegado a ella.

La mente compensa de muchas maneras. Especialmente en el mundo, si existes sin mente no serás capaz de competir, no serás capaz de luchar violentamente; no podrás formar parte de la raza de depredadores que hay continuamente. No serás capaz de participar en esta multitud de locos. Caminarás por la calle por un lado, encontrarás tu propio camino.

Por supuesto, tú te harás rico, inmensamente rico, pero la sociedad no lo considerará riqueza. Te volverás bello, inmensamente bello, pero tu belleza será incomprensible para las mentes mediocres de las que está compuesta la sociedad. Te volverás muy, muy feliz, dichoso, silente, pero la gente pensará que te has vuelto loco; porque a ellos les parece que la infelicidad es el estado natural del hombre. Ser infeliz parece bien, pero la dicha parece una especie de locura. ¿Quién ha oído alguna vez algo de un hombre que sea feliz sin estar loco? Eso es algo que no ocurre.

Así que, si verdaderamente estás buscando al toro, tendrás que correr el riesgo de salir de la masa. Y solo podrás salir de la masa si puedes salir de la mente, porque la masa ha creado tu mente.

La mente es la masa interior. La masa ha creado un mecanismo dentro de ti; desde allí eres controlado. La sociedad cree en ciertas cosas; la sociedad te ha inculcado esas creencias. En lo más profundo, cuando estabas casi inconsciente, te hipnotizó para que representaras un papel. Si haces algo que se salga de este papel, inmediatamente la conciencia te dirá que no. Esa conciencia no es realmente conciencia; es un sustituto, un truco social, política. La sociedad ha creado ciertas normas dentro de tu mente, y si vas contra ellas, inmediatamente surgirá de tu interior la voz de la sociedad: No lo hagas. Está mal. Es un pecado. La sociedad te forzará desde el interior a sentirte culpable.

Si quieres salir de la denominada conciencia y lograr una verdadera y auténtica conciencia, tienes que realizar un gran esfuerzo. Y todo el esfuerzo va a consistir en esto: un cambio de consciencia de la mente a lo no-mente, de la conciencia a la consciencia.

La conciencia es algo que la sociedad te da; la consciencia surge en ti. La conciencia es algo prestado, rancio, podrido; la conciencia proviene del pasado que ya no existe; y la vida ha cambiado totalmente: La consciencia viene de ti: la consciencia siempre es del presente, siempre es fresca. La consciencia hará que estés integrado; la consciencia es integridad.

La palabra *integridad* es una palabra latina; proviene de dos raíces: *in* y *tangere.Tangere* significa puro, entero, incorrupto, virgen. El hombre de integridad es entero; no muchos, uno. El hombre de integridad es puro, incorrupto por el pasado, virgen. Y como fruto de esa virginidad surge la fragancia que denominamos religión.

La moralidad no es religión. La moralidad es una trampa social.

La religión es un descubrimiento individual; tú tienes que descubrir la religión.

La moralidad es algo que se puede dar; la religión nunca.

El tercer sutra:

Percibir al toro

Oigo el canto del ruiseñor.
El sol es cálido, la brisa es suave, los sauces de la ribera son verdes.
¡Aquí no se puede esconder ningún toro!
¿Qué artista podría dibujar una cabeza tan imponente, unos cuernos tan majestuosos?

El cuarto sutra:

Atrapar al toro

Lo atrapo tras una lucha denodada.
Su fuerte voluntad y poder son inagotables.
Embiste en la colina, muy por encima de la neblina,
o se yergue en un barranco impenetrable.

El tercer sutra trata de la sensibilidad.

Oigo el canto del ruiseñor.
El sol es cálido, la brisa es suave, los sauces de la ribera son verdes.
Cuando te vuelves sensible, sensible a todo lo que está ocurriendo a
tu alrededor —el canto del ruiseñor—, cuando te vuelves sensible a
todo lo que te está ocurriendo y rodeando, el sol es cálido, la brisa es
suave, los sauces de la ribera son verdes.

La búsqueda religiosa es diferente a la búsqueda científica. En la
búsqueda, en la investigación científica, tienes que estar concentrado,
tanto que te olvidas del mundo entero. Se han dado casos de este
tipo. Una vez, un científico estaba trabajando en su laboratorio y su
casa se incendió, pero él no se dio cuenta. Tuvieron que sacarlo a la
fuerza de casa. Estaba tan concentrado... La conciencia se vuelve tan
limitada que todo lo demás es excluido, separado; solo un objeto,
como una diana.

En India tenemos un gran poema épico, el *Mahabarata. El Bha-*
gavad-Gita es solo una parte de él. Los Pandavas y los Kauravas, los
primos-hermanos, están siendo entrenados por un maestro arquero,
Dronacharya. Un día coloca la diana en un árbol y le pregunta a cada
discípulo qué es lo que ve. Uno dice: «Veo el árbol y el cielo y el sol
alzándose». Otro dice: «Veo el árbol, las ramas, los pájaros en el árbol». Y cada uno va diciendo lo que ve. Entonces llega a su discípulo
principal, Arjuna, y le pregunta: «¿Qué ves tú?»

Arjuna dice: «No veo nada, solo la diana».

Y Dronacharya dijo: «Únicamente tú podrás ser un gran arquero».

La concentración es una limitación de consciencia. La mente con-
centrada se vuelve muy, muy insensible hacia cualquier otra cosa.

Esto es meditación: ser consciente de *todo* lo que está ocurriendo, sin ninguna otra alternativa, simplemente consciente sin alternativas.

Oigo el canto del ruiseñor.
El sol es cálido, la brisa es suave, los sauces de la ribera son verdes.
¡Aquí no se puede esconder ningún toro!

Cuando se tiene tal sensibilidad, ¿cómo se va a esconder el buey? El buey se puede esconder cuando tú estás concentrado en una dirección; entonces hay muchas direcciones en las que se puede esconder el toro. Pero cuando no estás concentrado en ninguna dirección, sino abierto a todas las direcciones, ¿cómo se va a poder esconder el toro? ¡Un sutra maravilloso! Ahora no hay ninguna posibilidad, porque no hay ni un solo rincón que esté fuera de tu conciencia. No hay ningún escondite.

A través de la concentración puedes evitar. Te vuelves alerta sobre una cosa al precio de mil y una cosas. En la meditación, simplemente eres consciente sin excepción. No apartas nada. Simplemente, estás disponible. Si el ruiseñor canta, estás disponible. Cuando sientes el sol, te toca el cuerpo y sientes la calidez, estás disponible. Cuando el viento pasa, lo sientes, estás disponible. Un niño llora, un perro ladra; simplemente te das cuenta. No tienes ningún objeto.

La concentración es objetiva. La meditación no tiene objeto. Y en este estado de consciencia selectiva desaparece la mente; porque la mente solo permanece si la consciencia es estrecha. Si la consciencia es ancha, abierta de par en par, no existe la mente. La mente puede existir solo con la selección.

Tú dices: el canto del ruiseñor es maravilloso. En ese momento todo lo demás queda excluido, tiene que entrar la mente.

Déjame que te lo diga de esta manera: la mente es un estado de consciencia que se estrecha, consciencia fluyendo a través de un paso estrecho, de un túnel.

La meditación no es más que estar al aire libre, disponible a todo.

¡Aquí no se puede esconder ningún toro!
¿Qué artista podría dibujar una cabeza tan imponente, unos cuernos tan majestuosos? ¡Y de repente se ve al toro! En un estado de gran sensibilidad, de repente te das cuenta de tu energía, energía pura, puro deleite.

¿Qué artista podría dibujar una cabeza tan imponente, unos cuernos tan majestuosos? No, ningún artista podría dibujarlo. Es el toro auténtico, no es un dibujo.

La prosa comenta:

Cuando uno escucha la voz, puede darse cuenta de su origen. En cuanto se funden los seis sentidos, se atraviesa la puerta.

En eso consiste la sensibilidad; todos tus sentidos fundidos en una sola sensibilidad. No es que tú seas ojos y oídos y nariz, no; tú eres ojosoídosnariz todo junto. Sin espacios. Ves y oyes y tocas y hueles y saboreas todo junto, a la vez. No has elegido ningún sentido en particular.

Normalmente todos elegimos. Hay algunas personas que están orientadas a los ojos; solo ven, no pueden oír tan bien; son ciegas al sonido. Cuando suena una música maravillosa, se ponen nerviosas: ¿Qué es lo que hay que escuchar? Si hay algo que ver, están preparadas. Puede que disfruten un baile, pero no disfrutarán del canto.

Hay personas orientadas al oído que pueden disfrutar el sonido y el canto, pero cuyos ojos están dormidos. Y lo mismo ocurre con los otros sentidos. Cada persona ha enfocado su energía en un sentido, y este se ha convertido en el factor dominante, un factor dictatorial. Los ojos, especialmente, se han vuelto muy importantes, y el ochenta por ciento de tu energía está enfocada a los ojos. Los otros sentidos sufren mucho, porque solo queda un veinte por ciento para el resto de los sentidos. El ojo se ha convertido en Adolf Hitler. La democracia de tus sentidos se ha perdido.

Por eso es por lo que cada vez que ves a un ciego sientes más compasión que la que sientes hacia un sordo. En realidad, el sordo necesita más tu compasión porque el sordo está completamente apartado de la sociedad. Dado que la sociedad humana es básicamente lenguaje, toda la comunicación está cortada. Un ciego no está tan apartado de la sociedad. Un sordo está en una situación pero nadie siente tanta pena por él como por el ciego. ¿Por qué? Porque los ojos son el ochenta por ciento de nuestra civilización.

Por eso, cuando alguien alcanza la verdad, decimos que es un gran visionario. ¿Por qué visionario? La verdad puede ser oída, la verdad puede ser degustada, la verdad puede ser olida. ¿Por qué le llamamos un gran visionario? Por los ojos. Porque estamos orientados a los ojos. Y esta es una situación muy desequilibrada. Hay que darle total libertad a cada sentido, y todos los sentidos se deben fundir en una gran corriente de consciencia, de sensibilidad.

El verdadero hombre de entendimiento vive a través de todos los sentidos; su tacto es total. Si un verdadero hombre de entendimiento te toca, sentirás inmediatamente una transferencia de energía. De repente sentirás que algo en tu interior se ha despertado; su energía ha tocado tu energía dormida. Algo surge en ti.

Cuando oyes la voz de un hombre de entendimiento, su contenido es importante, pero incluso su voz es importante. Hay algo que toca tu corazón, algo te calma. Su voz te envuelve como una manta cálida; su voz tiene calidez, no es fría. Tiene una cualidad de canto, de poesía.

El comentario al tercer sutra dice: Cuando uno escucha la voz, puede darse cuenta de su origen. En cuanto se funden los seis sentidos, se atraviesa la puerta.

Aquí el zen es magnífico. Ninguna otra religión, ningún otro perfeccionamiento, ha llegado tan profundamente al auténtico sendero. Los sentidos deben permanecer vivos; no solo eso: tus sentidos deberían caer en un profundo ritmo y armonía interiores, deberían convertirse en una orquesta. Solo entonces se puede conocer la verdad, solo entonces puedes atrapar al toro.

¡Dondequiera que uno entre, ve la cabeza del toro!

Y después, cuando tus sentidos están totalmente despiertos y fundidos entre sí, y te has convertido en un estanque de energía:

¡Dondequiera que uno entre, ve la cabeza del toro! Esta unidad es como la sal en el agua...

Tu consciencia pasa a través de todos tus sentidos como sal en el agua:

... como el color en el tinte. Ni siquiera lo más ínfimo está separado del yo.

Y como fruto de esta totalidad de sensibilidad surge el ser, el atman; tu auténtico ser. Crea un ritmo, crea armonía, crea una orquesta de tu ser. Entonces el toro ya no se puede esconder en ninguna parte.

El cuarto sutra:
Lo atrapo tras una lucha denodada.

Va a haber una lucha, porque la mente no va a abandonar fácilmente su poder. La mente ha sido una dictadora durante mucho tiempo; ahora quieres que la dictadora se baje de su trono; es imposible. La mente se ha acostumbrado a darte órdenes y a intimidarte. Será una lucha enconada. Continuará siguiéndote, y continuará encontrando tus momentos de debilidad en los que pueda dominarte.

Una vez oí una anécdota maravillosa:

Una familia se había reunido para cenar. Entonces, el hijo mayor anunció que se iba a casar con la vecina:

—Pero si su familia no le dejó nada de dinero —objetó el padre.

—Y se gasta todo su sueldo —añadió la madre.

—¿Qué sabe de fútbol? —preguntó el hermano menor.

—¿Has visto alguna vez a una chica con tantas pecas? —preguntó la hermana.

—Lo único que hace es leer libros —gruñó el tío.

—Y no se viste precisamente con lo que yo denominaría buen gusto —soltó la tía.

—Eso sí, no se olvida de pintarse ni de ponerse maquillaje —metió baza la abuela.

—Sí —dijo el hijo —, pero tiene una ventaja sobre todos vosotros.

—¿Cuál? —dijeron todos a coro.

—¡Que no tiene familia! —replicó el hijo.

La familia siempre se resiste. Ahora se va a casar el hijo; eso significa que otra mujer, una extranjera, se convertirá ahora en la persona más importante de su vida. La familia se siente sacudida. Normalmente, ninguna familia normal acepta esa situación; por el contrario, lucha.

En India no está permitido el amor. El matrimonio tiene que ser concertado por la familia. La familia tiene que pensarlo, el tío tiene que pensar, los hermanos, la madre; todo el mundo, excepto la persona a la que verdaderamente le importa, la que se va a casar. A él no le preguntan, como si fuera algo que no tuviera que ver con él. Va a vivir con esta mujer con la que se va a casar, pero ni siquiera le preguntan. Así la familia no se siente amenazada; la han elegido ellos.

Sin embargo, si llega el hijo y dice: «Me he enamorado», toda la familia se opondrá. La oposición surgirá porque ahora una extraña va a convertirse en alguien muy, muy importante. La madre nunca se sentirá cómoda con la nuera. Siempre habrá discusiones y peleas; porque hasta ahora la madre era la jefa y, de repente, la han destronado. Ahora, otra mujer, una extraña, que no tiene nada que ver en este chico, se ha convertido en la jefa. Surge el conflicto.

Lo mismo ocurre con la búsqueda interior: tu mente es tu familia interior. Cada vez que quieres hacer algo nuevo, cada vez que quieres dirigirte hacia lo desconocido, la mente se resiste, la mente dice: No, esto no es bueno. La mente encontrará mil racionalizaciones, y te va a dar mucha guerra. Eso es natural, así que no te preocupes; tiene que ser así. Pero si insistes, te convertirás en el maestro. Solo hace falta perseverancia, persistencia.

Lo atrapo tras una lucha denodada.

Pero una vez que hayas visto al toro, la energía de tu ser, podrás atraparlo. Evidentemente, va a haber una lucha, porque la mente lleva mucho tiempo en el poder.

Su fuerte voluntad y poder son inagotables.
Embiste en la colina, muy por encima de la neblina,
o se yergue en un barranco impenetrable.

Y esta energía, este toro, es inagotable. A veces está en lo alto de una colina, en una cumbre de experiencia. A veces en un valle, en un profundo barranco.

En cuanto te vuelvas sensible al mundo que te rodea, tu sensibilidad se podrá dirigir al interior, hacia tu hogar interior. Es la misma sensibilidad con la que escuchas cantar al ruiseñor, con la que sientes la calidez del sol, con la que hueles la fragancia de una flor. Es esa misma sensibilidad la que ahora se ha dirigido hacia el interior. Con la misma sensibilidad vas a degustarte a ti mismo, olerte a ti mismo, verte a ti mismo, tocarte a ti mismo.

Utiliza el mundo como un entrenamiento para la sensibilidad. Recuerda siempre esto: si te puedes volver cada vez más sensible, todo va a estar bien. No te adormezcas. Permite que todos tus sentidos estén aguzados, su sonido aguzado, vivo, lleno de energía. Y no tengas miedo a la vida. Cuando tienes miedo a la vida, te vuelves insensible para que nadie te pueda hacer daño.

Muchas personas acuden a mí y me dicen que les gustaría enamorarse de alguien, pero que no pueden porque tienen miedo a ser rechazados. Si alguien se les acerca, se encierran en sí mismos por el miedo: ¡quién sabe! La otra persona me puede crear problemas. ¡Quién sabe! Con la otra persona puede surgir algún problema. Es mejor estar triste y solitario que estar feliz junto a alguien, porque esa felicidad te puede traer peligros.

Déjame que te cuente una historia:

Un chico, cansado de estar comprometido, decidió romper su relación de una manera diplomática:

—Querida —dijo un día—, nuestro destino no era ser pareja. Tenemos un carácter muy diferente. No haremos más que reñir y pelearnos.

—Mi amor —dijo ella—, te equivocas. Nos amamos como dos tortolitos.

—En serio, cariño, nunca estaremos de acuerdo, y entre nosotros siempre habrá peleas.

—No, seremos como Romeo y Julieta. Yo seré una mujer perfecta y nunca pelearemos.

—Querida, te estoy diciendo que no haremos nada más que pelear.

—Pero, cariño, yo te digo...

—Ves —gritó él—, ¿qué te había dicho yo? ¡Ya estamos peleándonos!

La gente tiene miedo. Si comienzan una relación con alguien, pueden ser rechazados. Si comienzan una relación, puede que resulte que no son la pareja adecuada. Si comienzan una relación, su realidad saldrá a la luz y se desprenderán las máscaras. Tienen miedo, porque la otra persona se puede marchar algún día, así que es mejor no comprometerse; de lo contrario, dolerá mucho. Entonces se vuelven insensibles. Van por la vida con los ojos vendados; y preguntan: ¿Dónde está Dios? Dios está en todas partes. Tienes que ser sensible y podrás ver al toro en cualquier parte.

Detrás de cada árbol, y detrás de cada roca, se oculta el toro. Toca con amor e incluso la roca responderá, y podrás sentir allí al toro. Mira con amor a las estrellas y las estrellas te responderán; el toro se oculta allí.

El toro es la energía del todo. Tú eres parte de ella. Si estás vivo y sensible, podrás sentir el todo.

El comentario en prosa:

¡Durante largo tiempo vivió en el bosque, pero hoy lo atrapé!
La seducción del paisaje lo desorienta. En su ansia por encontrar hierba más dulce, vaga de un lado a otro. Su mente todavía es terca y desenfrenada. Si quiero que se someta, debo alzar mi látigo.

Aquí se plantea una dificultad con la palabra *látigo*. Normalmente, surge la asociación en la mente de que si tienes que ser muy violento tienes que coger el látigo. Pero en el budismo el látigo no es un símbolo represivo. El látigo solo significa consciencia.

Por ejemplo: si de repente aparece alguien con una espada para matarte, ¿qué ocurre? En ese momento se para la mente. La espada brilla en tus ojos y la mente se para. El momento es tan peligroso que no te puedes permitir el lujo de pensar. De repente, hay un corte: la mente ya no está y surge la no-mente.

En las situaciones peligrosas, espontáneamente, tiene lugar la meditación durante un solo momento. De nuevo volverás; pero ocurre de forma repentina. Estás conduciendo un coche y va a haber un accidente; y un momento antes, solo un momento antes, te das cuenta de que ahora va a ocurrir un accidente; el freno no funciona, o el coche está resbalando. En ese momento se detienen todos los pensamientos. De repente, estás en un estado de meditación, despierto, alerta. Ese es el significado del látigo.

En los monasterios zen los discípulos meditan y el maestro camina con un palo, su vara. Y en cuanto ve a alguno distrayéndose, durmiéndose, lo golpea fuerte en la cabeza. Una sacudida repentina… La energía se vuelve alerta, un destello momentáneo. En ocasiones ha ocurrido el satori de esa manera. El maestro golpea fuerte, tú casi te estabas quedando dormido… Intenta entenderlo. Cuando te estás quedando dormido, estás en el umbral. Desde ese umbral se abren dos puertas: una puerta se dirige al sueño y la otra puerta se dirige al *samadhi*. Ese momento es muy significativo. Normalmente, te dormirás; tu vieja rutina. Pero estás en el umbral, y si en ese momento puedes estar más alerta y consciente, tu vida puede tener un destello del satori, del *samadhi*.

Patanjali, en sus *Yoga-Sutras*, también dice que el sueño profundo es como el *samadhi*, con una única diferencia: allí no hay consciencia. En el *samadhi*, tú estás tan profundamente dormido como en cualquier sueño, pero estás alerta. Todo el mecanismo está dormido; cuerpo, mente; ambos están dormidos. Pero tú estás alerta. Así que ha habido casos en los que el maestro golpeó a algún hombre en la cabeza y este se iluminó. Este es el látigo del zen.

Si quiero que se someta, debo alzar mi látigo. La lucha va a ser difícil. Uno debería ser consciente de ello desde el principio, para no desanimarse durante el viaje. Será difícil. La mente tiene una actitud muy negativa hacia tu búsqueda interior; está en contra de ella. Y es mucho más fácil estar en contra de algo que estar a favor de algo. Es mucho más fácil decir no que decir sí; la mente está acostumbrada a decir que no.

Una vez me hablaron de un experto en leyes, Clarence Darrow. Era un importante abogado criminalista famoso en todo el mundo.

Desde su juventud se había encontrado siempre en el lado discrepante de las discusiones. Y en esta ocasión tenía que debatir con otro abogado.

—¿Conoces esta materia? —le preguntó a Darrow.

—No —admitió Darrow.

—Entonces —¿cómo vas a discutir sobre ella?

—Es fácil —dijo Darrow—. Adoptaré el lado negativo. Puedo argumentar en contra de cualquier cosa.

Argumentar en contra de algo es facilísimo. Decir *no* es algo fácil para la mente. Una vez que dices *sí*, las cosas se vuelven difíciles. El *no*, simplemente, corta todo; ya no hay necesidad de continuar. Por ejemplo, si yo te digo: «Mira, estos árboles son maravillosos», y tú me dices que sí, y yo te pregunto que por qué: «¿por qué piensas que estos árboles son maravillosos?», te resultará muy difícil probarlo. Durante miles de años los filósofos han estado pensado acerca de lo que es la belleza y todavía no ha habido nadie capaz de definirla. Así que si te pregunto por qué, estarás en dificultades. Pero si hubieras dicho que no, no habría ningún problema, porque entonces el problema sería para mí; tendría que probar que son maravillosos. Tú sencillamente dices no.

El *no* es muy económico. El *sí* es peligroso. Pero recuerda que una vez que dices *no* te vuelves menos vivo. El hombre que no hace más que decir *no, no, no*, se vuelve cada vez más insensible. El *no* es un veneno; estate alerta. Intenta decir más *sí*, aunque sea difícil; porque con el *sí* la mente perderá su apego a ti. Con el *no*, el apego se hará cada vez más fuerte.

Y la mente te va a seguir hasta el final. Solo al final, en las escaleras del templo de Dios, te abandonará la mente; nunca antes. No hace más que seguirte.

Un comerciante se había muerto y había ido al infierno. Cuando todavía no había empezado ni siquiera a calentarse, notó una mano que le golpeaba la espalda con efusividad. En su oído resonó la fuerte voz de un persistente vendedor que le había estado dando la lata en la Tierra.

—Bueno —se rio el vendedor—, he acudido a la cita.

—¿Qué cita?

—¿No te acuerdas? —preguntó el vendedor—. ¡Cada vez que te llamaba a tu oficina en la Tierra me decías que me verías aquí!

Ahora están en el infierno… La mente te seguirá insistentemente hasta el final. Solo abandona en el último momento. De ahí que la lucha sea difícil, pero no imposible. Difícil, pero posible.

Y una vez que hayas logrado algo de la no-mente, podrás ver que cualquier cosa que hayas hecho no era nada comparado con lo que has obtenido. Sentirás como si no hubieras hecho nada... Así de valiosa es la más profunda experiencia de encontrar tu propia energía, tu energía vital.

Por último: el toro siempre te está esperando. Ese toro no está en ningún lugar fuera de ti. El toro es tu centro más profundo. Entre el toro y tú hay una gran pared de mente, de pensamientos. Los pensamientos son los ladrillos, ladrillos transparentes hechos de cristal. De modo que puedes ver a través de ellos, y puede que no seas consciente de que hay un muro entre tú y la realidad.

Oí una vez que en el océano un pez le preguntó un día a la reina de los peces: «He oído hablar mucho del océano. Tanto hablar del océano, pero ¿dónde está el océano?»

Y la reina de los peces se rio y dijo: «Tú has nacido en ese océano, tú has nacido de ese océano, tú vives en ese océano. Ahora mismo estás en él y él está en ti. Y un día desaparecerás de nuevo en él».

Pero la pregunta parece importante, porque ¿cómo lo puede saber el pez?, ya que el océano siempre ha estado ahí, no ha faltado ni un momento. Ha estado ahí de forma totalmente obvia, de forma totalmente natural, de forma totalmente transparente. Hay algo que es verdad: que el pez, la mente del pez, va a ser la última en conocer el océano. Está tan cerca, y por tanto, tan lejos. Tan obvio y, por tanto, tan oculto. Tan disponible y por tanto, no es consciente de él.

El hombre vive en un océano de energía; la misma energía dentro, la misma energía fuera. Has nacido de ella, vives en ella, te disolverás en ella. Y si no la encuentras no es porque esté muy lejos, no la encuentras porque está muy cerca. No la encuentras, porque nunca la perdiste. Siempre ha estado allí. Solo tienes que ser más sensible.

Escucha con más atención a los ruiseñores. Escucha a los árboles, a la música que te rodea. Escucha todo, mira todo, toca todo con tanta intensidad y tanta sensibilidad que cuando mires algo te conviertas en los ojos, cuando oigas algo te conviertas en los oídos, cuando toques algo te conviertas en el tacto. Y no estarás apegado a ningún sentido, todos los sentidos se fundirán en uno. Todos los sentidos se volverán una sensibilidad... y, de repente, descubrirás que siempre has estado en Dios, que siempre has estado con Dios.

Para mí, todo el entrenamiento consiste en cómo ser cada vez más sensible. Otras religiones te han dicho que te vuelvas insensible, que mates y destruyas tu sensibilidad. Yo te digo que hagas la vida todo lo intensa que puedas, porque, al fin y al cabo, Dios no está separado de nuestra vida. Estar vivo a la vida supone estar vivo a Dios. Y esa es la única oración; todas las demás oraciones son caseras, hechas por el hombre. La sensibilidad es la única plegaria dada por Dios.

Estate alerta, consciente. Escucha el canto del ruiseñor. Permite que el sol te caliente y siente su calidez. Permite que la brisa, no solo pase a tu lado sino que pase a través de ti, y de esa manera te vaya purificando el corazón. ¡Mira! Los sauces de la ribera son verdes. ¡Aquí no se puede esconder ningún toro! Es imposible que Dios se esconda. Dios no está escondido, eres tú que vives con los ojos vendados. ¡Tú no eres ciego! ¡Dios no está escondido! Lo único que ocurre es que tienes los ojos vendados... Esas vendas son los pensamientos, deseos, imaginaciones, sueños, ficciones; todo son ficciones.

Si puedes abandonar las ficciones, si puedes renunciar a las ficciones, de repente, estarás en la realidad. Así que no te pido que renuncies al mundo, te pido que renuncies a los sueños, eso es todo. Renuncia solo a aquello que no has obtenido. Renuncia solo a aquello que no está realmente ahí en tus manos; tú simplemente imaginas que está ahí. Renuncia a tus sueños y tendrás la realidad a tu disposición.

Va a suponer una fuerte lucha, porque no se puede convencer fácilmente a la mente; porque esto supondrá la muerte de la mente. Así que también es natural que la mente se resista. La muerte de la mente es tu vida. Si eliges la mente, cometes suicidio en lo que respecta a tu ser interior. Si eliges tu yo, tendrás que abandonar la mente.

Y en eso consiste la meditación.

Ha sido suficiente por hoy.

5

La felicidad desconoce
al mañana

Hay millones de caminos que conducen a Dios.
En realidad, no hay ningún otro sitio a donde ir.
Vayas donde vayas, estás yendo hacia Dios.
Todos los caminos conducen a Él.

La primera pregunta:
Osho,

**Tú dices que la sustancia de la mente
es la memoria y la información.
Entonces leer ¿alimenta y vigoriza la mente?**

Depende. Depende de ti. Puedes utilizar la lectura como un alimento para el ego. Es muy sutil. Te puedes convertir en un erudito; en ese caso es algo peligroso y dañino. En ese caso te estás envenenando a ti mismo, porque el conocimiento no es conocer, el conocimiento no es sabiduría. La sabiduría no tiene nada que ver con el conocimiento. La sabiduría también puede existir en la total ignorancia. Si utilizas la lectura solo como un alimento para la mente, para incrementar tu memoria, entonces estás yendo en una dirección equivocada. Pero la lectura se puede utilizar de forma diferente; entonces la lectura es una cosa tan maravillosa como cualquier otra en la vida.

Si lees el Gita no para recopilar información, sino para escuchar el canto de lo divino —que no está en las palabras sino entre las palabras, que no está en las líneas sino entrelíneas—, si lees el *Bhagavad-Gita* como un canto de lo divino, si escuchas su música, entonces tendrá una gran belleza y podrá ser muy útil. En determinados momentos de profunda absorción te volverás uno con lo divino.

Esto también puede ocurrir al escuchar el canto de un pájaro, así que no es una cuestión del *Gita*, de la *Biblia* o del *Corán*, es una cuestión del que escucha. ¿Cómo escuchas? ¿Solo estás codiciando tener más conocimiento? En ese caso, tanto el *Gita* como el *Corán* y la *Biblia* te envenenarán. En cambio, si no hay codicia, lo leerás solo como un maravilloso poema; tiene una gran belleza. No estás intentando llenar tu memoria con él, sino que solo estás siendo consciente; leyendo, mirando, observando, profundizando en él lo más posible, pero, al mismo tiempo, permaneciendo separado; como un observador en las montañas. No te debería impresionar, porque todas las impresiones son solo como polvo acumulado en el espejo. Si no te impresiona; no digo que no te inspire, eso es totalmente diferente. Estar inspirado es algo totalmente diferente a estar impresionado. Cualquiera puede estar impresionado, pero para estar inspirado necesitas una gran inteligencia, comprensión.

La inspiración consiste en estar en armonía con determinada escritura, ser meditativo con ella; no a través de la mente, sino a través de tu totalidad. Si lees el *Gita* de esa manera, estarás leyendo el *Gita* con tu propia sangre, con tus entrañas, con tu corazón, con tu mente, con tu cuerpo. Todo lo que tienes, tu totalidad, estará ahí. Si lo único que estás haciendo es recopilar información, lo único que estará ahí será tu cabeza, nada más. En ese caso acumularás impresiones y no lo comprenderás.

Es posible escucharme a mí de la misma manera. Puedes escuchar mis palabras, puedes escucharme. Si solo escuchas mis palabras, saldrás un poco más erudito que cuando viniste; tu carga será mayor, no menor. Tendrás más ataduras, no libertad, porque diga lo que diga, no son palabras. Escucha el silencio que hay en ellas. Escucha a la persona que habla a través de ellas. ¡Estate conmigo! Si olvidas mis palabras, no habrás perdido nada, Pero si te llevas solo mis palabras y me olvidas, habrás perdido todo.

No me deberías escuchar solo con la cabeza, sino con tu totalidad. Tú eres una unidad. Todo está unido. Cuando me escuches, escúchame con tu corazón, con tus pies, con tus manos; conviértete totalmente en un oyente, no solo la cabeza. Cuando la cabeza escucha, no hace más que comparar con lo que has conocido antes. No hace más que interpretar y, por supuesto, tus interpretaciones son tuyas, no mías.

Todo el que escuche con la cabeza escuchará con el conocimiento adquirido, con las conclusiones ya adquiridas. Entonces esa persona no es pura, no es incorrupta. Está escuchando con una mente corrupta, y aquello que interpretes será tu interpretación.

Estaba leyendo una anécdota que ocurrió en una pequeña escuela:

Un profesor les estaba hablando a los alumnos del descubrimiento de América, de Colón, de su viaje y del descubrimiento. Había un niño pequeño que estaba emocionadísimo, escuchando con mucha concentración y atención. Así que el profesor le dijo que escribiera una redacción sobre el descubrimiento de América. Esto es lo que ese brillante niño escribió:

Colón era un señor que podía poner un huevo de pie sin romperlo. Un día, el rey de España lo mandó llamar y le preguntó: «¿Puedes descubrir América?»

—Sí —contestó Colón—, si me das un barco.

Consiguió el barco y navegó en la dirección en la que sabía que estaba América. Los marineros se amotinaron y juraron que no existía América, pero finalmente el piloto se acercó a Colón y le dijo: Capitán, tierra a la vista.

Cuando el barco se acercó a la orilla, Colón vio a un grupo de nativos: «¿Es esto América?», les preguntó. «Sí», contestaron.

—¿Me imagino que sois indios? —siguió diciendo Colón.

—Sí —dijo el jefe—, y apuesto a que tú eres Cristóbal Colón, ¿a que sí?

—Sí —respondió Colón.

El jefe indio se volvió entonces a sus compañeros salvajes y les dijo: «¡Viva! ¡Por fin nos han descubierto!»

El niño escucha con mente infantil y realiza sus propias interpretaciones. Todo el mundo escucha con su propia mente; quiere decir que estás oyendo pero no escuchando.

En India, cuando alguien lee un libro normal se le llama «leer», pero cuando alguien está leyendo el *Gita*, utilizamos un término especial: lo llamamos *path*. La traducción literal es «lección». La lectura normal es solo lectura; mecánica; pero cuando lees tan profundamente absorto, la lectura se convierte en una lección, entonces la misma lectura ahonda en tu ser y ya no es solo parte de tu memoria, sino que ha pasado a formar parte de tu ser. La has absorbido, estás embriagado de ella. No llevas el mensaje en determinado número de palabras, sino que tienes la esencia en ti. Lo esencial ha pasado a tu ser. Lo llamamos «path».

Cuando lees un libro, una vez que lo terminas de leer se ha terminado el libro. No tendría sentido leerlo dos veces; leerlo tres sería una estupidez. Pero en el path tienes que leer el mismo libro todos los días. Hay personas que han estado leyendo su Gita durante años —cincuenta, sesenta años— toda su vida. Ya no se trata de leer porque no es una cuestión de conocer lo que hay escrito en él; ya lo saben, lo han leído miles de veces. Entonces ¿qué es lo que están haciendo? Están sintonizando su conciencia una y otra vez, como si Krishna estuviera vivo para ellos, o Jesús estuviera vivo para ellos. Ya no están leyendo un libro; se han transformado en un espacio diferente, en un tiempo diferente, en un mundo diferente.

Lee el *Gita*, cántalo, danza con él, y deja que penetre lo más posible. Pronto las palabras quedarán atrás, pero la música penetrará. Después, incluso la música quedará atrás; solo resonará el ritmo. Y después, hasta eso desaparecerá. Desaparecerá todo lo no-esencial, solo lo esencial…. Y eso esencial es inexpresable. No se puede contar; hay que experimentarlo.

De modo que cuando lees depende de ti que la lectura te ayude a liberarte o que te esclavice aún más. Depende de ti que se vaya a convertir en libertad o en encarcelamiento.

Una profesora de música llevó a sus alumnos a un concierto con la esperanza de desarrollar más su apreciación musical. Después del concierto los llevó a comer fuera, y comieron pasteles, helados y otras golosinas.

Cuando estaban preparados para volver a casa, la profesora preguntó al más joven: «Bueno, ¿te gustó el concierto?»

«Sí, claro», contestó él muy contento, «todo menos la música».

Si lees el *Gita* o la B*iblia* solo con la cabeza, estarás disfrutando de todo excepto de la música; y la música es lo auténtico. Por eso lo hemos llamado *Bhagavad Gita* o el *Canto del Bienaventurado*. Todo está en profunda coherencia con ello. Es poesía, no es prosa. Y la poesía se debe entender de forma completamente diferente a la prosa.

La prosa es lógica, la poesía es ilógica. La prosa es lineal se mueve en línea recta. La poesía no es linear es circular, se mueve en círculos. La prosa es para las cosas ordinarias y para las experiencias ordinarias. Hay experiencias que no pueden ser expresadas en prosa. Esas experiencias necesitan poesía. La poesía significa una forma más fluida. La poesía significa una forma más cantada, danzada, de celebración. Todas las grandes escrituras son poesía; aunque estén escritas en prosa, son poesía. La poesía se puede escribir en prosa y la prosa se puede escribir en poesía. De modo que no es solo cuestión de forma lingüística; es cuestión de su verdadera esencia.

De modo que cuando leas el Corán, no lo leas, ¡cántalo! De lo contrario, no lo entenderás, no entenderás nada y pensarás que has entendido todo; porque el todo está en la música. Cuando la música te rodea, del Corán, de la Biblia o del Gita, y tienes una sensación de danza, tu energía está en pura dicha, rebosante, lágrimas, risa, danza; cuando te sientes como si una nueva brisa hubiera entrado en tu ser, entonces no acumulas polvo.

Leer es conocer un determinado arte. Es entrar en profunda simpatía. Es entrar en una especie de participación. Es un gran experimento de meditación. Pero si lees el *Gita* de la misma manera en que lees novelas, no lo entenderás. Tiene capas y capas de profundidad. Por tanto, *path*, cada día uno tiene que repetirlo. No es una repetición; si sabes cómo repetirlo, no es una repetición. Si no lo sabes, entonces es una repetición.

Inténtalo al menos durante tres meses. Lee el mismo libro cada día, puedes elegir cualquier librito. Y no lleves tu ayer en el momento de leerlo: fresco de nuevo como el sol se alza en la mañana; fresco de nuevo como las flores llegan esta mañana, fresco de nuevo. Simplemente abre de nuevo el Gita, excitado, emocionado. Léelo de nuevo, cántalo de nuevo, y verás. Te revelará un nuevo significado.

No tiene nada que ver con el ayer ni con todos los momentos pasados en que lo leíste. Hoy, este momento te revela un determinado significado; pero si llevas contigo tus momentos pasados, entonces no serás capaz de leer el nuevo significado. Tu mente ya está llena de significado. Piensas que ya lo sabes. Piensas que has estado leyendo este libro una y otra vez, así que ¿qué sentido tiene? Entonces puedes seguir leyéndolo como una cosa mecánica, o puedes seguir pensado otros mil y un pensamientos. Entonces es fútil. Entonces es aburrido. Entonces no serás rejuvenecido por él. Te adormecerás. Por eso, de cada cien personas religiosas, hay noventa y nueve que están adormecidas. Su inteligencia no está despierta; es casi estúpida. Es muy difícil encontrar un hombre religioso que no sea estúpido, porque están repitiendo el mismo ritual cada día; pero el error está en sus mentes no en los rituales. Puedes hacer la misma cosa de forma totalmente nueva, no hace falta repetirla.

Si estás enamorado de una mujer, entonces la mujer es nueva cada día. Leer el Gita o el Corán es exactamente como una relación amorosa: nueva cada día. Puede que las palabras sean las mismas, pero las mismas palabras pueden tener diferentes significados. Las mismas palabras pueden penetrar en tu ser desde puertas distintas. Las mismas palabras en un determinado momento pueden tener un significado especial que no tendrían en otro contexto. El significado depende de ti, no de las palabras que leas. Tú eres el que da significado al Gita, al Corán o a la Biblia, y no viceversa.

Sin duda, después de veinticuatro horas tienes más experiencia. Has vivido la vida veinticuatro horas más. De hecho, no eres la misma persona. Con el Gita ocurre lo mismo; no eres la misma persona. Después de veinticuatro horas, ¿cuánta agua ha fluido en el Ganges?

Un día te sientes enamorado. Otro día te sientes triste. Un día estás rebosante, otro día eres un miserable. Diferentes colores y sombras de estados, y en las diferentes sombras y colores leerás el mismo libro. Una y otra vez, y el Gita se convierte en millones de puertas. Puedes acceder a él por muchos caminos, por muchas puertas, y tú le das el significado. El significado es tuyo.

Un día, cuando tu mente haya dejado de funcionar por completo y tú solo estés fluyendo —cuando digo que la mente haya dejado de funcionar por completo, quiero decir que no lleves en absoluto el pasado; la mente es el pasado—, y si no llevas el pasado en absoluto, y puedes leer y escuchar, entonces tu lectura se habrá convertido en meditación. Sí, leer puede ser útil, pero normalmente resulta dañino, porque la forma en la que te comportas con los libros es dañina para ti. Tú simplemente coleccionas, no haces más que coleccionar sucesos muertos. Te conviertes en un depósito de chatarra; quizá en una enciclopedia, pero pierdes la coherencia interior, la música interior, la armonía interior. Te conviertes en una multitud: tantas voces, sin unidad. Esto no es integración, es desintegración.

De modo que, hagas lo que hagas —no es sólo cuestión de leer, de escuchar—, hagas lo que hagas, dependerá de ti.

La segunda pregunta:
Osho,

Yo tomé sannyas de swami Shivananda de Rishikesh trasleer su libro Brahmacharya, además de otros de libros suyos.

Después de algunos años, me sentí atraído hacia Sri Ramana Maharshi, y después hacia Sri Aurobindo debido a su acercamiento integral a lo divino. A partir de 1959 estuve haciendo meditación siguiendo las líneas indicadas por Sri Aurobindo y por la Madre.

Posteriormente me atrajo el enfoque de J. Krishnamurti, ahora, el tuyo. Disfruto y me siento feliz siempre que leo los libros de Sri Aurobindo, ya que él hace hincapié en el hecho de vivir una vida plena y en la realización de la esencia divina, y pone mucho énfasis en la transformación física.

Tú también pones énfasis en no negar la vida sino en vivir plenamente, y le has dado un nuevo significado a las sannyas.

Por tanto, aquí estoy para abrazar también esto.
Me pregunto si estoy en el buen camino o voy a la deriva.
¿Qué significa esta múltiple atracción en mí?
¿Me podrías ayudar con el verdadero camino si es que voy a la deriva?

Lo primero que hay que entender es lo siguiente: antes de que uno pueda llegar a la puerta justa tiene que llamar a muchas puertas. La vida es una aventura; de valentía, atrevimiento, y básicamente es un ejercicio de prueba y error. Hay que equivocarse muchas veces para llegar al buen camino. Y cuando digo el buen camino, no quiero decir que el camino de Sri Ramana no sea correcto, pero no debe de haber sido correcto para la persona que ha hecho la pregunta, de lo contrario no habría tenido ninguna necesidad de hacerla.

Una vez que llegues al camino que es bueno para ti... Y eso es siempre es una cuestión individual, no tiene nada que ver con Ramana, con Aurobindo o con conmigo; es una cuestión tuya. Si vienes a mí y te sientes como en casa, entonces ha terminado tu viaje. Ya no hay necesidad de seguir yendo de un lado para otro, ahora te puedes asentar y empezar a trabajar; porque cuando vas de aquí para allá es imposible trabajar.

Es como si empiezas a construir una casa y cuando llegas a la mitad te atrae otra cosa y la dejas y empiezas a construir otra casa, y cuando llegas a la mitad te atrae nuevamente otra cosa. Entonces vives como un vagabundo. Nunca completarás la casa. Hay que asentarse en algún sitio, hay que comprometerse en algún sitio, hay que tomar la decisión fatal. Pero no es difícil. Si tienes valor, ocurre.

Hay que estar abierto a muchas fuentes. Es bueno que hayas estado con Shivananda, con Ramana, con Aurobindo. Eso demuestra que has estado buscando; pero también demuestra que en ninguno de esos sitios te sentías como en casa. Así que el viaje continúa. El viaje tiene que continuar hasta que llegues a un punto en el que puedas decir: Sí, he llegado. Entonces ya no necesitarás volver a marcharte. Y te podrás relajar. Entonces comenzará el verdadero trabajo.

Da igual lo que hayas hecho, solo has estado yendo de un lugar a otro. El viaje es excitante, pero el viaje no es el objetivo. Uno se enriquece durante el viaje. Tú te debes haber enriquecido al haber estado abierto a tantas fuentes; debes de haber aprendido muchas cosas; pero, a pesar de ello, el viaje continúa. Entonces tienes que volver a buscar.

Ahora estás aquí. Trata de ver y de entender: ¿encajas conmigo, o encajo yo contigo? A veces es posible que hayas aprendido solo una cosa, cómo irte una y otra vez, cómo marcharte una y otra vez. Se puede convertir en un hábito mecánico. Entonces también te irás de aquí. Así que no permitas que te guíen los hábitos mecánicos. Si no encajas conmigo, haces muy bien en marcharte porque, de lo contrario, tu estancia aquí va a ser una total pérdida de tiempo para ti. Pero si encajas, entonces, ten valentía y comprométete, porque solo después del compromiso empieza el verdadero trabajo, nunca antes.

Tú piensas que has estado con Shivananda y piensas que has sido iniciado por él, pero todavía no ha tenido lugar la iniciación, de lo contrario no habrías estado aquí. Iniciación significa compromiso: que ahora ya has mirado a tu alrededor; ahora, este es el lugar en el que asentarse. Puede que Shivananda te haya iniciado, pero tú todavía no has tomado la iniciación. Solo has sido un visitante. No has intimado con ningún sistema de crecimiento.

Es como si una planta hubiera sido trasplantada continuamente de un sitio a otro. La planta no puede crecer; la planta necesita asentarse en una tierra para que las raíces puedan profundizar. Si no haces más que trasplantar la planta, las raíces nunca crecerán, si las raíces no ahondan, la planta no puede alzarse.

De ahí el compromiso. Compromiso significa esto: ahora, este es mi suelo y estoy preparado para asentarme. Es arriesgado porque, quién sabe, puede haber un suelo mejor en algún otro lugar. De modo que existe un riesgo, pero tarde o temprano hay que arriesgarse. Si no haces más que esperar algo mejor, un poco mejor, puede que pierdas el tiempo y que para cuando llegues estés muerto.

Lo auténtico es el trabajo. Es bueno ir por ahí, echar un vistazo, visitar muchos lugares, a muchas personas; pero no lo conviertas en un hábito. Ese hábito es peligroso. No te permitirá que eches raíces. Y si tus raíces no están ahí, el árbol no puede estar vivo, no es posible que florezca; no exhalarás una fragancia, tu vida permanecerá vacía.

Así que, como primera cosa: no hagas de tu pasado un patrón que repetir en el futuro. Ahora estás aquí, no me hagas lo mismo que le has hecho a Shivananda, a Ramana, a Aurobindo. No sabes lo que has hecho.

Una vez ocurrió lo siguiente:

Se dice que un gran pintor, James McNeill Whistler, le mostró a Mark Twain un cuadro que acababa de terminar.

Mark contempló el cuadro con concentración desde distintos ángulos y distancias mientras Whistler esperaba pacientemente su veredicto.

Finalmente, Mark se inclinó hacia delante y, haciendo un gesto de borrar con la mano, dijo: «Yo que tú, quitaría esa nube».

Whistler gritó con desesperación: «¡Cuidado! ¡La pintura todavía está húmeda!»

«No importa», dijo Mark con tranquilidad, «llevo guantes».

Tú debes estar llevando guantes. Piensas que fuiste iniciado por Shivananda, pero eso no ocurrió. Tus guantes no te lo permitieron. Debes estar viviendo en una cápsula, encerrado. Debes ser inteligente, lógico, astuto. Has estado alerta para no comprometerte profundamente en ningún lugar. Por tanto, antes de que tenga lugar el compromiso, te vas.

Tú dices: «Tomé sannyas de Swami Shivananda de Rishikesh después de leer su libro, *Brahmacharya*, y otros libros suyos». Mira, si te impresionó un libro escrito sobre el *brahmacharya*, eso refleja mucho sobre ti. Debes tener algún tipo de problema relacionado con el sexo. No tiene que ver nada con el *brahmacharya* o Shivananda. En cierto modo, debes estar obsesionado con el sexo, de ahí que te llamara la atención el brahmacharya. Debes de haber estado reprimiendo el sexo. Debes de haber crecido con ideas equivocadas sobre el sexo; por tanto, te impresionó el libro de Shivananda sobre el celibato.

No es que te impresionara Shivananda; todavía estás siguiendo a tu mente. No te pudiste rendir a él. El fenómeno que llamas iniciación, fue intelectual; a través de la lectura de libros, no a través del hecho de estar en presencia del maestro. Tú debes ser un intelectual, calculador, teorizador. Esto no te permitirá tener una relación profunda; y la relación entre un maestro y un discípulo es la más profunda, más profunda que la de un amante y el amado.

Puede que te haya impresionado lo que ha escrito Shivananda, pero en lo más profundo sigues buscando. No es por Shivananda por el que estás impresionado, por el que estás influido. Tienes ciertas ideas en tu mente; cuando encuentras que esas ideas son apreciadas, te sientes bien. Conmigo va a ser peligroso. Yo no voy a apreciar ninguna de tus ideas; no son más que basura. Lo digo sin saber siquiera cuáles son tus ideas porque no hace falta. A menos que seas consciente, todas tus ideas son basura. Así que no se trata de decir que esta idea es basura y aquella está bien. Para mí, todos los pensamientos son basura; solo la consciencia es valiosa. Y la consciencia no tiene ideas. Es la luz simple y pura de la conciencia.

Así que te va a resultar difícil conmigo. Puede que ahora hayas llegado al hombre que pueda sacudirte y sorprenderte. Con Shivananda, pensabas que tú estabas con Shivananda, pero, básicamente, en lo más profundo, sentías que Shivananda estaba contigo; por eso te quedaste allí un poco de tiempo. Conmigo no va a ocurrir lo mismo. Yo no voy a estar contigo, recuerda, tú eres el que tiene que estar conmigo. Yo no voy a estar contigo, repito, tú eres el que tiene que estar conmigo.

De modo que no voy a cumplir en modo alguno tus expectativas. Si tienes teorías, estoy ya contra ellas sin saber cuáles son, porque estoy en contra de la mente y todo mi énfasis está en cómo convertirse en una no-mente.

Pero la persona que ha hecho la pregunta parece muy cerebral: después se interesó por Aurobindo: «Porque hace hincapié en la idea de vivir una vida plena y en la realización de la esencia divina». Tú tienes unas ideas fijas, de modo que quedas impresionado por cualquiera que parezca que sigue tus ideas. De hecho, lo único por lo que quedas impresionado es por tu propio ego. Has estado jugando un juego de ego. Has estado alimentando tu ego; por eso ni Shivananda, ni Ramana, ni Aurobindo te pudieron ayudar.

Por lo que yo sé, si alguien deja a Ramana, quiere decir que hay algo que va muy mal. Con Shivananda no es un problema tan grande, con Aurobindo tampoco es un problema tan grande. Shivananda es normal. Aurobindo es un gran intelectual; un *mahapundit*, un gran sabio. De modo que si alguien se va, no se ha perdido nada, no has perdido mucho porque, para empezar, no había mucho que ganar. Pero si te has alejado de Ramana, eso demuestra que hay algo profundo, una especie de cáncer, en tu alma, porque hay muy pocas personas como Ramana; en miles de años, solo surge a veces ese tipo de ser. Ramana es como un Buda, como Jesús, como Krishna; un fenómeno muy escaso. Pero yo sé por qué no pudiste sintonizar con Ramana; por tus Shivanandas y tus Aurobindos. Sintonizar con Ramana significa abandonar completamente tu ego. Hace falta mucho coraje.

Ahora estás aquí. Si realmente eres un buscador, reúne el coraje suficiente y abandona el ego y el pasado. Olvida el pasado; no ha sido nada más que una pesadilla. Y no sigas repitiéndolo, de lo contrario puedes seguir repitiéndolo hasta el final de los tiempos, cambiando de una persona a otra. Esto se puede convertir en un hábito, esto solo demuestra tu inquietud. De lo contrario habría sido casi imposible volver de Krishnamurti. No habría habido necesidad.

De modo que ahora sé consciente de tu problema básico: hay algo en ti que está traicionando todo tu esfuerzo; hay algo en ti que te está continuamente creando nubes sobre tu inteligencia. Tu conciencia no está aguzada.

Una vez ocurrió lo siguiente:

Una niña invitó a su amiguita a cenar una noche en su casa. La madre, sabiendo que a muchos niños no les gustan las espinacas, le preguntó si le gustaban:

—Sí, claro —contestó la niña—, me encantan.

Sin embargo, cuando pasaron la fuente, ella no cogió espinacas.

—Pero —cariño, dijo la madre—, creía que habías dicho que te gustaban las espinacas.

—Sí, me gustan —explicó la niña—, pero no tanto como para comérmelas.

Acudir a Shivananda, Aurobindo, Ramana, Krishnamurti; tú tienes cierta idea de que estas personas te gustan y te encantan, pero no lo suficiente. No los amas lo suficiente; de lo contrario, te los habrías comido y ellos te habrían transformado.

¡Sé consciente! Tal como vas, ya has perdido suficiente tiempo. También puedes salir de esta puerta con las manos vacías, pero recuerda, la responsabilidad es tuya. Si reúnes el valor necesario, estoy dispuesto a darte todo lo que puede ser dado. Pero no se puede dar nada a los visitantes, y, aunque se les dé, no serán capaces de entenderlo.

Si estás cansado de tu viaje, de ir de un sitio a otro, de una persona a otra, si estás realmente cansado, entonces aquí estoy, dispuesto a darte todo lo que estás buscando; pero tendrás que cumplir la siguiente condición: compromiso total. No te podré dar nada a menos que formes parte de mi familia. Incluso en ese caso, me gustaría darte algo, pero no serás capaz de cogerlo; o, aunque lo cojas, pensarás que es nada; porque tu mente te confundirá continuamente. No te permitirá que entiendas, no te permitirá que veas directamente. No te permitirá que veas qué tipo de juego has estado jugando contigo mismo.

Hasta ahora no has hecho más que vagar. Sé consciente de todo lo que has desperdiciado. Tuviste muchas oportunidades, pero las perdiste. ¡No pierdas ahora esta oportunidad! Pero ya sé: la mente se hace esclava de la rutina, se convierte en un patrón. No haces más que repetir lo mismo una y otra vez, porque se te da muy bien repetirlo.

Sal ahora de ese círculo vicioso. Estoy dispuesto a ayudarte si tú estás dispuesto a recibir mi ayuda. Y ese tipo de ayuda no es algo que se pueda forzar en ti. O la tomas o la dejas. Tu libertad tiene que decidirlo; es elección tuya.

Y no preguntes: ¿Cuál es el buen camino? Todos los caminos son buenos o malos. No se trata de decidir qué camino es el bueno. Lo único que hay que decidir es si ese camino encaja contigo. Por supuesto, Ramana tiene un determinado camino, muy sencillo, completamente no-intelectual. En ese camino la cabeza no era en absoluto necesaria; había que abandonar la cabeza. Si le hubieras dejado, te habría degollado. La cabeza no es parte de su camino. Es un camino del corazón.

Justo lo contrario que Krishnamurti. Su camino es totalmente auténtico, pero hay que utilizar la cabeza y trascenderla, no hay que abandonarla. Por eso es por lo que Krishnamurti gusta mucho a los intelectuales; no hay nada del corazón, todo es análisis, disección. Él es un gran cirujano; no hace más que diseccionar. Si le das un problema; en realidad, él no lo resuelve, simplemente, lo disecciona. Y si estás escuchando con profunda participación, simpatía, es posible que a través de su disección te dé un enfoque —no la respuesta, sino el enfoque— y ese es tu enfoque. Él simplemente disecciona el problema. Es un intelectual extraño; ha ido más allá del intelecto, pero ha ido a través de él. Ramana evita el intelecto, él nunca pasa a través del intelecto; su camino es el del corazón. El camino de Krishnamurti es del intelecto, la cabeza, el entendimiento, la disección, el análisis.

Shivananda todavía no se ha iluminado. Él no tiene camino; da traspiés en la oscuridad. Un hombre tradicional, te puede hacer erudito, pero no te puede ayudar a llegar al entendimiento último. Un buen hombre, muy buen hombre, pero nada más que un buen hombre, todavía no es un Jesús, o un Buda, todavía no es un Krishnamurti o un Ramana; un hombre normal. Si algún día se ilumina, será como Ramana; su camino no será de la cabeza. Pero todavía no se ha realizado.

Y después está Aurobindo; su camino es como si fuera el camino de una persona que todavía no se ha iluminado, que se dirige a la iluminación, pero que todavía está en la oscuridad. Su aurora no está muy lejos, pero todavía no ha ocurrido. Si algún día ocurre, será un hombre como Krishnamurti; actuará con la cabeza; un gran sabio, les gusta mucho a los que les gusta la trituración y disección lógica.

Y aquí estoy yo: todos los pasos son míos, o ningún paso es mío. Yo estoy más preocupado por los individuos. Cuando tú acudes a mí, no tengo un camino determinado que darte. Te observo para descubrir qué camino será el mejor para ti. No tengo un camino fijo; he andado por todos los caminos, y todos los caminos son verdaderos. Si encaja, entonces cualquier camino te puede conducir a lo último. Si no encaja, entonces puedes seguir luchando, peleando, pero no va a ocurrir nada; estás intentando pasar a través de un muro. Te harás daño, te herirás, esos es todo; no va a pasar nada.

Yo no pertenezco a ningún camino; por tanto, todos los caminos me pertenecen. Y estoy más preocupado por el buscador individual. Si veo que a ti te va a resultar útil la devoción, la adoración y la plegaria, entonces eso es lo que te enseño. Si veo que a ti te va a resultar útil la meditación, eso es lo que te enseño. Si veo que a ti te va a resultar útil el entendimiento, la pura consciencia, eso es lo que te enseño. Si veo que la consciencia te va a poner muy tenso, que no encaja con tu tipo, entonces te enseño a estar completamente perdido en algo, completamente absorbido en algo. Si bailas, entrégate a ello de forma que te conviertas en la danza y no haya nadie mirándote; no crees ninguna separación ni división entre vosotros, conviértete en la acción.

Por tanto, voy a ser muy, muy contradictorio, porque a uno le diré una cosa y a otro le diré otra cosa; a veces incluso algo opuesto, diametralmente opuesto. Así que, diga lo que te diga, puede que llegue alguien y te diga: a mí Osho me ha dicho otra cosa. No escuches a nadie. Sea lo que sea lo que te haya dicho, te lo he dicho a ti. De lo contrario, te confundirás.

Hay millones de caminos que conducen a Dios. En realidad, no hay ningún otro sitio adonde ir. Vayas donde vayas, estás yendo hacia Dios. Todos los caminos conducen a Él. Pero cuando estás buscando, solo hay un camino que te pueda llevar a ti. Si empiezas a caminar por todos los caminos a la vez, te perderás. Hay que elegir un camino. Así que, por favor, no repitas tu antiguo patrón.

Ahora va a ser muy difícil. Estoy hiriendo tu ego a sabiendas, porque cuando digo que Aurobindo no está iluminado, puedo ver inmediatamente lo que te ocurre. No se trata de Aurobindo, de si está iluminado o no, ¿qué más da? Es su problema; no es mi problema, no es tu problema. Pero si has estado siguiendo a Aurobindo y yo digo que todavía no se ha iluminado, tu ego se siente herido. ¿Tú, siguiendo a una persona no iluminada? ¡Jamás! ¡Es imposible!

Cuando digo que Shivananda es bueno pero normal, mediocre, evidentemente, tú te sentirás herido, porque has sido iniciado por Shivananda, así que ¿cómo es posible? Tú, tan inteligente, ¿siendo iniciado por un hombre mediocre? No, te va a herir, pero lo hago a sabiendas.

Te crearé todo tipo de problemas para que si te quedas, te quedes de verdad. Si decides quedarte, que sea una auténtica decisión de quedarte conmigo. Voy a ser duro. Por lo que parece, Shivananda, Ramana, Krishnamurti, Aurobindo, fueron demasiado compasivos contigo; de ahí que tú pudieras vagar de un lado a otro.

Yo haré todo lo posible para que puedas irte. Provocaré una lucha en tu interior, una fricción, porque ahora esa es la única manera; de lo contrario, seguirá funcionando tu viejo hábito. Si vienes a mí y me pides sannyas, no te las voy a dar fácilmente... porque tú te has tomado las cosas muy a la ligera. Estas sannyas van a ser difíciles.

La tercera pregunta:
Osho,

> **Llegué a un punto en el que vi que podía abandonar el ego en ese mismo instante, pero entonces me di cuenta de que no quería abandonarlo. Pero yo quiero querer. ¿Puedes arrojar un poco de luz en este tema?**

Permíteme que te cuente unas cuantas anécdotas:

Un hombre, después de haber sido ascendido a una alta posición en el Gobierno, visitó la ciudad donde había nacido.
—¿Me imagino que os habréis enterado del honor que me ha sido concedido? —preguntó a un antiguo compañero de clase.
—Sí —sonó la gratificante respuesta.
—¿Y qué comenta la gente al respecto?
—No comentan nada —fue la respuesta—. Solo se ríen.

¿Piensas que tu ego es algo valioso? La gente solo se ríe de él. Excepto tú, todo el mundo está en contra de tu ego. Excepto tú, todo el mundo sabe lo ridículo que es; tu ego, no estoy hablando de sus egos.

¿Qué es el ego? Es un punto de vista muy ridículo. El ego dice: «Yo soy el centro del universo». El ego dice: «El universo existe gracias a mí». ¡Puntos de vista ridículos! Solo hace falta un poco de entendimiento; no hace falta mucha luz. Solo hace falta un poco de luz. Tú no eres el centro del universo; porque el mundo estaba ahí cuando tú no existías, y el mundo seguirá existiendo cuando tú no estés ahí. No puedes ser el centro. No eres el centro.

Si existe un Dios, entonces solo Dios puede decir «Yo»; nadie más. Está bien como expresión formal, pero solo Dios puede decir «Yo» porque Él es el centro del mundo. Pero Él nunca dice cosas así; Él ha estado callado. El hombre no hace más que decir «Yo». ¿Por qué? Porque desorienta muchísimo sentir que no eres el centro del mundo, que no eres el fin ni el propósito del mundo, que todo el mundo no ha estado esperándote; que sin ti el mundo puede existir. Desorienta mucho. Si sientes esto, te sientes sacudido; como si te hubieran quitado la tierra de los pies y estuvieras colgado en un abismo sin fondo.

El ego te proporciona una roca en la que sujetarte, pero la roca es imaginaria, no es más que un sueño. El ego es una declaración de que: «Estoy separado de los demás, separado de los árboles, separado del cielo, separado del mar, estoy separado de los otros». Pero ¿lo estás? ¿Estás verdaderamente separado de los demás? Estás unido a los demás de millones de maneras.

Estás unido a tu madre y a tu padre, y tu padre está unido a su padre y a su madre, etcétera. Es una cadena infinita. Tú estás unido al aire a cada momento. Si no respiras, morirás. Estás unido a los rayos del sol; si el sol simplemente se olvida de salir una mañana, moriremos en diez minutos. Dependes del agua, dependes de la luz. ¿Cómo puedes decir que no estás unido a los árboles? Estamos profundamente conectados a todos lo demás; ese es el significado de ecología. Es un sistema.

Decir «Yo» es sencillamente absurdo. No puedes ser independiente, no puedes ser totalmente independiente. Entonces, ¿cómo puedes decir «Yo»? Mira qué ridículo es el Yo. No te estoy diciendo que lo abandones, porque, para empezar, no está ahí, así que no te puedo decir que lo abandones. Decirte: ¡abandónalo! Significa que acepto que está ahí. No está ahí; sencillamente es una noción ridícula, una idea sin sustancia. Está hecha de la misma materia de la que están hechos los sueños. No puedo decir: ¡Abandónalo! Solo puedo decir: ¡Despierta! ¡Mantente despierto! Yo solo puedo sacudirte para que puedas abrir los ojos y ver que no está ahí. Hace falta consciencia; yo no enseño ausencia de ego, no.

Durante siglos los religiosos han enseñado ausencia de ego. No parece que funcione. Después la gente se vuelve egoísta sobre su humildad. Después dicen: «Nadie es más devoto que yo ni nadie es más religioso que yo». Observa a los pretendidos religiosos. Nunca encontrarás mayores egos en ninguna parte. No hacen más que intentar esconderse detrás de las palabras, los rituales, las oraciones, pero el ego está ahí.

Walter Kaufmann acuñó una nueva palabra; la llamó *Humilción*. Ha unido humildad y ambición: *humilción*. Y él dice que la *humilción* es muy buena. Pero la *humilción* no es posible; es imposible. Puedes crear una palabra de dos cosas diametralmente opuestas, pero estas dos cosas no se pueden unir. Un hombre humilde no puede ser ambicioso, y un hombre ambicioso no puede ser humilde. Sin embargo, la gente sigue intentando encontrar formas de esconderse; la *humilción*: Soy humilde, pero ambicioso. ¡Eso es imposible! El hombre humilde es no-ambicioso, no-egoísta.

Así que no voy a decirte que te hagas humilde o *humilcioso*. Solo quiero decirte que, en primer lugar, el ego al que te estás apegando no está ahí. Solo es una idea. Y todo el mundo conoce tu ego al igual que tú conoces los egos de los demás; pero la estupidez es que nadie es consciente de su propia tontería.

La pregunta es: «Llegué a un punto en el que vi que podía abandonar el ego justo en ese momento». No has llegado a ese punto, porque cuando llegas a ese punto no hay forma de impedir que el ego desparezca por si solo... Cuando llegas al punto de entendimiento, no es que entiendas que ahora puedes abandonar el ego. Cuando llegas a ese punto, de repente ves que no hay ego que abandonar o que llevar. Simplemente, empiezas a reír. ¡Viva! ¡Por fin se ha descubierto América! No es que lo hayas abandonado después del entendimiento, se abandona en el mismo entendimiento.

Es como por la mañana cuando te despiertas: ¿abandonas tus sueños? ¿Puedes decir: «Por la mañana hubo un momento de despertar en el que estuvo absolutamente claro para mí, que si quería podía abandonar mis sueños»? No, eso es imposible: Si estás despierto, los sueños ya no están ahí; no es que los tengas que abandonar, ¡ellos mismos se han ido! El mismo acto del despertar los abandona. No hay necesidad de abandonarlos separadamente. Aquí surge el entendimiento; allí desaparece el ego. Es simultáneo; no hay siquiera un espacio de un momento.

«Pero entonces me di cuenta de que no quería abandonarlo. No lo entendiste. En primer lugar, allí no había entendimiento». Y como consecuencia, en segundo lugar, sentiste que no querías abandonarlo. Sin embargo, si surge el entendimiento, no hay nadie que abandone o no abandone, y no hay nada que abandonar o no abandonar.

Siempre que piensas que surgirá el entendimiento, piensas que debes estar ahí y que surgirá el entendimiento. No, no estarás ahí. En el entendimiento desaparecerás, al igual que cuando sale el sol desaparece el rocío de las briznas de hierba, se evapora.

Tú eres el ego. ¿De quién estás hablando?

Estás hablando como si tú estuvieras separado del ego y el ego fuera algo que pudieras abandonar o llevar. ¿Quién eres tú entonces cuando se abandona el ego? Tú eres abandonado con él.

Oí hablar de una estrella de cine que decía que llevaba veinte años sin dormir bien. Estaba de vacaciones en los Himalayas, en casa de un amigo. Una mañana el amigo notó que el actor parecía más ojeroso y cansado que de costumbre. «¿No has dormido nada?», le preguntó.

«Sí he dormido», le contestó, «pero soñé que no había dormido».

La gente no hace más que jugar al escondite consigo misma. Piensas que llegaste a un entendimiento y entonces decidiste no abandonarlo, y ahora me estás preguntando a mí ya que quieres querer abandonarlo. El entendimiento es suficiente, no hay necesidad de querer querer abandonarlo. Desaparece cuando estás en ese estado de entendimiento, es ese espacio de entendimiento.

Así que no estoy preocupado por tu ego. ¡Olvídalo! Es un fenómeno de sombra; ¿por qué preocuparse? En vez de eso, hazte más consciente y con más entendimiento. Sigue haciéndote más consciente y un día vendrás y me dirás: Ahora soy consciente y he estado intentando encontrar dónde está el ego y no lo puedo encontrar.

Una vez Bodhidharma fue a China. El emperador le dijo: «Estoy atravesando un verdadero torbellino interior. Soy muy ambicioso. A pesar de que tengo uno de los imperios más grandes del mundo, el ego se sigue sintiendo infeliz».

Bodhidharma se rio y dijo: «Has acudido a la persona adecuada. Haz una cosa: ven mañana temprano a las cuatro de la mañana. Pero acuérdate de traer tu ego contigo, porque, si no lo traes, soy capaz de cualquier cosa».

El emperador se sintió un poco confundido. ¿Qué quiere decir? Le preguntó: «¿Qué quieres decir?» Bodhidharma dijo: «Exactamente lo que estoy diciendo, eso es lo que quiero decir. Trae contigo tu ego y estaré preparado para acabar con él para siempre. Pero ven solo, no hace falta que vengas con guardianes ni con nadie».

¿A las cuatro de la madrugada?, y este hombre parece ser muy feroz y nadie sabe lo que hará. El emperador no podía dormir. Intentó olvidarlo todo y no ir, pero a su vez había algo que lo atraía: Quizá este hombre sepa algo, y parece estar tan seguro de sí mismo. Había visto a muchos santos importantes, a este y a aquel, y ninguno le había dicho tan fácilmente: Tráelo y acabaré con él para siempre.

Así que al final decidió ir. Fue allí. Bodhidharma estaba sentado con una gran vara en la mano. El emperador se le acercó temblando.

Bodhidharma dijo: «¿Has venido solo? ¿Dónde está tu ego?»

El emperador contestó: «No es algo que pueda traer. Está siempre conmigo».

Bodhidharma aseguró: «Entonces, de acuerdo. Siéntate y cierra los ojos, y descubre dónde se esconde en ti. Cuando lo atrapes, dímelo».

Temblando, solo en ese templo a las afueras de la ciudad, el emperador por primera vez en su vida cerró los ojos para meditar y empezó a mirar a su alrededor: ¿Dónde está el ego? Pasó una hora y luego otra hora. El sol estaba saliendo, el emperador estaba sentado en estado de dicha. Bodhidharma lo sacudió y le dijo: «Ya está bien. ¡Dos horas! ¿Dónde está?»

Y el emperador empezó a reír. Se inclinó y tocó los pies de Bodhidharma y le dijo: No lo encuentro.

Bodhidharma se rio y le dijo: «¿Ves? He acabado con él. Ahora, en cuanto tengas esa noción equivocada del ego, no sigas preguntándole a la gente cómo abandonarlo. Simplemente cierra los ojos e intenta encontrar dónde está».

Los que han entrado nunca lo han encontrado. Es como si te doy una antorcha y te digo que vayas a la habitación y que encuentres dónde se oculta la oscuridad. Llevas la antorcha, entras en la habitación, pero la oscuridad no está ahí. Cuando llevas la antorcha, la oscuridad no está ahí. Cuando no llevas la antorcha, ahí está. La oscuridad es la ausencia de luz. El ego es una ausencia de consciencia. Si traes la consciencia a tu ser, de repente ya no está ahí.

Así que no te digo que abandones el ego, y el que te lo diga no ha entendido nada.

Aquel que predica: «¡Abandona tu ego!» no ha entendido nada del ego; no está ahí. No lo puedes abandonar, no lo puedes llevar. Eso es algo sencillamente ridículo.

La última pregunta:
Osho,

¿Cómo me puedo rendir cuando Judas está en el camino?

No hay nadie en el camino, no hay ningún Judas, pero la mente tiene tendencia a cargar la responsabilidad en este o en aquel. La mente no hace más que encontrar chivos expiatorios. Y este es su ardid para salvarse a sí misma, para protegerse a sí misma.

No hay nadie más en el camino aparte de ti mismo; tú eres el único que está obstaculizando el camino. No le pongas nombres. No digas Judas; no digas el demonio, Satán, Belcebú; nadie está obstaculizando tu camino. Pero una vez que crees que alguien lo está obstaculizando, te sientes aliviado. No eres tú, así pues, ¿qué puedes hacer tú? Otra persona está obstaculizando el camino. Pero yo digo que no hay nadie.

La gente religiosa, la supuesta gente religiosa, siempre ha estado creando ese tipo de cosas. Han creado al demonio, así que cada vez que cometes un pecado es el demonio que te ha tentado. Uno se siente aliviado: al fin y al cabo no soy yo, es el demonio. Los hindúes no hablan del demonio, tienen su propia mitología: que en la vida pasada cometiste malos karmas. Esos karmas te están forzando a realizar ahora malos karmas. De nuevo te sientes aliviado: ¿Qué puedo hacer? No puedo cambiar ahora la vida pasada. Y si les preguntas a esos hindúes: «¿Cómo es que en la visa pasada cometí malos karmas?», te dirán: «En otra vida realizaste cosas equivocadas».

Pero la primera vez, al principio de todo, ¿cómo empezó? Entonces se enfadarán. Te dirán: No hagas esas preguntas, tienes que tener fe. Se puede hacer la misma pregunta sobre la gente que cree en el demonio. Y hay mucha más gente que cree en el demonio que gente que cree en Dios, porque Dios no vale para mucho; el demonio vale para mucho más. De hecho, Dios es un poco molesto. Si Dios existe, entonces te sientes un poco incomodo; pero si existe el demonio, te sientes aliviado, puedes cargar todas tus responsabilidades en el demonio. Cometes un asesinato, el demonio te tentó. ¿Qué podías hacer tú, una pobre víctima?

Recuerda, esto no te va a ayudar. No te compadezcas tanto de ti mismo y no intentes dar la imagen de víctima. Esto no es más que un ardid de la mente. Nadie está obstaculizando el camino excepto tú. Y nadie te va a ayudar excepto tú. Así que no te quites responsabilidades. Asume todas las responsabilidades tal como son, porque solo al aceptarlas tendrá lugar tu madurez.

Pero las personas siguen utilizando estratagemas; y sus estratagemas parecen muy lógicas. Por supuesto, cuando te enfadas y casi enloqueces, después, te arrepientes, te sientes culpable. ¿Cómo manejarlo de una forma lógica? No quería hacerlo. Después dices: ocurrió a mi pesar. Después te tienes que arrepentir de tu imagen. Has estado loco, y siempre has pensado de ti mismo que eras una de las personas más sabias y cuerdas del mundo. Ahora se ha roto esa imagen. ¿Qué puedes hacer? Saca a colación al demonio, a Judas; a quien sea. No lo hiciste tú, alguien te forzó a hacerlo.

Según el relato, cuando Adán es expulsado del jardín del Edén comienza la misma situación. Adán carga la responsabilidad en la mujer, Eva. Dice: «Eva me sedujo para que comiera la manzana». Evidentemente, Eva dice: «Yo no he hecho nada; la serpiente….». Y como la serpiente no puede decir nada, ¡se acabó! Así que con la serpiente, todo arreglado. ¡Pobre serpiente!

Todo el mundo está intentando cargar la responsabilidad en otra persona. Si la serpiente pudiera hablar, habría dicho: «Fue Dios; Él me creó, y me creó de tal manera que tuve que hacerlo».

La lógica no hace más que encontrar caminos y medios; y parecen muy lógicos. Pero yo no me he encontrado con algo más ilógico que la lógica.

Permíteme que te cuente una anécdota:

En un pueblo había un viejo herrero que le estaba contando a un amigo que cuando era pequeño su madre quería que fuera dentista y su padre le insistió en que fuera herrero:

«Y, ¿sabes?», dijo el anciano, «tuve suerte de que mi padre se saliera con la suya, porque si hubiera sido dentista me habría muerto de hambre».

«¿Cómo lo sabes?», preguntó el amigo.

«Bueno», respondió el herrero, «puedo demostrártelo. Llevo aquí, en esta misma tienda, desde hace unos treinta años y he hecho un montón de trabajos de herrería, pero en todo ese tiempo, aquí no se ha acercado ni un alma para pedirme que le sacara una muela».

Parece lógico. La lógica parece lógica; no es lógica. Y en las cosas pequeñas puede ser lógica, pero cuando llegas a las cuestiones más profundas y más importantes de la vida, la lógica es una de las cosas más ilógicas. No está mal para arreglar pequeñas cosas, para manejar pequeñas cosas, pero la vida es más grande que la lógica. La lógica solo es una parte, una mínima parte de la vida.

Escucha a la vida. Concéntrate y medita más en tu interior. Cierra los ojos y medita más, y observa quién está obstaculizando tu camino. ¿Judas? Nadie excepto tú. Si estás haciendo algo malo, acepta la responsabilidad, porque esa es la única manera de que un día lo trasciendas. Si tú lo estás haciendo, la responsabilidad está abierta: si tú no quieres, puedes no hacerlo. Pero si es otra persona la que te está forzando a hacerlo, entonces has perdido esa oportunidad, es imposible la libertad.

Libertad y responsabilidad van juntas, son dos caras de la misma moneda. Si quieres libertad, tienes que ser responsable de aquello que estés haciendo. Si no quieres aceptar la responsabilidad, entonces también pierdes la libertad.

Todo el mundo quiere ser feliz y nadie quiere ser responsable. No hacemos más que pasar a otros la responsabilidad. Y al cargar la responsabilidad en los hombros de otros, estás también eliminando las posibilidades de libertad. ¡Hazte responsable! Si has estado enfadado, has estado enfadado. No digas: «A mi pesar. No saques a colación a Judas». No digas: «Otra persona, otra fuerza me ha poseído». No, nadie te está poseyendo.

Sea lo que sea lo que está ocurriendo, es elección tuya. Has elegido que sea así. Puede que seas completamente inconsciente de cómo lo has elegido, porque a veces quieres una cosa y eliges otra; eso es lo que crea el problema. Piensas que quieres una cosa y eliges otra. O, querías otra cosa, y elegiste eso, pero el resultado fue diferente.

Por ejemplo, intentas dominar a las personas; pero cuando dominas a las personas, ellas luchan, porque ellas también quieren lo mismo. Te intentarán dominar, y entonces eso a ti no te gusta; la lucha, los celos, el infierno que se crea a tu alrededor. Y dices: «Nunca lo quise». Pero tú querías dominar a la gente, esa fue la semilla.

Busca siempre la causa. Si hay un efecto, tiene que haber una causa. Y no puede haber un efecto, no es posible, si no has elegido en primer lugar la causa. Las personas quieren enfrentarse al efecto pero no quieren cambiar la causa. Esa es la mente ordinaria, la mente estúpida.

La mente inteligente es totalmente diferente. Cuando no quiere ningún efecto, profundiza en la causa y abandona la causa; ¡entonces se acaba el problema!

Quieres que la gente te ame, y te enfadas y te vuelves odioso y le haces todo tipo de jugarretas a la gente, pero quieres que ellos te amen; y cuando no te aman, y ellos también te odian, y también se enfadan contigo, entonces dices: Me están ocurriendo esto y yo nunca lo elegí. Tú lo has elegido. Querías otra cosa, pero tú elección fue equivocada. Busca la causa.

Hace solo unos días vino un sannyasin y me dijo que nadie aquí lo quería; que él quería a todo el mundo pero que a él nadie lo quería. Estaba muy enfadado. Le pedí que trajera a unas cuantas personas a las que amaba pero que no lo amaban a él, y les preguntaría a ellos su opinión. Ellos dirían lo mismo, que ellos amaban y que nadie les estaba devolviendo el amor. Él no estuvo dispuesto a traer a nadie.

La gente no hace más que pensar que aman a las personas pero que nadie les devuelve el amor, pero eso nunca ha ocurrido. Va contra la ley; contra el dharma, contra la máxima ley de la vida. Si amas, recibirás amor de vuelta. Si no llega el amor, profundiza, en algún lugar has hecho otra cosa en nombre del amor.

Una vez un hombre le preguntó a su jefe si podía prestarle su coche el día 30 de octubre. Todavía faltaban treinta días.

«Claro», dijo el jefe, «te dejaré el coche. ¿Qué pasa ese día?»

«Que me caso».

«¡Estupendo!, dijo el jefe. ¿Quién es la afortunada?»

«Bueno, todavía no la he elegido», contestó. «Primero quería asegurarme de que iba a disponer de un coche».

Cosas no esenciales. Primero quieres asegurarte de ellas y piensas que lo esencial vendrá a continuación. Cambia esa actitud: piensa primero en lo esencial, lo no esencial vendrá por añadidura. ¡Piensa primero en lo esencial! ¿Qué es lo esencial? El efecto no es esencial; la causa es lo esencial. El otro no es esencial; tú eres lo esencial.

Sea lo que sea lo que esté ocurriendo hoy, es algo que, en cierto modo, tú has provocado; sin darte cuenta, inconsciente, pero tú eres el que has sembrado sus semillas; ahora tienes que cosecharlas. La gente no hace más que pensar que si pueden conseguir lo no-esencial, llegará lo esencial.

Por ejemplo, la gente piensa que si pueden ganar suficiente dinero serán felices. No es así. Si eres feliz, serás rico; es cierto, serás rico. Si eres feliz, serás rico. La persona feliz no puede ser otra cosa. Puede que no tenga grandes palacios, pero, a pesar de eso, será rico. Puede que sea un mendigo en la calle, pero, aun así, será feliz. Sin embargo, tú, primero intentas tener mucha riqueza, entonces piensas que serás feliz. Eso es algo que nunca ocurre, porque la riqueza no puede ser causa de felicidad. La felicidad es siempre causa de riqueza.

Piensas que lo esencial llegará: déjame que logre primero lo no-esencial. Al lograr lo no-esencial, crearé una situación. Primero poder, prestigio, riqueza; todo cosas no esenciales.

Intenta mirar en lo más profundo de tu ser, y pensar en lo esencial. ¡Sé feliz!

Puedes ser feliz en este mismo momento. Nadie te está obstaculizando el camino. Y si no puedes ser feliz en este momento, nunca podrás ser feliz. La felicidad no tiene nada que ver con el futuro. La felicidad desconoce el mañana, porque la felicidad no depende de ninguna otra cosa. No es más que una actitud. Puedes ser feliz ahora mismo tal como eres.

¡Intenta ser feliz sin ninguna razón en absoluto, y te sorprenderás! Puedes ser feliz sin ninguna razón en absoluto, porque la felicidad es la razón de muchas cosas, es la causa básica. Tú puedes ser feliz, inténtalo. Lo has estado intentando al contrario, ahora inténtalo desde la causa básica. Primero, ten la causa —sé feliz— y luego los efectos vendrán por sí solos. Y acuérdate siempre de no buscar chivos expiatorios; esa es una forma segura de desperdiciar tu vida.

Ha sido suficiente por hoy.

6

Domar al toro

Surge una tremenda belleza en tu ser.
Todo se vuelve luminoso, iluminado por Dios.
Cada piedra se convierte en una plegaria.
Cada silencio se convierte en una canción

5. La búsqueda del toro

Hay que utilizar el látigo y la cuerda, de lo contrario, puede extraviarse por caminos polvorientos. Cuando está
bien domado, se vuelve manso de forma natural. Después,
obedece a su amo sin necesidad de amarralo.

Comentario:

Cuando surge un pensamiento, otro nuevo le sucede. Cuando el
primer pensamiento surge de la iluminación, todos los pensamientos posteriores son verdaderos. A través de la falsa ilusión todo
se falsea. La falsa ilusión no es causada por la objetividad; es el
resultado de la subjetividad. Sujeta fuerte la argolla y no dudes ni
un momento.

6. Montar el toro hasta casa

Montado en el toro, regreso poco a poco a mi hogar.
El sonido de mi flauta resuena en la tarde.
Marcando con la mano la armonía palpitante, dirijo el ritmo
eterno.
Aquel que oiga esta melodía se unirá a mí.

Comentario:

La lucha ha terminado, se ha asimilado la ganancia y la pérdida.
Canto la canción del leñador de la aldea, y toco melodías infantiles.
A horcajadas sobre el toro, contemplo las nubes que hay sobre mí.
Sigo adelante, impasible a quien me pida que regrese.

Únicamente la verdad libera, nada más. Todo lo demás crea una atadura, una carga. Y la verdad no se puede encontrar a través de un esfuerzo intelectual, porque la verdad no es una teoría, es una experiencia. Para conocerla tienes que vivirla; y ahí es donde se equivocan millones de personas. Piensan que si se apegan a una fe, el apego les ayudará a encontrar la verdad. Poco a poco se establecen con su fe, y la fe no es verdad. Es una teoría sobre la verdad: como si alguien se hubiera establecido solo sobre palabras, escrituras, doctrinas, dogmas; como si un ciego hubiera empezado a creer que la luz existe, o un hambriento que leyera un libro de cocina creyera que de esta manera, de aquella manera…, pero sigue teniendo hambre. Esa no es la manera de satisfacer el hambre.

La verdad es un alimento. Tienes que digerirla, asimilarla; tienes que permitir que circule en tu propia sangre, que lata en tu propio corazón. Tienes que asimilar la verdad en tu unidad orgánica. La fe nunca se asimila, continúa siendo un fenómeno inconexo.

Puede que seas hindú, pero el hinduismo sigue siendo un concepto intelectual. Puede que seas cristiano, o musulmán, pero estas creencias no son partes orgánicas de tu ser. En lo más profundo continúa la duda.

Una vez oí la siguiente historia:

Titov, el astronauta ruso, volvió del espacio y Nikita Kruschev le preguntó en privado si había visto a alguien allí. Cuenta la historia que él contestó: «Sí, realmente vi a Dios», a lo que contestó Kruschev: «Yo ya lo sabía, pero tú ya conoces nuestra política, así que, por favor, no se lo digas a nadie».

Posteriormente Titov estaba con el patriarca de la Iglesia ortodoxa rusa. El patriarca le preguntó si había visto a alguien en el espacio. Titov, fiel a las instrucciones que había recibido, contestó: «No, no había nadie».

«Yo ya lo sabía», contestó el líder religioso, «pero ya conoces nuestra política, así que, por favor, no se lo digas a nadie».

Por debajo de tu fe, sea cual sea esta, continúa la duda. La duda está en el centro, y la fe está en la periferia. De modo que tu vida está básicamente determinada por tu duda, no por tu fe. Puede que seas un comunista, y, a pesar de eso, en lo más profundo continúa la duda. Puede que seas católico, cristiano, un teísta, pero en lo más profundo continúa la duda.

He observado a muchas personas pertenecientes a diferentes credos, sectas, pero en lo más profundo, la misma duda. Y la duda no es hindú, ni cristiana, ni musulmana. La duda no es comunista ni anticomunista. La duda es pura, simplemente duda. Para esta duda pura necesitarás fe pura.

Esta duda pura que no tiene adjetivo —hindú, cristiana, musulmana— no puede ser destruida por conceptos, creencias, teorías ni filosofías hindúes, cristianas o musulmanas. ¿Qué se puede hacer con esa duda?

El verdadero buscador no busca ninguna fe que lo consuele. Intenta descubrir en sí mismo un centro más profundo que vaya más allá de toda duda. Hay que entender esto. Tienes que profundizar en tu propio ser hasta llegar a tal punto de vivacidad en el que la duda quede en la periferia. En vez de hacer eso, las personas se apegan más a las creencias de la periferia y la duda permanece en lo más profundo. Tiene que ocurrir justo al contrario.

Profundiza en tu ser. No te preocupes por la duda, evítala. ¡Déjala que esté ahí! No intentes ocultarte en una creencia. No seas una ostra. Afronta la duda; y trasciéndela. Profundiza más que la duda. Entonces llegará un momento en tu ser… Porque en el más profundo centro, en el mismo centro, solo está la vida. Una vez que hayas tocado ese profundo centro dentro de ti mismo, la duda no será más que una cosa lejana, periférica. Se podrá abandonar muy fácilmente.

Y no hay necesidad de apegarse a ninguna fe para abandonarla. Simplemente ves su estupidez. Simplemente ves lo ridículo que es. Simplemente ves lo destructiva que ha sido la duda durante toda tu vida, cómo la duda no hace más que corroer tu ser, lo venenosa que ha sido. Simplemente date cuenta de que la duda ha sido venenosa y no te ha permitido celebrar, que has desperdiciado una gran oportunidad. Solo tienes que abandonarla. No es que en lugar de la duda te apegues a un credo.

El verdadero hombre de verdad carece de credo; simplemente confía, porque ha llegado a conocer lo maravillosa que es la vida. Y se ha dado cuenta de lo eterna y atemporal que es la vida. Se ha dado cuenta de que solo dentro de sí mismo está el reino de Dios. Se convierte en un dios; y no un dios en el sentido normal de la palabra, porque ese reino que proviene del exterior es un falso reino, un reino ilusorio.

Oí que una vez le preguntaron al sah Faruk, el rey de Egipto, cuántos reyes habría en el mundo veinticinco años después.

Él contestó sin dudar que habría cinco, y a continuación los enumeró: «El rey de Inglaterra, el rey de oros, el rey de copas, el rey de espadas y el rey de bastos».

El reino que proviene del exterior no es más que un reino ilusorio. Puedes ser un rey, pero serás un rey de la baraja o, como mucho, el rey de Inglaterra. Nada demasiado valioso, algo irrelevante; simplemente un símbolo falso, que no significa nada.

El verdadero reino está en el interior. Y lo más asombroso es esto: que lo llevas en ti mismo continuamente sin darte cuenta, sin saber qué tesoros tienes, y cuáles son tus tesoros para poder así reclamarlos.

La religión no es una búsqueda de un credo. La religión es el esfuerzo por conocer el verdadero suelo de tu ser, de tocar el verdadero suelo de tu ser, de tocar el verdadero centro de tu existencia. Esa experiencia de verdadero centro de tu existencia es a lo que nos referimos cuando utilizamos la palabra verdad. Es algo existencial. Es una experiencia.

Así que no dejes que los credos te despisten. Estate alerta; son engaños. Y a consecuencia de estos credos, la gente no busca, porque una vez que piensas que sabes, que crees que sabes, ¿para qué vas a buscar? Son medios de evitar la búsqueda, porque la búsqueda es ardua, la búsqueda es difícil. Muchos sueños se harán añicos, muchas imágenes se harán añicos, y tendrás que pasar muchísimo dolor. Ese dolor es una necesidad: limpia, te da solidez, integridad; te madura. Esos dolores son como los dolores del nacimiento, porque a través de ellos vas a renacer.

La fe es barata; no cuesta nada. Con solo asentir con la cabeza te conviertes en cristiano, o en hindú o en musulmán. Es demasiado barata. La verdad no puede ser barata. Tendrás que sacrificar muchos sueños queridos. Tendrás que sacrificar tu imagen imaginaria. Tendrás que sacrificar muchas cosas que, en tu ignorancia, valoras mucho. Tendrás que salir del estado brumoso de ser en el que te encuentras ahora mismo. Te tendrás que elevar por encima de él. Y, evidentemente, subir una montaña es algo difícil; y no hay montaña más grande que tú.

Tú llevas en tu interior la cima más grande, el Everest. Y, sin duda, la subida va a ser difícil. Pero lo difícil vale la pena, vale muchísimo la pena. Una vez que alcances la cima, por el mero hecho del esfuerzo, las dificultades, el reto, la dificultad de la ascensión, algo irá cristalizando dentro de ti. En cuanto alcances la cima, no será solo la cima la que hayas alcanzado; tú te habrás convertido en la cima. Has llegado a una altura a la que nunca habías llegado antes. Vivías en un oscuro valle, ahora vives a la luz del sol.

De modo que lo primero que tiene que hacer el buscador es ser consciente de que los credos son barreras. Si acudes a mí como cristiano, no puedes acudir a mí. Si vienes a mí como hindú, parecerá que has acudido a mí, pero no puedes acudir, porque entre tú y yo, tu hinduismo, tu jainismo está creando una distancia. Y me da igual cuál sea tu fe. Todos los credos —sin excepción, todos los credos— son barreras.

Una vez, en la capital de un país, los piquetes de un partido estaban merodeando frente al tribunal de justicia donde estaban juzgando a unos compañeros. Un policía, tratando de mantener el orden, empujó a un curioso.

«¡No me empujes!», se quejó el curioso. «Que yo soy anticomunista».

El policía le lanzó una mirada de odio. «Andando», ordenó. «¡Me da igual qué tipo de comunista seas!»

Es igual: el comunista es un comunista; el anticomunista también es un comunista; porque da igual que creas en Marx o en Moisés o en Manu o en Mahavira. Da igual. Crees; ya sea en el Srimad *Bhagavad-Gita*, o en *Das Kapital*, o en el sagrado *Corán*; da igual; porque la mente del creyente es la mente equivocada.

Abandona los credos para que puedas llegar a encontrar tu duda. Al enfrentarte a la duda, al encontrarte con la duda, surge la verdad. Si permites que la duda esté allí, y tú no te escondes en ninguna parte, si te enfrentas a ella en su desnudez, en cuanto te encuentres con ella, surgirá algo nuevo en ti, y este algo es la confianza. La confianza surge al enfrentarse a la duda, no al escapar de ella; la fe es un escape. Y la fe es una falsa moneda, un falso sustituto de la confianza; parece confianza, pero no es confianza. En la fe, la duda continúa por debajo como una corriente subterránea.

En la confianza no hay duda. La confianza nunca ha conocido la duda, la confianza nunca se ha encontrado con la duda. Al igual que la luz nunca ha conocido la oscuridad; en el momento que llega la luz, la oscuridad se dispersa, desaparece. Pero si solo crees en la luz, eso no te va a ayudar. Vives en la oscuridad y sigues creyendo en la luz; ¡pero vives en la oscuridad! Y tu fe en la luz no es una ayuda, es un obstáculo; porque si no creyeras en la luz, habrías buscado la luz. Al creer en la luz, piensas que va a ocurrir. Está ahí. Más tarde o más temprano, por la gracia de Dios, va a ocurrir. Sigues viviendo en la oscuridad, así que la fe es un truco de la oscuridad para protegerse. La fe es un truco de lo falso para protegerse a sí mismo. Estate alerta.

Creer es como considerar que los síntomas son la enfermedad. Vas al médico; él te diagnostica tu enfermedad. Él busca los síntomas, pero los síntomas no son las enfermedades. Los síntomas no son más que señales de que algo va mal dentro. La duda es una señal; al igual que cuando te sube la fiebre —treinta y siete, treinta y ocho—, pero la fiebre en sí no es la enfermedad.

De modo que si alguien tiene fiebre alta, no empieces por darle una ducha fría. Es lógico: tú piensas que la fiebre en sí es la enfermedad, por eso enfrías el cuerpo. El cuerpo cada vez está más caliente; enfríalo; dale una ducha de agua helada. Estás luchando contra los síntomas; puedes matar al paciente. Esa no es la manera de actuar. La enfermedad está en algún lugar interno; lo único que indica la fiebre es que hay algo dentro que va mal. Trata ese algo dentro que está mal y la temperatura bajará por sí sola hasta llegar al nivel normal.

La duda es un síntoma, no es la enfermedad. Cuando intentas apegarte a una fe, estás confundiendo la duda con la enfermedad. Así que piensas: Si creo, desaparecerá la duda. No, no desaparecerá; solo se sumergirá. Se hará inconsciente. En el consciente creerás en Dios; en el inconsciente seguirás negándolo.

No tengas miedo de la duda. La duda no es el enemigo; la duda es el amigo. La duda solo te está indicando que no has buscado en tu interior, por tanto la duda está ahí. No has buscado en tu propia realidad; por tanto la duda está ahí. Busca en tu propia realidad, y la duda desaparecerá como la oscuridad. Trae luz…

Una vez oí la siguiente historia de un sacerdote cristiano, Henry Ward Beecher. En su iglesia había un reloj que siempre estaba adelantado o atrasado, y la gente siempre estaba quejándose de reloj. Era el problema cotidiano. Cada vez que iba alguien, hablaba con Beecher y le decía: «Ese reloj no va bien».

Un día Beecher se hartó y puso una nota en el reloj: «No culpéis a mis manillas», decía la nota, «el problema es mucho más profundo».

El problema siempre es más profundo. El problema no está en la superficie. El problema no está en las manillas del reloj, sino en el mecanismo. Así que no tratéis de cambiar vuestra mente de la duda a la fe; eso no va a ayudar. No es una cuestión de la mente; el problema es más profundo, más profundo que tu mente, y tienes que ahondar en ti mismo.

He aquí el sentido de la búsqueda del toro. El toro es la energía vital, el dinamismo, la vitalidad.

El quinto sutra:

Hay que utilizar el látigo y la cuerda;
de lo contrario, puede extraviarse por caminos polvorientos.
Cuando está bien domado, se vuelve manso de forma natural.
Después, obedece a su amo sin necesidad de amarrarlo.

El sexto sutra:

Montado en el toro, regreso poco a poco a mi hogar.
El sonido de mi flauta resuena en la tarde.
Marcando con la mano la armonía palpitante, dirijo el ritmo eterno.
Aquel que oiga esta melodía se unirá a mí.

Escucha cada palabra con la mayor atención posible: *Hay que utilizar el látigo y la cuerda*, el látigo es símbolo de consciencia, y la cuerda en símbolo de la disciplina interior. La consciencia y la disciplina son las dos cosas fundamentales para un buscador. Si practicas la disciplina sin consciencia, te convertirás en un hipócrita. Si practicas la disciplina sin consciencia, te convertirás en un zombi, en un robot. Puede que no hagas daño a nadie, puede que tengas fama de hombre bueno o incluso de santo, pero no serás capaz de vivir tu auténtica vida, no serás capaz de celebrarla. No habrá dicha en ella. Te volverás muy serio; habrá desaparecido para siempre la capacidad de juego. Y la seriedad es una enfermedad.

Si hay disciplina sin consciencia, entonces la forzarás y será una violencia, una violación de tu propio ser. No te proporcionará libertad; te creará cárceles cada vez mayores y más grandes. La disciplina está bien si se basa en la consciencia. La disciplina se estropea totalmente, se envenena, cuando se realiza, no con consciencia, sino con una mente ciega, creyente.

De modo que lo primero es el látigo; la consciencia, y lo segundo es la cuerda, la disciplina. ¿Por qué hace falta disciplina? Si eres consciente, parece que la consciencia es suficiente. Es suficiente al final, pero no al principio, porque la mente tiene patrones muy arraigados y la energía tiende a pasar por los antiguos hábitos y los viejos patrones. Hay que crear nuevos canales.

Puede que te hayas vuelto consciente, pero eso por sí solo no será suficiente para empezar, porque cuando la mente encuentra la mínima oportunidad de volver a cualquier viejo patrón, se desliza por él inmediatamente, en una décima de segundo. No lleva ningún tiempo enfadarse. Para cuando eres consciente, ya ha surgido la ira. Más tarde, cuando tu consciencia sea total, cuando tu consciencia se haya convertido en un todo contigo; antes de que ocurra nada, la consciencia estará siempre ahí, como un a priori; si surge la ira, antes de la ira estará la consciencia; si la sexualidad te posee, antes que ella estará la consciencia. Cuando la consciencia se convierta en algo natural, espontáneo, como el respirar, que esté presente incluso mientras duermas, entonces es cuando te podrás desembarazar de la disciplina. Pero al principio, no. Al principio, cuando la consciencia se esté asentando, será útil la disciplina.

La disciplina no es más que el esfuerzo por crear nuevos caminos por los que discurra la energía, de modo que no necesite pasar por el antiguo camino.

Durante muchas vidas has estado continuamente enfadado; la raíz está enterrada. Cuando tienes energía, la energía automáticamente se mueve a través de la ira. De ahí que haya muchas religiones que prescriban el ayuno. Si estás haciendo ayuno —o sea, si te estás privando de comida—, no tienes suficiente energía. La comida crea energía. Si no tienes suficiente energía, no te puedes enfadar. Pero la debilidad no es una transformación; es de nuevo un engaño.

Hay muchas religiones que predican el ayuno para poder superar el sexo. Evidentemente, si ayunas demasiado y tu cuerpo está muerto de hambre, no tendrás suficiente energía para dedicarte a la sexualidad. Para dedicarte a la sexualidad necesitas una energía rebosante, porque el sexo es un lujo. Solo ocurre cuando tienes demasiada. Cuando no tienes demasiada, desaparece por sí solo; pero ese no es el verdadero *brahmacharya*. Te estás engañando a ti mismo. La energía debe rebosar, pero debe pasar a una nueva dimensión; la dimensión del amor.

Pero para eso tendrás que crear una disciplina, de modo que cuando surja la energía, se dirija al amor no al sexo, se dirija a la compasión no a la pasión, se dirija al compartir no a la avaricia.

Hace falta disciplina para crear nuevos caminos. De modo que la consciencia y la disciplina deben ir juntas. Hay personas que insisten en que con la consciencia es suficiente. En cierto sentido tienen razón; pero es realmente difícil llegar a ese punto de consciencia en el que es suficiente, en el que ella misma es su propia disciplina. Es algo que ocurre muy pocas veces.

Krishnamurti siempre dice que es suficiente solo con la consciencia, que no hace falta disciplina. ¡Y desde el punto de vista lógico está en lo cierto! Pero no ocurre de esa manera. La vida es muy ilógica; no escucha a la lógica. Así que la gente lleva escuchando a Krishnamurti durante cuarenta años y no ha ocurrido nada porque piensan que bastará solo con la consciencia. Pero para llegar a esa consciencia hace falta un enorme esfuerzo; y no se pueden permitir eso. De hecho, Krishnamurti se ha convertido en un escape para esas personas, así pueden evitar la disciplina y pueden seguir pensando que basta solo con la consciencia. Y siguen viviendo en la oscuridad, su cima nunca ocurre.

Después hay otros que no hacen más que decir que es suficiente con la disciplina, que no hace falta consciencia. Ocurre lo mismo con ellos, están hablando del otro extremo. La disciplina sola no puede ser suficiente. Entonces el hombre que fuerza la disciplina en sí mismo se convierte, poco a poco, en un robot mecánico.

Una vez oí la historia de un santo que murió, pero que fue obligado a ir al infierno. No se lo podía creer. Dijo que le gustaría ver a Dios y preguntarle qué mal había hecho, porque durante toda su vida había sido uno de los hombres más puros. Y Dios le dijo: «Nunca has hecho nada malo, es verdad, pero tampoco has hecho nada bueno, porque, para empezar, nunca has estado ahí. No eras más que un robot».

El mecanismo está continuamente haciendo algo; no es bueno ni malo. El mecanismo no tiene espíritu, no tiene alma. Lo único que hace es repetir. La repetición es muerte. La repetición no te ayudará. Puedes ir y rezar todos los días; pero solo estará repitiendo la plegaria el mecanismo de la mente. Tú no estarás en ella.

Puedes seguir sirviendo a la gente, ayudando a la gente —al pobre, al enfermo— pero si solo actúas como un robot, si la disciplina lo es todo y no hay conciencia en ello, serás como un ordenador. Puede que tengas mucha habilidad, pero tú no estarás allí.

Hay muchas religiones que han estado enseñando solo disciplina, moralidad, buenas acciones y buenos hechos; eso no ha ayudado al mundo. A través de esto las personas no se han vuelto alerta, vivas. Ambos opuestos son medias tintas. El zen dice que tanto la consciencia como la disciplina se tienen que seguir al mismo tiempo. Se tiene que crear un ritmo entre los dos opuestos. Se debe empezar con el látigo y se debe terminar con la cuerda.

Hay que utilizar el látigo y la cuerda; de lo contrario, puede extraviarse por caminos polvorientos. El buey conoce muy bien muchos caminos polvorientos, y si no se utiliza el látigo y la cuerda, es muy posible que el buey que has atrapado se vuelva a perder. *Cuando está bien domado, se vuelve manso de forma natural. Después, obedece a su amo sin necesidad de amarrarlo. Entonces ya no hace falta la disciplina. Te has convertido en amo. Cuando está bien domado, se vuelve manso de forma natural.* Hace falta entrenamiento, pero el entrenamiento no es el fin. El entrenamiento es solo el medio. Finalmente, hay que abandonar el entrenamiento, hay que olvidar toda disciplina. Si tienes que continuar tu disciplina, lo único que demuestra eso es que la disciplina todavía no es algo natural.

Al principio permaneces alerta, creas nuevos caminos para tu energía mental. Poco a poco, no hay necesidad; poco a poco, no hace falta siquiera permanecer alerta. No es que uno intente estar alerta, sino que sencillamente está alerta. Solo entonces se produce el florecimiento; cuando el estado de alerta es natural, cuando la meditación no se hace sino que sencillamente ocurre. Se ha convertido en tu atmósfera, vives en ella. Estás en ella.

Después, obedece a su amo sin necesidad de amarrarlo.

El sexto sutra:

Montado en el toro, regreso poco a poco a mi hogar. Si no eres el amo, entonces te alejas, te alejas mucho de tu casa. Si eres el amo, empiezas a volver a la fuente original. Si no eres el amo, la energía se aleja de ti: hacia las cosas, las personas, el poder, el prestigio, la fama. La energía continúa alejándose de ti, hacia la periferia. En cuanto eres el amo, la energía empieza a moverse de vuelta a casa.

Kabir, uno de los grandes místicos indios, dijo: «El día que me iluminé vi el Ganges fluyendo corriente arriba, volviendo a la fuente».

Es verdad: en ese momento, el Ganges ya no fluye hacia el océano; vuelve a Gangotri, el origen de donde proviene en los Himalayas.

Cuando tú eres el amo, la mente te sigue como una sombra. Cuando no eres el amo, tienes que seguir a la mente como una sombra. Y la mente significa la energía que sale, y la meditación significa la energía que entra; la misma energía. Lo único que cambia la dirección.

Montado en el toro, regreso poco a poco a mi hogar. El sonido de mi flauta resuena en la tarde. Y recuerda esto: si tu búsqueda no te está llevando hacia estados cada vez más dichosos, en los que puedas cantar y danzar, quiere decir que hay algo que va mal; hay algo que va totalmente mal. Estás en un camino equivocado. Tu dicha, tu canto y tu baile son una señal. No hace falta que se exteriorice: no necesitas cantar para que otros puedan oírlo; pero oirás el canto continuamente dentro de ti. Si quieres, puedes cantar o compartirlo, pero habrá una danza dentro de ti. Cuanto más te acerques a tu hogar, más feliz te sentirás. La felicidad es una cualidad de la energía que regresa al hogar.

El sonido de mi flauta resuena en la tarde.
Marcando con la mano la armonía palpitante, dirijo el ritmo eterno.
Aquel que oiga esta melodía se unirá a mí.

Así es como millones de personas se han unido a Buda, a Jesús, a Krishna; su canción, su dicha, su éxtasis es contagioso. Una vez que lo oigas, no podrás hacer otra cosa que unirte a ellos. Por eso la gente tiene miedo de oír. La gente tiene miedo de entrar en contacto con alguien que pueda cambiar su dirección, su vida. Los evitan. Se convencen a sí mismos de que no hay nada por lo que acudir a ellos. Pero su argumentación no es sino la racionalización de un miedo profundo, escondido.

Las personas se comportan como si fueran ciegas y sordas. Esta es la mente astuta que no hace más que decir: No vayas en esta dirección; hay peligro. Evidentemente, peligro para la mente, pero no para ti. Tú te convertirás por primera vez en maestro de tu ser; pero entonces tendrás que permitir que alguien que haya llegado a conocer toque tu corazón y le dé ritmo, tendrás que permitírselo para que pueda compartir su armonía contigo.

En Oriente lo llamamos *satsang*. Significa estar en la presencia de un maestro, estar en armonía con el maestro, alinearse con el maestro.

El maestro está allí; tú simplemente te sientas cerca de él, sin hacer nada. Pero, poco a poco, te embebes del ambiente, de la atmósfera. Poco a poco, la energía del maestro va rebosando, y tú te abres a ella. Poco a poco, te relajas y no te resistes y no luchas y empiezas a saborear y empiezas a oler algo de lo desconocido; el sabor, la fragancia. Cuanto más lo saborees, más surgirá la verdad.

Por el mero hecho de estar en presencia de un hombre iluminado se abren grandes posibilidades, tu potencialidad empieza a funcionar, a trabajar. Puedes sentir el murmullo, el zumbido de la novedad que viene a ti. Pero es el compartir de una canción, el compartir de una danza, el compartir de una celebración.

Recuerda esto, permite que sea el criterio a seguir: si estás aquí y te sientes triste, si estás serio y enfadado, entonces hay algo que va mal; me has malentendido, tu mente me ha malinterpretado. Si tú estás realmente aquí, vulnerable a mí, abierto, entonces poco a poco verás que una canción está naciendo en ti. Sentirás que andar ya no es andar; se está convirtiendo en una especie de danza. El corazón no estará solo bombeando la sangre; ahora estará marcando la armonía. Sentirás la orquesta de la vida dentro de ti. Entonces estarás en el verdadero camino. Entonces no me habrás malinterpretado; entonces habrás estado empapándote de mí.

Ese es el significado de las sannyas: un simple gesto de tu parte de que estás disponible; nada más. Solo un simple gesto de que ya no te estás resistiendo a mí, de que no lucharás conmigo; de que no vas a desperdiciar el tiempo en la lucha; que abandonas todas las medidas de seguridad. Ese es el significado de las sannyas; que estás preparándote para el satsang, que ahora puedo llover sobre ti y que tú estarás preparado para recibirme. Lo único que refleja tu receptividad.

El sonido de mi flauta resuena en la tarde. Marcando con la mano la armonía palpitante, dirijo el ritmo eterno. Aquel que oiga esta melodía se unirá a mí. Lo mismo te digo yo a ti: aquel que oiga esta melodía se unirá a mí.

Ahora los comentarios en prosa.

El del quinto sutra:

Cuando surge un pensamiento, otro nuevo le sucede. Cuando el primer pensamiento surge de la iluminación, todos los pensamientos posteriores son verdaderos. A través de la falsa ilusión todo se falsea. La falsa ilusión no es causada por la objetividad; es el resultado de la subjetividad. Sujeta fuerte la argolla y no dudes ni un momento.

Tal como eres no puedes encontrar la verdad. Tal como eres solo puedes encontrar la falsedad, porque no es cuestión de buscar y de encontrar, es cuestión de tu conciencia. Si eres falso, ¿cómo vas a encontrar la verdad? Una vez que te conviertas en verdad, encontrarás la verdad. La verdad es algo que les ocurre a aquellos que se han convertido auténticamente en la verdad ellos mismos. Si eres falso, allá donde vayas encontrarás falsedad, porque, en realidad, no es una cuestión del mundo objetivo, es cuestión de tu subjetividad. Tú creas tu mundo. Tú eres tu mundo. De modo que si estás equivocado, crearás un mundo equivocado a tu alrededor. Si eres falso, crearás un mundo de mentiras a tu alrededor. Tú proyectas tu propio mundo. Así que no estés enfadado con el mundo; sea cual sea el mundo que tengas, te lo has ganado. Te lo mereces. El mundo no es otra cosa, sino tu propia mente magnificada.

Cuando surge un pensamiento, otro nuevo le sucede. Cuando el primer pensamiento surge de la iluminación, todos los pensamientos posteriores son verdaderos.

Una vez alguien le preguntó a Buda: «¿Qué es la verdad?», y él dijo: «Cualquier cosa que haga una persona iluminada es la verdad».

Alguien le preguntó a Mahavira: «¿Quién es el verdadero santo?», y Mahavira dijo: «Todo aquel que se ha iluminado».

No es una cuestión de actos. No importa lo que haces; es lo que eres. Normalmente, la gente piensa que aunque sean falsos pueden hacer cosas buenas. Eso no es posible. Saben que son ignorantes, pero siguen pensando que pueden transformar algo, unos pocos fragmentos de vida: Al menos deberíamos hacer esto. Pero nada es posible. No puedes hacer unas cuantas cosas buenas; es imposible. No es cuestión de lo que haces; es una cuestión de tu ser. Si tú estás equivocado, todo lo que hagas estará equivocado. Independientemente de la apariencia que tenga, todo lo que hagas estará equivocado. No puedes hacer algo bueno si, para empezar, tú no estás en lo cierto. Y si tú estás en lo cierto, para empezar, no puedes hacer nada malo; independientemente de la apariencia.

Si Krishna se convierte en un ladrón, está bien. Ha sido muy difícil para la mente occidental entender la actitud oriental, porque toda la actitud oriental se basa en el ser y toda la actitud occidental se basa en el hacer. La bondad es algo que hay que hacer; la santidad tiene que ver con las acciones; no ocurre lo mismo en Oriente, porque puede que hagas una buena acción pero que no seas bueno; en ese caso, en algún lugar de la buena acción, habrá también alguna mala intención. Tiene que ser así. Y si has despertado, es imposible que hagas algo malo. Incluso aunque parezca ser malo, aunque la sociedad decida que es malo, es la sociedad la que se equivoca, porque de un corazón que ha despertado no puede surgir nada malo.

Un faquir fue invitado a una cena. El faquir estaba sentado cerca de un hombre y durante la cena le preguntó: «¿Para qué vives?»

«Soy farmacéutico», contestó el hombre.

«Sí», dijo el faquir, «eso es lo que haces para ganarte la vida, pero ¿para qué vives?»

Hubo un momento de duda y después el farmacéutico contestó: «Bueno, señor, en realidad no lo he pensado».

En Occidente, y especialmente para la mente moderna, ya sea en Oriente o en Occidente, el hecho de hacer se ha vuelto cada vez más importante. Y cuando hacer se vuelve cada vez más importante, pierdes todo el contacto con tu ser, pierdes todo el contacto con la fuente de la vida. Entonces sigues haciendo mil cosas; excepto lo más esencial. Lo más esencial es conocerte a ti mismo, y no puedes conocerte a ti mismo a menos que traslades tu conciencia del hacer al ser.

Cada vez que alguien te pregunta: «¿Quién eres?», tú contestas: «Soy médico o soy ingeniero o arquitecto o algo por el estilo». Estas respuestas son equivocadas. Eso es lo que estás haciendo; no es tu ser: Cuando te pregunto: «¿Quién eres?» No te estoy preguntando si eres un médico o un ingeniero. Eso es lo que haces. Eso no es tu ser. Eso es cómo te ganas la vida; esa no es tu vida.

¿Quién eres?

Si abandonas las ideas de ser médico, ingeniero, catedrático, de repente, te das cuenta de cierto vacío en tu interior… no sabes quién eres. Y ¿qué vida es esta en la que tú no eres consciente siquiera de quién eres?

Uno no hace más que evitar este vacío interior. No hace más que poner parches a su alrededor para no ver este vacío desde ninguna parte. Uno no hace más que apegarse a las acciones, y las acciones no son más que sueños; tanto las buenas como las malas. Las buenas acciones son buenos sueños; las malas acciones, pesadillas. Pero ambas son sueños; y en Oriente todo el esfuerzo ha sido este: conocer al soñador.

¿Quién es el soñador?

¿Quién es esta conciencia en la que los sueños vienen, fluyen y se van?

A través de la falsa ilusión, todo se falsea. La falsa ilusión no es causada por la objetividad; es el resultado de la subjetividad. No lo está causando el mundo; lo estás causando tú. Así que no le eches la culpa nunca al mundo. No digas, como tiende a decir la gente, que el mundo es ilusorio, que el mundo es maya. El mundo no es maya, el mundo no es ilusorio; es tu mente, tú propia subjetividad, la que no hace más que crear maya, ilusión, a tu alrededor.

Por ejemplo: estás caminando, has salido a dar un paseo por la mañana por la carretera y ves un diamante, un diamante maravilloso, brillando. Para ti es valioso; el valor se lo da tu mente; de lo contrario sería una piedra como otra cualquiera. Si les preguntas a otras piedras de la carretera, simplemente se reirán de ti. Quizá sea una piedra que brille, ¿pero qué más da?, una piedra es una piedra. Si no pasa ninguna persona por la carretera, no hay diamante. En cuanto pasa alguien por la carretera, la piedra se transforma en su mente y se convierte en diamante.

Es la mente la que confiere la «diamantidad» a la piedra; nunca ha estado allí. Cuando la humanidad desaparezca de esta tierra, las cosas seguirán allí, pero de forma totalmente diferente. La rosa será una flor tan normal como cualquier flor; no habrá diferencia. El Ganges no será un río sagrado; será un río tan normal como otro cualquiera. Y no habrá ninguna diferencia entre una iglesia y un templo; ambos serán iguales.

La diferencia la da la mente. Las categorías son creadas por la mente. La apreciación y la condena son de la mente: en cuanto la mente no está ahí, todo es en su realidad tal como es. No surge la evaluación.

Cuando uno mismo es falso, hace todo falso. Tú estás continuamente proyectándote a ti mismo; todo lo demás funciona como una pantalla.

La falsa ilusión no es causada por la objetividad; es el resultado de la subjetividad. Sujeta fuerte la argolla y no dudes ni un momento. Al principio, la disciplina tiene que ser dura: Sujeta fuerte la argolla y no dudes ni un momento. Al principio, el tra bajo va a ser duro, difícil, porque en cuanto te relajas un poco, la mente vuelve a sus viejos patrones. Trae de vuelta sus viejas miserias. Crea toda la estupidez una y otra vez. Al principio tienes que ser muy estricto.

La noche en que Buda alcanzó la iluminación, se sentó bajo el árbol y dijo: «Si no alcanzo la iluminación, no me levantaré más en mi vida de debajo de este árbol. ¡Se acabó!», dijo. «Ya está bien de hacer todo tipo de cosas para lograrla. Me voy a sentar aquí; este árbol se va a convertir en mi muerte». Una decisión total. En ese momento abandonó completamente la *decidofobia*; una decisión total. ¡Piensa solo en esto! Y esa misma noche, por la mañana, se iluminó.

Una vez oí una historia del un místico sufí, Baba Shaikh Farid:

Una vez un joven se acercó a Farid cuando este estaba bañándose en el Ganges y le preguntó cómo podría encontrar a Dios. Baba Shaikh Farid lo cogió, lo llevó al agua y cuando ya los cubría bastante, lo metió a la fuerza debajo del agua. Cuando el joven estaba a punto de ahogarse, el santo lo soltó.

—¿Por qué has hecho eso? —dijo tragando saliva.

—Cuando desees a Dios tanto como deseabas el aire cuando estabas debajo del agua, lo encontrarás —contestó Baba Shaikh Farid.

El deseo tiene que ser tan intenso que apuestes todo lo que tengas. La pasión de buscar tiene que ser tan total que ni una sola duda te permita vacilar. Su propia intensidad te traerá la verdad. ¡Puede ocurrir en un solo momento! Solo necesitas convertirte en un fuego interior completamente intenso.

La decisión debe ser total. Es difícil, por supuesto, pero todo el mundo tiene que pasar por esa dificultad alguna vez. Hay que pagar por la verdad, y no hay otra manera de pagar por ella; tienes que poner todo tu ser en el altar. Es el único sacrificio necesario.

Sujeta fuerte la argolla y no dudes ni un momento.

El comentario en prosa del sexto sutra:

La lucha ha terminado, se ha asimilado la ganancia y la pérdida. Canto la canción del leñador de la aldea y toco melodías infantiles. A horcajadas sobre el toro, contemplo las nubes que hay sobre mí. Sigo adelante, impasible a quien me pida que regrese.

Si la intensidad es total, la lucha ha terminado. Si estás realmente interesado en buscar al toro, no lo busques con desgana. O lo buscas o no lo buscas; porque la búsqueda templada no te va a ayudar; es una pérdida de energía absoluta. Si quieres buscar, entonces dedícate a ello en cuerpo y alma. Si no quieres buscar, olvídate del asunto. Entrégate al mundo completamente. Ya llegará cualquier día el momento adecuado para que empiece la búsqueda.

Si no estás preparado para entregarte totalmente a la búsqueda, para comprometerte con todo tu corazón, lo único que demuestra eso es que todavía no has terminado con el mundo. Todavía te atrae el mundo, los deseos todavía te obsesionan. Todavía te gustaría ser un hombre rico, un hombre poderoso, un presidente, o algo así. Todavía se oculta la avaricia en ti. Todavía no has llegado a ese momento de consciencia en el que uno se da cuenta de que el verdadero tesoro está en el interior, no en el exterior. Entonces, dirígete al mundo exterior. No estés a medias; esa es la situación más peligrosa.

Si eres medio religioso y medio mundano, perderás las dos cosas. No serás capaz de sobrellevar el mundo; tu religión se convertirá en una interferencia. Y no serás capaz de enfrentarte con la búsqueda interior; tus deseos mundanos te distraerán continuamente. ¡No hace falta! Si el mundo te sigue atrayendo, si todavía sientes que hay algo que tienes que lograr, entonces ve y frústrate completamente. Te frustrarás. Eso significa que te hace falta vagar y perderte un poco más. No tiene nada de malo; ¡rápido! Entrégate completamente, así terminarás antes. Así estarás maduro. Así toda tu energía se dirigirá al interior. Al quedar frustrado por el exterior, la energía se dirigirá espontáneamente al interior.

Pero la gente es muy lista. Quieren tener ambos mundos; quieren nadar y guardar la toalla. Están intentando ser astutos y esa astucia va a probar su estupidez. Esa astucia no es inteligencia, porque de mala gana no se consigue nada. Todo logro necesita intensidad, intensidad total.

La lucha puede terminar en un solo instante. La lucha ha terminado, se ha asimilado la ganancia y la pérdida. Y una vez que ha terminado la lucha, uno comprende que todo estaba bien. Se asimila tanto la ganancia como la pérdida. Perderse era también parte del crecimiento, e ir al mundo era también parte de la búsqueda de Dios. ¡Era necesario! De modo que cuando digo que te dirijas al mundo, no lo digo con sentido condenatorio. Solo digo que hace falta. ¡Termina con él! Todavía no estás maduro, y si intentas de mala gana llegar a tu fuente interior será una represión. Y la represión divide, te enferma.

Una vez oí la siguiente anécdota:

La tía de un niño invitó a este y a sus padres a cenar a su casa. Como era muy quisquillosa, los padres avisaron al niño de que se portara muy bien.

«Cuando estés en la mesa, no empieces a pedir ni a coger cosas», le dijeron. «Espera a que te pregunten».

Sin embargo, cuando estaban sirviendo la comida se olvidaron del niño. Él no dijo nada. Al final, tosió un poco. Nadie le hizo caso. Finalmente, durante una breve pausa en la charla, dijo alto y fuerte: «¿Hay alguien que quiera un plato vacío?»

Esa es la mente del hombre reprimido; siempre mirando, esperando; siempre anhelando, deseando. Y la mente encontrará una manera y otra para toser o para decir: ¿Hay alguien que quiera un plato vacío?

Cualquier deseo reprimido se manifestará por sí solo; encontrará una forma de manifestarse. No reprimas nunca un deseo. Entiéndelo, pero no lo reprimas. Sé consciente, pero no lo reprimas. Los deseos son grandes lecciones; si los eliminas, te perderás la lección. Vive en ellos. Vive conscientemente. Entiéndelos, por qué están ahí, qué son. Y cuando digo que los entiendas, ten en cuenta que solo es posible el entendimiento si no los condenas. Si empiezas por condenarlos, no los podrás entender. Sé neutral: no juzgues qué está bien y qué está mal. Simplemente observa.

Cuando surja la ira, no digas que está mal. De hecho, no digas siquiera que es ira, porque en la misma palabra *ira* ya hay una condena. Simplemente cierra tus ojos, di: *x*, *y*, *z*, cualquier cosa; que está surgiendo *x*. Solo tienes que observar la diferencia que hay entre decir que está surgiendo la ira o decir que está surgiendo *x*. Hay una diferencia inmediata. Cuando utilizas *x* no estás ni a favor ni en contra; no tienes prejuicios hacia x. Tienes prejuicios hacia la ira; siglos de condicionar esa ira son malos.

Simplemente mira, observa, contempla: la ira también es energía; que quizás no se mueva en la dirección adecuada, pero, aun así, es energía, una parte del toro. Mírala. Obsérvala. Y con solo mirarla y observarla verás que la energía se está transformando. La observación es alquímica. Cambia la energía, sus propiedades. Y pronto lo verás: la misma energía que iba a ser ira se ha transformado en compasión. La compasión está oculta en la ira como el árbol está oculto en la semilla; solo hace falta una visión profunda.

De modo que dirígete al mundo; termina con el mundo. No tengas miedo del mundo, porque si tienes miedo, intentarás escapar a medio madurar, y estar a medio madurar es el peor estado en el que puedes estar. Permite que el calor del mundo te madure. Estás tan frustrado, tan desilusionado, que ahora estás dispuesto a ir a algún viaje, a algún otro espacio.

Cuando te vuelves represivo, no solo reprimes esas cosas que han sido condenadas por la sociedad, también empiezas a reprimir todas aquellas cosas que son naturales y que no hay que reprimir.

Pero ocurre algo maravilloso. Por ejemplo: desaparecerá el sexo, pero eso no significa que desaparecerá el amor. Surgirá un tipo totalmente nuevo de energía en ti. El amor se reforzará, el amor se hará vigoroso. Y cuando tenga lugar el sexo, será parte del amor; ocurrirá en un contexto totalmente diferente. De modo que no es bueno llamarlo sexo.

Ahora mismo, cuando ocurre el amor, ocurre como parte del sexo. El sexo sigue siendo lo básico. El amor no es más que una sombra de este. Cuando el sexo desaparece, el amor desaparece. Cuando te interesas sexualmente por otra persona, desaparece el amor hacia la persona a la que estabas relacionado antes sexualmente.

Cuando la energía sexual se transforma, se dirige a reinos superiores, tú te conviertes en *urdhva-retus*, la energía no se dirige hacia abajo sino hacia arriba; o no se dirige hacia el interior sino hacia el exterior, que es lo mismo. Lo interior y lo ascendente son la misma dirección. No son dos dimensiones. Cuando la energía se dirige hacia arriba o hacia el interior, el sexo se convierte en una parte, una sombra del amor. Ya no es importante por sí mismo.

Pero si lo reprimes y no eres consciente, entonces reprimirás el sexo y también reprimirás el amor porque tendrás miedo: siempre que el amor llegue a tu mente, el sexo lo secundará; inmediatamente. De modo que también tendrás miedo del amor. La persona represiva tiene miedo de la propia energía.

Una vez oí que un hombre estaba enamorado de una mujer y le pidió a la mujer que se casara con él. Pero antes de aceptar, ella le preguntó: «Solo una cosa, Pedro. ¿Eres el tipo de hombre que espera que la mujer trabaje fuera de casa?»

Pedro dijo: «Mira, Silvia. Mi esposa no va a tener que trabajar nunca fuera de casa; a menos, por supuesto, que quiera comida y ropa y lujos así».

Ahora la comida y la ropa no son lujos; pero si tú los reprimes, entonces tienes miedo de todo. El miedo te atrapa. La persona reprimida es una persona atemorizada, que tiene miedo de todo.

Si le das dinero a Vinoba Bhave, no lo tocará. Tiene miedo de tocar el dinero. No solo eso, apartará la vista para no verlo, o cerrará los ojos. Esto es un poco excesivo. Es como si tuviera en la cabeza un avaro; el mismo tipo de mente.

El avaro no hace más que acumular dinero, y un día, frustrado, empieza a reprimir su deseo. Después elige justo el camino contrario, justo el polo opuesto. Después tiene miedo incluso de ver el dinero. Si el dinero no vale nada, ¿por qué el temor a mirarlo? Y si el dinero no tiene un profundo apego en ti, una profunda obsesión en ti, ¿por qué cerrar los ojos? No cierras los ojos a otras cosas. Si le preguntas a Vinoba, contesta: «El dinero es suciedad».

Uno de sus discípulos acudió una vez a mí y me dijo: «Le he preguntado a Vinoba y dice que el dinero es suciedad».

Yo le dije: «Pues, entonces, vete y dile: "¡Entonces, cierra los ojos cada vez que veas suciedad! Y no toques la tierra, no camines sobre la tierra; suspéndete en el aire. Porque si el dinero es suciedad, entonces la suciedad es dinero. Pero tú te comportas de forma muy distinta: ¡No tienes miedo de la suciedad, tienes miedo del dinero!"».

No. Yo no puedo creer que el dinero sea suciedad. El dinero no es más que dinero, la suciedad es suciedad. Cuando llamas al dinero suciedad, lo único que haces es demostrar alguna obsesión profunda. De lo contrario, ¿por qué va a ser suciedad el dinero? Es una herramienta útil. ¡Utilízala, pero que no te utilice ella a ti!; eso lo puedo entender. ¡Que no te utilice!

Así es como funciona en la vida una persona consciente. Pero cuando reprimes, pasas al polo opuesto. Un avaro permanece en su cabeza, se vuelve una gran, gran persona que ha renunciado al mundo. Recuerda: la represión es algo que no te va a ayudar.

La lucha ha terminado, se ha asimilado la ganancia y la pérdida. Canto la canción del leñador de la aldea y toco melodías infantiles.

¡Maravilloso! Uno se vuelve como un niño: simple, inocente, feliz con las pequeñas cosas.

Canto la canción del leñador de la aldea y toco melodías infantiles. A horcajadas sobre el toro, contemplo las nubes que hay sobre mí. Sigo adelante, impasible a quien me pida que regrese.

El viejo mundo me llama para que regrese. Los viejos deseos me llaman para que regrese. Los viejos patrones me llaman para que regrese. Pero ahora no importa; me estoy dirigiendo al verdadero tesoro. Así los engaños ya no me pueden atraer, y todo se ha vuelto bello; las nubes en el cielo y la canción del leñador.

El verdadero santo se vuelve como un niño pequeño; simple, casi como un idiota. San Francisco solía llamarse a sí mismo el loco de

Dios. Lao Tse dice: «Todo el mundo es inteligente excepto yo: Yo soy un idiota».

Uno se convierte en un niño pequeño; sin lógica; tremendamente vivo, pero sin complicaciones en la cabeza. La energía se convierte en un flujo; ya no hay bloques, nada está congelado, y se funden las fronteras. Uno ya no está separado del todo, sino que, sencillamente, le gustan los leñadores y su sencilla canción. La vida se convierte en una sencilla canción, y la vida se convierte en inocencia.

Una vez que sabes lo que es la vida, surge una tremenda belleza en tu ser. Todo se vuelve luminoso, iluminado por Dios. Cada piedra se convierte en una plegaria. Cada silencio se convierte en una canción. Uno siente que la bendición está derramándose constantemente sobre sí mismo.

A horcajadas sobre el toro, contemplo las nubes que hay sobre mí. Sigo adelante, impasible a quien me pida que regrese.

Ha sido suficiente por hoy.

7

Olvidar las palabras

No hay nada que lograr.

La vida no es un logro, es un don.

Ya te la han regalado… ¿A qué estás esperando?

La puerta está abierta y el anfitrión ya te ha invitado.

¡Adelante!

La primera pregunta:
Osho,

Durante algunos años he estado escribiendo un diario con mis ideas, pensamientos, sentimientos, espacios. Sin embargo, últimamente, abro el diario y lo único que hago es quedarme mirando a las páginas en blanco o hago dibujitos. Parece como si estuvieran ocurriendo muchas cosas y, al mismo tiempo, como si no estuviera ocurriendo nada. Las palabras no parecen surgirme como lo hacían antes...

Si en vez de palabras es el silencio el que empieza a llegar a ti, te deberías sentir feliz, te deberías sentir bendecido. Estos son los espacios, los intervalos. Así que no te preocupes porque antes te surgieran las palabras y ahora no te surjan. Está surgiendo algo mucho más valioso. Todavía no lo has reconocido. Te está llegando el espacio puro. Te está llegando el espacio vacío. Te está llegando la nada, y Dios solo surge de esta nada. La verdad solo se encuentra en esta nada.

Olvídate de las palabras.¡Espera! Mira la página en blanco; la página en blanco contiene mucho más de lo que cualquier página escrita haya contenido nunca.

Hay un libro sufí, *El Libro de los Libros*. Está completamente vacío. No hay nada escrito en él. Si lo compras, te parecerá que te han timado. Pero ese libro es realmente el libro de los libros. Si lo lees, leerás lo máximo en él. Es algo indicativo. No es más que una imagen: vacíate tanto como este libro.

Así que cuando la página en blanco esté frente a ti, ni siquiera dibujes, porque eso te mantendrá ocupado y te perderás la gran nada que se está acercando a ti. La mente tiene miedo, y con miedo, la mente empieza a hacer lo que sea para mantenerse ocupada.

Conviértelo en una meditación. Mantén el espacio en blanco delante de ti y observa, y vuélvete tan blanco como la página. Permite que dos «blanquedades» se encuentren, y en ese encuentro te perderás y algo del más allá penetrará en ti. Ya no volverás a ser el mismo, porque habrás probado algo que es inmortal. Habrás probado algo de lo informe, de lo desconocido, de lo inexpresable, de lo eternamente elusivo.

La mente no deja de producir palabras. Esas palabras te ocupan. Te llenan y no dejan espacio para que algo más entre en ti. Las palabras te bloquean. Entonces tu fluido no es espontáneo, no es natural. Entonces hay demasiadas rocas a tu alrededor. Las palabras existen como rocas a tu alrededor.

Si está ocurriendo esto, entonces ya está ocurriendo mucho: las rocas ya no están ahí y el ahora se está sintonizando con lo divino. Solo la nada puede sintonizar con lo divino. Así que, por favor, ni siquiera hagas dibujitos, porque eso es, de nuevo, un truco de la mente. La mente es incapaz de producir palabras; hará otra cosa; dibujará. Simplemente mira a la página en blanco. Incluso mejor que esto será sentarse frente a la pared y contemplar la pared vacía.

Eso es lo que estuvo haciendo Bodhidharma durante nueve años. Él se iluminó solo con mirar al muro. Ese fue su mantra y su meditación. Eso fue todo lo que hizo. No hacer nada. No hizo nada, simplemente se sentó frente al muro. ¡Imagínate! Si te sientas de cara a la pared durante nueve años, te volverás tan vacío como el muro. Poco a poco dejarán de llegar los pensamientos, no te perseguirán. Poco a poco encontrarán otro anfitrión. Tú eres demasiado indiferente hacia ellos.

La «blanquedad» es algo muy valioso, pero hemos sido entrenados para estar siempre llenos de palabras. Así que cuando esto empieza a ocurrir te da un poco de miedo. Empiezas a sentir como si nada estuviera ocurriendo. Sí, en un sentido totalmente diferente, nada está ocurriendo, porque la nada es el mayor suceso que hay. Utiliza esta gran oportunidad que te ha llegado. De eso se trata la meditación; de estar vacío.

Sin embargo, en Occidente —y para la mente moderna, esté donde esté, ya sea en Occidente o en Oriente— se ha condicionado una profunda asociación de que vacío es algo negativo. No solo eso, sino que hay una condenación también en el hecho de estar vacío. La gente piensa que estar vacío es convertirse en el taller del diablo. No es así. Estar lleno de palabras es ser el taller del diablo. Estar vacío supone convertirse en el taller de Dios, porque Dios solo puede trabajar cuando tú no estás.

Cuando estás tan ausente que no supones en modo alguno una interferencia, que no estás entre Dios y tú, que no eres ninguna molestia, que estás tan callado como si no estuvieras, inmediatamente, Dios empieza a trabajar en ti. En el momento en que tú dejas de trabajar, Dios empieza a trabajar.

Así que no tengas miedo. Ama este espacio vacío. No es negativo. Es lo más positivo del mundo, lo más absolutamente positivo de mundo; porque de esa nada surge todo, y en esa nada vuelve a desaparecer de nuevo todo. Todo este universo surge de la nada y vuelve a desaparecer de nuevo en la nada. La nada es la fuente y la semilla, el principio y el fin, el alfa y el omega.

Recuerda esto, cada vez que te acerques a la nada, siéntete feliz y danza y celébralo para que se haga cada vez más accesible a ti. Cuanto más la recibas, más vendrá a ti. Recíbela, siéntete dichoso; has sido bendecido.

La segunda pregunta:
Osho,

Tengo tendencia a quedarme dormido en casi todas las charlas. Cuando me ocurre esto, me despierto con un sobresalto, o una especie de sobresalto que me recorre todo el cuerpo. ¿Es este el látigo?

¡Todavía no! Solo es la sombra del látigo. Pero ya es algo: la sombra del látigo. Si eres un hombre de entendimiento, no hará falta el látigo, bastará con su sombra. Si no eres un hombre de entendimiento, más tarde o más temprano hará falta el látigo.

Buda dijo que hay un tipo de hombre para el que basta la sombra del látigo. Como a los caballos muy, muy inteligentes: les basta con la sombra del látigo. Después hay otro tipo: les hace falta ver el látigo, no basta con la sombra; la mente mediocre. Hay un tercer tipo, inferior, para el que ni siquiera bastará la visión del látigo; a menos que utilices el látigo… Y hay todavía un cuarto tipo, el más bajo; no hay ninguno inferior a este. Con este ni siquiera sirve golpearlo con el látigo, darle latigazos. Estos cuatro grupos son cuatro etapas del sueño.

Es natural que te duermas mientras me escuchas. Es un recurso de la mente para evitarme. Aquí está ocurriendo algo que va a destruir tu mente. Todo el esfuerzo consiste en cómo destruir tu mente para que puedas ser nuevo otra vez, para que puedas renacer; cómo ayudarte a morir para que sea posible la resurrección. Solo de tu muerte, brillará la vida, llegará la vida a ti.

¡La mente lo siente! Es peligroso escucharme. La mente crea todo tipo de excusas para estar ausente. A veces está pensando, escuchando solo en la periferia. A veces está discutiendo; si lo que digo es verdad o no, si vale para ti o no. En ese caso también uno está perdiendo el tiempo. O si te quedas lo suficiente conmigo, también puede ocurrir que termine la argumentación; que poco a poco la mente se empiece a dormir. Ese es el último truco; ¡entonces no hay necesidad de escuchar!

Pero hay una cosa positiva: que te has dado cuenta de que te duermes. Hay muchas personas que se duermen y no lo saben. Y el sobresalto que tienes es algo bueno. ¡Utilízalo! Si lo utilizas, poco a poco desaparecerá el sueño. El sueño es un truco para crear una barrera entre tú y yo. Si no funciona la lógica, funcionará el sueño.

Y diga lo que diga, en cierto modo, es la misma verdad una y otra vez. Así que la mente te puede decir: «¿Para qué escuchar?». Puedes descansar un poco. La mente puede decir: «Estas cosas ya se han dicho muchas veces antes». Pero yo repito estas cosas una y otra vez, porque tú todavía no las has escuchado.

Alguien le preguntó a Buda: «Por qué no haces más que repetir siempre las mismas cosas?»
Él contestó: «¡Por vosotros!»

Si me escucharas, no haría falta que repitiera, pero tú no me escuchas, aunque lo repita mil veces.

La mente puede crear la idea de que puedes dormir, puedes descansar. La mente puede decirte incluso que es algo muy meditativo, que te duermes y todo se vuelve silencioso. No tiene nada de malo dormir, pero hay un tiempo para dormir. Si te estás durmiendo aquí, entonces hay una cosa cierta; cuando duermes, no duermes.

Hay un tiempo para dormir y hay un tiempo para estar despierto. Y hay un tiempo para trabajar y hay un tiempo para ser vago y no trabajar. Tu vida debería seguir un orden, un orden interior. Duerme por la noche lo más profundamente que puedas para que por la mañana puedas estar lo más despierto posible. Si has dormido bien durante la noche, estarás despierto por la mañana. Si no has dormido bien, estarás medio dormido. Estar medio dormido por la mañana es malo, ya que lo único que demuestra es que tu energía no está funcionando correctamente, que tu energía no está funcionando de forma saludable.

Piensa de nuevo cómo son tus noches y cómo duermes por la noche; debes de tener sueños que te impidan dormir. Tienes que tener algún tipo de molestia que haga que por la mañana no estés fresco; que por la mañana te sientas cansado. O bien no duermes totalmente por la noche, o bien duermes demasiado. Eso también es peligroso. Seis, siete horas de sueño son suficientes. Cuando duermes más de eso, el sueño no compensa, al contrario, te empieza a hacer perezoso.

La función del sueño es hacerte estar alerta, vigoroso, vivo. Pero si duermes más de lo necesario, es como si comieras demasiado; entonces la comida se convierte en veneno. Hay una determinada cantidad necesaria para el cuerpo, por encima de esa cantidad se convierte en una carga para el cuerpo. Es destructivo, no da vida. Hay una cantidad de sueño necesaria. Por encima de esa cantidad, te sientes perezoso y la rueda se mueve en la dirección equivocada.

Cada uno debe descubrir la cantidad adecuada de sueño y de comida que necesita. Esto es algo básico para cualquier buscador, porque hay muchas cosas que van a depender de esto. Así pues, o bien no estás durmiendo mucho o estás durmiendo demasiado. Por tanto, por la mañana te sientes perezoso o medio dormido. Y mientras me escuchas, mantente alerta, mantente todo lo consciente que puedas; porque en esa consciencia, aunque pierdas lo que estoy diciendo, no habrás perdido nada, porque al menos habrás practicado la consciencia. Y, básicamente, la consciencia es el fin.

Y esto es solo una decisión: si quieres estar consciente, alerta, puedes estarlo. Solo tienes que decirle al cuerpo y a la mente, definitivamente: «Quiero estar consciente y alerta».

Empieza a ser el amo de tu propio yo. Dale descanso al cuerpo, pero no te conviertas en un esclavo. Escucha las necesidades del cuerpo, pero permanece capaz, permanece en control, permanece siendo el maestro. De lo contrario el cuerpo está aletargado, y la mente es algo mecánico, repetitivo. Entonces se puede convertir en un hábito diario. Tú vienes a escucharme, te sientas, y el cuerpo y la mente empiezan a dirigirse al sueño.¡Rompe el círculo! Sal fuera de él.

La tercera pregunta:
Osho,

Para mí la meditación más bella consiste en sentarme en un rincón y contemplar a los niños jugar en el ashram. Pero tengo un problema: ¿es eso meditación?

Contemplar es meditación. Da igual lo que contemples. Puedes contemplar los árboles, puedes contemplar el río, puedes contemplar las nubes, puedes contemplar a los niños jugando. Contemplar es meditación. Lo importante no es lo que contemples; el objeto no es lo importante. La cualidad de la observación, la cualidad de estar consciente y alerta; eso es lo que es la meditación.

¡Así que es perfecto! Los niños son maravillosos; energía pura danzando alrededor, energía pura corriendo alrededor. Deléitate en ella y contémplala. No sé por qué estás preocupado. La mente no hace más que crear problemas. Hagas lo que hagas, la mente sigue creando problemas.

Ahora la mente dice: «¿Es eso meditación?»

Recuerda una cosa: la meditación significa consciencia. Cualquier cosa que hagas con consciencia es meditación. Lo importante no es la acción sino el carácter que le des a tu acción. Caminar puede ser meditación si caminas de manera alerta. Sentarse puede ser meditación si te sientas de manera alerta. Escuchar a los pájaros puede ser meditación si escuchas con consciencia. El mero hecho de escuchar el sonido interior de tu mente puede ser meditación si permaneces alerta y vigilante. Lo importante es que: uno no debe vivir medio dormido. Entonces, cualquier cosa que hagas será meditación, ¡y no te preocupes por ello!

La mente está creando constantemente algún tipo de ansiedad. Muchas veces hay personas que acuden a mí y me dicen que se sienten muy bien, muy estimuladas; pero que no saben si esto es real. En ese caso la mente está creando un nuevo problema: ¿Es real? Confías demasiado en la infelicidad. El dolor de cabeza es necesariamente real, pero cuando te sientes estimulado y extremadamente dichoso, la mente empieza a crear una ansiedad sutil, ¿es esto real? A lo mejor estás en un engaño, una alucinación, la imaginación. A lo mejor estás soñando. O, si no puedes encontrar nada más, entonces debe ser que Osho te ha hipnotizado. Debes estar bajo los efectos de una hipnosis.

No te puedes creer que puedas ser dichoso, que puedas ser feliz. A causa de esta tendencia de la mente, la mente se apega a la infelicidad.

La mente está siempre buscando y rebuscando el infierno, porque solo puede existir en la infelicidad; en la dicha desaparece. Solo vibra en la infelicidad; su negocio va bien solo en la infelicidad. Cuando estás feliz, no la necesitas; cuando estás dichoso, ¿quién necesita a la mente? Tú ya la has trascendido. La mente se siente rechazada, abandonada, te empieza a dar la lata. Te dice: «¿Dónde vas? ¿Estás hipnotizado? ¿Qué ilusiones estás viendo? ¡No son más que sueños!»

A causa de esta tendencia, millones de personas llegaron a un punto meditativo en algún momento de su vida, pero no encontraron la puerta. La puerta aparece, pero ellos no pueden creer en ella.

La meditación es un fenómeno tan natural como el amor. ¡Le ocurre a todo el mundo! Es parte de tu ser, pero tú no te lo puedes creer. Aunque ocurra, tiendes en cierto modo a pasarlo por alto. O incluso, si sientes que algo está ocurriendo, no puedes decir a otros que algo está ocurriendo porque tienes miedo de que los demás piensen que te has vuelto loco. Tu propia mente no hace más que decir que no es posible; que es demasiado bueno para ser verdad. Así que te olvidas de ello.

Recuerda de nuevo: en tu infancia, o más tarde, cuando eras joven, debe haber habido algunos momentos. Es imposible que esos momentos no estuvieran allí; han estado allí en la vida de todo el mundo. Solo intenta hacer memoria de nuevo y recordarás que ha habido momentos en los que algo se estaba abriendo, pero tú lo cerraste por miedo.

Alguna vez, sentado en una noche silenciosa, contemplando las estrellas; iba a ocurrir algo y tú te encogiste; aprensivo, atemorizado, empezaste a hacer otra cosa. Era demasiado bueno para ser verdad. Perdiste una oportunidad. A veces, en profundo amor, simplemente sentado al lado de tu amada, empezó a ocurrir algo; tú te estabas dirigiendo a una dirección desconocida. Te dio miedo, te devolviste a ti mismo a la tierra.

A veces, sin ninguna razón, simplemente estabas nadando en el río, o corriendo bajo el ardiente sol, o relajándote en la playa y escuchando el rugido salvaje del océano, y algo empezó a ocurrir en tu interior, un cambio alquímico interior, como si tu cuerpo estuviera creando LSD. Algo dentro... y te estabas dirigiendo a una dimensión totalmente desconocida; como si tuvieras alas y pudieras volar. Tuviste miedo, empezaste a apegarte a la tierra.

Es algo que ocurre muchas veces cuando la gente viene a ser iniciada en sannyas. A veces veo gente muy perceptiva, muy receptiva, y toco sus cabezas, inmediatamente sienten miedo. Hace tan solo unos días la hija de Ashok Kumar, un actor de cine muy famoso, recibió sannyas. En cuanto le toqué la cabeza, empezó a llorar: «¡Para, Osho! ¡Para! ¡Para!» Y todo su cuerpo estaba temblando. Se empezó a apegar a la tierra. Había una puerta cerquísima. Podía haber ocurrido algo muy valioso, pero a ella le dio miedo.

Muchas veces en la vida de la persona llegan momentos así; pero esos momentos no son agresivos, no te pueden forzar a hacer nada contra tu voluntad. Si estás preparado, puedes pasar, dirigirte hacia ellos, deslizarte en ellos, flotar en ellos, al más lejano confín de la existencia. Si tienes miedo, te apegas a tu orilla, y pierdes la barca. La barca no te puede esperar.

Así pues, que no te moleste la mente. Contemplar a los niños jugar a tu alrededor es una maravillosa meditación; porque contemplar es meditación. Pero recuerda, no pienses en ello. Cuando los niños estén danzando, corriendo alrededor, jugando, chillando, saltando, marchando, no empieces a pensar; simplemente contempla. Contempla sin ningún pensamiento. Sé consciente, pero no pienses. Permanece alerta; solo viendo, una pura visión, una claridad, pero no empieces a pensar sobre ello; de lo contrario, ya te habrás dirigido a otro lado. Puede que cuando contemples a los niños te acuerdes de tus propios hijos que están en tu país. Entonces ya has perdido la oportunidad, ya no estás contemplando a estos niños. Hay algunos recuerdos flotando en tu mente. Empieza a correr la película; entonces estás soñando despierto. ¡Simplemente contempla!

La cuarta pregunta:
Osho,

La búsqueda última es individual, pero ¿puedes explicar el papel integral del amado en el tantra y la búsqueda de nuestro yo interior?

Hay que entender una cosa muy intrincada y compleja: cuando no estás enamorado, estás aislado. Cuando estás enamorado, verdaderamente enamorado, te vuelves solitario.

El aislamiento es tristeza; la soledad no es tristeza. El aislamiento es un sentimiento de estar incompleto. Necesitas a alguien y la persona a la que necesitas no está disponible. El aislamiento es oscuridad, sin luz en ella. Una casa oscura, esperando y esperando a que llegue alguien y encienda la lámpara.

La soledad no es aislamiento. La soledad significa la sensación de que estás completo. No hace falta nadie, tú eres suficiente. Y eso ocurre en el amor. Los amantes se vuelven solitarios; a través del amor tocas tu totalidad interior. El amor te hace completo. Los amantes se comparten, pero esa no es su necesidad, es su energía rebosante.

Dos personas que se han estado sintiendo aisladas pueden hacer un contrato, pueden unirse. Recuerda, no son amantes. Permanecen aisladas. Ahora, por la presencia del otro, no sienten el aislamiento; eso es todo. Sin embargo, se engañan a sí mismos. Su amor no es nada más que un ardid para engañarse a sí mismos: No estoy aislado; hay alguien más aquí. Como son dos personas aisladas las que se encuentran, su aislamiento básicamente se dobla o incluso se multiplica. Eso es lo que ocurre normalmente.

Te sientes aislado cuando estás solo, y cuando estás en una relación te sientes infeliz. Esta es una observación diaria. Cuando las personas están aisladas, se sienten aisladas, y están en una profunda búsqueda de alguien con el que relacionarse. Cuando se relacionan con alguien, comienza su infelicidad; entonces sienten que era mejor estar aislado; esto es demasiado. ¿Qué ocurre?

Dos personas aisladas se encuentran; eso significa que dos personas sombrías, tristes, afligidas se encuentran. La infelicidad se multiplica. ¿Cómo pueden dos fealdades convertirse en belleza? No es posible. Se explotan la una a la otra, intentan en cierta manera engañarse a sí mismas a través de la otra. Pero ese engaño no llega muy lejos. Para cuando termina la luna de miel, también ha terminado el matrimonio. El algo muy temporal. Solo una ilusión.

El verdadero amor no es una búsqueda para ir contra el aislamiento. El verdadero amor consiste en transformar el aislamiento en soledad. Ayudar al otro; si amas a la otra persona, le ayudarás a estar solo. No la llenarás. No tratarás de completar al otro en cierta manera con tu presencia. Ayudarás a que la otra persona esté sola, a que esté tan llena de su propio ser que tú no seas necesario.

Cuando la persona es totalmente libre, como fruto de esa libertad puede compartir. Entonces la persona da mucho, pero no como una necesidad; da mucho, pero no como una transacción. Da mucho, porque tiene mucho. Da, porque disfruta dando.

Los amantes están solos, y el verdadero amante nunca destruye tu soledad. Él siempre será completamente respetuoso a la soledad de la otra persona. Es sagrada. No interferirá en ella, no estropeará ese espacio.

Pero normalmente, los amantes, los llamados amantes, tienen mucho miedo de la otra persona, de la soledad y de la independencia de la otra persona; tienen mucho miedo porque piensan que si el otro es independiente, ellos no serán necesarios, serán abandonados. Así que la mujer no hace más que intentar... que el hombre siga siendo dependiente, que esté siempre necesitado, para que ella pueda seguir siendo valiosa. Y el marido no hace más que intentar todo para que la mujer siga estando necesitada, así él sigue siendo valioso. Es un negocio y hay un conflicto y una lucha constantes. La lucha consiste en que todo el mundo necesita su libertad.

El amor permite la libertad; no solo la permite, sino que refuerza la libertad. Y cualquier cosa que destruya la libertad no es amor. Debe ser otra cosa. El amor y la libertad van juntos, son dos alas del mismo pájaro. Siempre que veas que tu amor está yendo contra tu libertad, quiere decir que estás haciendo algo más en el nombre del amor.

Permite que este sea tu criterio a seguir: la libertad es el criterio; el amor te da libertad, te hace libre, te libera. Y una vez que eres completamente tú mismo, te sientes agradecido a la persona que te ha ayudado. El agradecimiento es casi religioso. Sientes algo divino en la otra persona. Él o ella te ha hecho libre, y el amor no se ha convertido en deseo posesión.

Cuando el amor se deteriora, se convierte en deseo de posesión, celos, lucha por el poder, política, dominación, manipulación; mil cosas horribles. Cuando el amor se eleva muy alto, al más puro cielo, es libertad, libertad total. Es *moksha*; es absoluta libertad.

Ahora, la pregunta:

«La búsqueda última es individual, pero ¿puedes explicar el papel integral del amado en el tantra y en la búsqueda de nuestro yo interior?»

Tantra es el más puro amor. Tantra es la metodología para purificar el amor de todos sus venenos. Si estás enamorado, el amor del que te estoy hablando, tu verdadero amor, ayudará al otro a ser integrado. Tu propio amor se convertirá en una fuerza cimentadora para la otra persona. En tu amor vendrá la otra persona, porque tu amor dará libertad, y bajo la sombra de tu amor, bajo la protección de tu amor, la otra persona empezará a crecer.

Todo crecimiento necesita amor; pero amor incondicional. Si el amor tiene condiciones, entonces el crecimiento no puede ser total porque esas condiciones surgirán en el camino. Ama incondicionalmente. No pidas nada a cambio. Hay muchas cosas que vienen por sí solas; eso es otra cosa. No seas un mendigo. Sé un emperador en el amor. Simplemente dalo y observa lo que ocurre... volverá multiplicado por mil. Pero uno tiene que aprender a hacerlo. De lo contrario uno permanece avaro, da muy poco y espera que le devuelvan mucho, en tu espera, en tu expectación, destruyes toda su belleza.

Cuando estás esperando y a la expectativa, la otra persona siente que la estás manipulando. Puede que lo diga o que no, pero siente que tú la estás manipulando. Y cuando uno se siente manipulado, se quiere rebelar contra esa manipulación, porque va contra la necesidad interior del alma, porque cualquier exigencia del exterior te desintegra. Cualquier exigencia del exterior te divide. Cualquier exigencia del exterior es un crimen contra ti, porque tu libertad es contaminada. Entonces tú ya no eres sagrado. Tú ya no eres el fin; estás siendo utilizado como un medio. Y el acto más inmoral en el mundo consiste en utilizar a alguien como un medio.

Cada ser es un fin en sí mismo. El amor te trata como un fin en ti mismo. No te debe empujar a ninguna expectativa. El tantra es la mayor forma de amor. El tantra es la ciencia, el yoga del amor.

De modo que hay que recordar algunas cosas. *Ama, pero no como una necesidad, sino como un compartir. Ama, pero no esperes, da. Ama, pero recuerda que tu amor no se debe convertir en un encarcelamiento para la otra persona.*

Ama, pero sé muy cuidadoso; estás caminando sobre un terreno sagrado. Te estás dirigiendo al templo más alto, más puro y más sagrado. ¡Estate alerta! Abandona todas las impurezas fuera del templo. Cuando ames a una persona, ámala tanto como si fuera Dios, no menos. Nunca ames a una mujer como a una mujer ni a un hombre como a un hombre, porque si amas a un hombre como a un hombre tu amor será muy, muy normal. Tu amor no va a ser más que lujuria. Si amas a una mujer como una mujer, tu amor no se va a elevar muy alto. Ama a una mujer como a una diosa, entonces el amor se convertirá en adoración.

En el tantra, el hombre que va a hacer el amor a la mujer tiene que adorarla durante meses como a una diosa. Tiene que visualizar en la mujer a la diosa-madre. Cuando la visualización ha sido total, cuando no surge nada de lujuria, cuando al ver frente a él a la mujer sentada desnuda solo se siente excitado con una energía divina, y todos los pensamientos se paran y solo siente reverencia; entonces es cuando se le permite hacer el amor.

Parece un poco absurdo y paradójico. Cuando no hay necesidad de hacer el amor, se le permite hacer el amor. Cuando la mujer se ha convertido en una diosa, se le permite hacer el amor; porque ahora el amor puede elevarse a las alturas, el amor se puede convertir en un clímax, en un crescendo. Ahora no será de la tierra, no será de este mundo; no será de dos cuerpos, será de dos seres. Será un encuentro de dos existencias. Dos almas se encontrarán, se fundirán y se mezclarán, y ambas saldrán de ahí inmensamente solitarias.

La soledad significa pureza. La soledad significa que tú eres solo tú y nadie más. La soledad significa que tú eres oro puro; solo oro y nada más... solo tú. El amor te hace solitario. Desaparecerá el aislamiento pero surgirá la soledad.

El aislamiento es un estado en el que estás enfermo contigo mismo, aburrido contigo mismo, cansado de ti mismo, y quieres ir a alguna parte y olvidarte a ti mismo en otra persona. La soledad es cuando solo te excita tu ser. Tú eres dichoso por el mero hecho de ser tú mismo. No necesitas ir a ninguna parte. Ha desaparecido la necesidad. Eres suficiente en ti mismo. Pero ahora surge una nueva cosa en tu ser. Tienes tanto que no puedes contener. Tienes que compartir, tienes que dar. Y te sentirás agradecido hacia todo el que acepte tu regalo por el mero hecho de que lo haya aceptado. Lo podía haber rechazado.

Los amantes se sienten agradecidos de que su amor haya sido aceptado. Se sienten agradecidos porque estaban tan llenos de energía que necesitaban a alguien en quien derramar esa energía. Cuando florece una flor y libera su fragancia a los vientos, se siente agradecida a los vientos; la fragancia estaba aumentando cada vez más. Se estaba casi convirtiendo en una carga. Era igual que una mujer embarazada que después de nueve meses todavía no ha dado a luz, el niño se está retrasando. Ahora está muy cargada; quiere compartir el niño con el mundo. Ese es el significado del nacimiento.

Hasta ahora ha estado llevando al niño en su interior. No era de nadie más que de ella. Pero ahora es demasiado; ya no lo puede contener. Tiene que ser compartido; tiene que compartir el niño con el mundo. La madre tiene que abandonar su avaricia. Una vez que el niño sale del vientre, ya no es solo de la madre, poco a poco se irá lejos, y más lejos. Se convertirá en parte del gran mundo. Lo mismo ocurre cuando llega una nube cargada de agua de lluvia dispuesta a llover, y cuando descarga, cuando llueve, la nube se siente aligerada, feliz y agradecida a la sedienta tierra porque esta la ha aceptado.

Hay dos tipos de amor. Uno, el amor que se produce cuando te sientes aislado; acudes a la otra persona por necesidad. Otro, el amor que se produce cuando no te sientes aislado, sino solitario. En el primer caso vas para obtener algo; en el segundo caso vas para dar algo. Un dador es un emperador.

Recuerda, el tantra no es amor ordinario. No tiene nada que ver con la lujuria. Es la mayor transformación de lujuria en amor. La última búsqueda es individual; pero el amor te hace individual. Si no te hace individual, si te intenta convertir en un esclavo, entonces no es amor; es odio que finge ser amor. Al fingir ser amor, es odio escondido arreglándoselas más o menos; arreglándoselas y fingiendo que es amor.

El amor de este tipo mata, destruye la individualidad. Hace que seas menos individuo. Te empuja hacia abajo. No te realza, no te vuelves grácil. Te están hundiendo en el barro. Y todo el mundo empieza a sentir que se está asentando en algo sucio. El amor te debería dar libertad, no debería conformarse nunca con menos. El amor te debería hacer como una nube blanca, completamente libre, un vagabundo en el cielo de la libertad, sin raíces en ningún lugar. El amor no es un apego; la lujuria lo es.

La meditación y el amor son las dos maneras de llegar a esa individualidad de la que te estoy hablando. Las dos están profundamente relacionadas. De hecho, son dos aspectos de la misma moneda: amor y meditación.

Si meditas, más tarde o más temprano llegarás al amor. Si meditas profundamente, más tarde o más temprano empezarás a sentir que en ti surge un tremendo amor que nunca antes habías conocido; una nueva calidad de tu ser, una nueva puerta. Te has convertido en una nueva llama y quieres compartirla.

Si amas profundamente, poco a poco te darás cuenta de que tu amor se está haciendo cada vez más meditativo. Una especie de silencio sutil está entrando en ti. Los pensamientos están desapareciendo, están apareciendo los espacios; los silencios. Estás rozando tu propia profundidad.

Cuando es correcto, el amor te hace meditativo.
Cuando es correcta, la meditación te hace amoroso.

Y en el mundo básicamente hay solo dos tipos de personas: aquellas que encontrarán su meditación a través del amor, y aquellas que encontrarán su amor a través de la meditación.

Para aquellas que encontrarán la meditación a través del amor está el tantra; esa es su ciencia. Para aquellas que encontrarán el amor a través de la meditación está el yoga; esa es su ciencia.

El tantra y el yoga: son las únicas dos maneras; básicamente, de forma fundamental. Pero ambas pueden corromperse si no las entiendes bien. Y el criterio es —atento— si meditas y no se convierte en amor, debes saber que te has equivocado en algún lugar. Y de cada cien, te encontrarás con noventa y nueve yoguis que se han equivocado. Cuanto más profundizan en la meditación, más están en contra del amor. De hecho, se vuelven temerosos del amor. Empiezan a pensar que el amor es una distracción. Entonces su meditación no es una meditación real. La meditación de la que no surge amor no es meditación en absoluto. Es un escape, no un crecimiento. Es como si a una semilla le hubiera dado miedo de convertirse en una planta y de florecer, y le hubiera dado miedo de liberar su fragancia a los vientos; como si la semilla se hubiera convertido en una avara.

Encontrarás este tipo de yogui en toda India. Su meditación no ha llegado a florecer. Su meditación se congeló en algún lugar en el camino. Están estancados. No encontrarás gracia en sus rostros ni inteligencia en sus ojos. Verás a su alrededor una especie de atmósfera de aburrimiento y estupidez. No los encontrarás alerta, conscientes, vivos. Están como medio muertos... porque, si estás vivo, te tienes que hacer amoroso. Para evitar el amor, evitan la vida.

Y estas personas siempre estarán escapando a los Himalayas, a cualquier parte donde puedan estar sin los demás. Su soledad no será soledad sino aislamiento; lo puedes leer en sus rostros.

No son felices estando solos. En sus rostros puedes ver una especie de martirio —lo cual es una tontería—, como si se estuvieran sacrificando. Allí encontrarás ego, no humildad, porque siempre que hay humildad, hay amor. Si el ego se hace muy fuerte, entonces puede destruir por completo el amor. El ego es lo contrario de amor.

El yoga está en manos de personas equivocadas. Y lo mismo ha ocurrido con el tantra. En el nombre del tantra, la gente simplemente ha empezado a satisfacer su lujuria, sexo y perversiones. No se han hecho meditativos. Se ha convertido en una sutil racionalización de la lujuria, el sexo y la pasión. Se ha convertido en un truco; te puedes esconder tras él. El tantra se convirtió en una manta tras la que ocultar toda clase de perversiones.

De modo que recuerda esto. El hombre es muy astuto. Ha destruido el yoga, ha destruido el tantra. ¡Permanece alerta! Ambos son buenos, ambos son muy beneficiosos, pero el criterio a recordar es que si estás practicando uno de ellos correctamente el otro le seguirá como una sombra. Si el otro no le está siguiendo, quiere decir que en alguna parte te estás equivocando.

Retrocede, empieza de nuevo. Dirígete a tu mente, analiza tu mente. En alguna parte te has engañado. Y no es difícil; porque puedes engañar a otros, pero no te puedes engañar a ti mismo. Es imposible. Solo con dirigirte al interior y mirar sabrás dónde te has estado engañando. Nadie se puede engañar a sí mismo; es imposible. ¿Cómo te vas a engañar a ti mismo?

La quinta pregunta:
Osho,
   ¿Hasta qué punto puedo confiar en la «voz interior»?

Para empezar: la voz interior no es una voz, es silencio. No dice nada. Muestra algo pero no dice nada. Señala hacia algo, pero no dice nada. La voz interior no es una voz. Si todavía estás oyendo una voz, no es interior. «Voz interior» es una expresión inapropiada, no es la palabra adecuada. Solo el silencio es interior. Todas las voces provienen del exterior.

Por ejemplo: vas a robar algo y dices que la «voz interior» te dice: ¡No robes! ¡Es un pecado! Esa no es la voz interior; no es más que tu condicionamiento; simplemente te han enseñado a no robar. Es la sociedad la que está hablando a través de ti. Parece que proviene del interior, pero no es así. Si hubieras sido educado de cualquier otra manera y no te hubieran enseñado que robar es malo, o te hubieran enseñado que robar estaba bien, entonces esa voz interior no habría estado allí; y tú lo sabes.

Si te has criado en una familia vegetariana, cuando ves comida no vegetariana, hay una voz interior que te dice: «¡No comas eso! ¡Es un pecado!» Pero si te hubieras criado en una familia no vegetariana, entonces no habría problema. Simplemente, no podrías entender cómo las voces interiores dicen a otras personas: «¡No lo comas!» Depende de lo que te hayan enseñado.

Esto no es una voz interior, no es más que conciencia social. La sociedad tiene que crear un orden interior en ti porque el orden exterior no es suficiente. Está la Policía, pero no es suficiente; se puede engañar a la Policía. Están los juzgados, pero no es suficiente, porque tú puedes ser más listo que los juzgados. El orden exterior no es suficiente; hace falta cierto tipo de orden interior.

Así que la sociedad te enseña que robar es malo; esto es bueno, eso es malo: No hace más que enseñarte, no hace más que repetírtelo continuamente; entra en tu ser, forma parte de tu mundo interior: Así que cuando robas, de repente, alguien en tu interior dice: ¡No! Y piensas que ha hablado la voz interior o Dios. No, nada de eso. Es solo la sociedad la que te está hablando.

Entonces, ¿qué es la voz interior? Tú vas a robar y, de repente, te vuelves silencioso y *no puedes* robar. De repente, estás congelado. Surge un espacio. Tu energía se para. No es que alguien diga: «¡No robes!» No hay ninguna voz; solo un silencio interior. Estás paralizado por el silencio interior.

Una vez ocurrió lo siguiente:

Un gran monje budista, un místico, Nagarjuna, estaba pasando por un pueblo. El emperador del país era un seguidor de Nagarjuna y le había regalado un cuenco de oro con diamantes incrustados para pedir limosna. Era un objeto muy caro y Nagarjuna era un faquir desnudo. Cuando estaba pasando por el pueblo, un ladrón lo vio y no se lo podía creer: ¡Un hombre desnudo y con algo tan valioso! De modo que lo siguió.

Nagarjuna estaba alojándose fuera de la ciudad, en un monasterio en ruinas. No tenía ni siquiera puertas, así que el ladrón se puso muy contento. Pensó: Ahora descansará o, al menos, por la noche descansará, se irá a dormir. Se lo podré quitar sin problemas. Así que se quedó escondido detrás de un muro.

Nagarjuna miró hacia fuera y dijo: «Más vale que entres y cojas el cuenco para que pueda dormir tranquilo. De cualquier modo, lo vas a coger, así que, ¿por qué no dártelo ya? Creo que es mejor que te lo dé. No me gustaría que fueras un ladrón por mi culpa; ¡te lo regalo!»

El hombre entró, pero no se lo podía creer. A su pesar, tocó los pies de Nagarjuna. Nagarjuna le dijo: «Ahora ya te puedes ir porque ya no tengo nada. Quédate tranquilo y déjame tranquilo».

Sin embargo, el ladrón añadió: «Solo una cosa: también me gustaría sentir el mismo desapego que tú sientes hacia las cosas. Me has hecho sentir muy pobre. ¿Hay alguna manera de que yo alcance algún día también esa cima de conciencia?»

Nagarjuna respondió: «Sí, hay una manera».

El ladrón dijo: «Pero primero déjame que diga una cosa; no me digas que deje de robar. Porque cada vez que acudo a alguien —y acudo a místicos y a santos, y soy un ladrón famoso por aquí— lo primero que me dice es: "Antes de nada, deja de robar", y eso es algo que no puedo hacer. Lo he intentado pero no puedo, así que, por favor, no me pongas esa condición. Haré cualquier otra cosa que me pidas».

Nagarjuna replicó: «No es posible que te hayas encontrado a místicos o a santos. Te debes haber encontrado a exladrones; de lo contrario, ¿qué más les da que seas un ladrón? ¡Sé un ladrón! Eso es asunto tuyo, a mí me da igual. Solo me gustaría decirte una cosa: Ve, haz lo que sientas, pero sé consciente, estate alerta. No hagas nada inconscientemente, mecánicamente, como un robot».

El ladrón dijo: «Eso está muy bien. Lo intentaré».

Nagarjuna repuso: «Esperaré quince días en el monasterio; puedes venir e informarme».

Al décimo día el ladrón fue corriendo, sudando, y le dijo: «¡Eres un tío muy listo! Llevo intentándolo diez días seguidos. Cada vez que voy —es como un milagro: nunca en mi vida he tenido tan poco éxito— y entro en las casas, abro sus tesoros, y entonces me acuerdo de ti y contemplo y, cuando soy consciente, me vuelvo tan silencioso que no me puedo mover. ¡No puedo mover las manos! Cuando soy inconsciente muevo las manos, pero como te lo prometí, me vuelvo de nuevo consciente; no puedo coger nada. Tengo que dejarlo. ¡Llevo diez días así! Así que, por favor, dime otra cosa».

Nagarjuna dijo: «Eso es lo único. Ahora la elección depende de ti, puedes abandonar la consciencia y seguir siendo un ladrón, o puedes tener consciencia y abandonar al ladrón. Eres tú el que tienes que elegir. No te estoy pidiendo que dejes de robar. Sigue robando; si lo puedes hacer con consciencia, no me preocupa».

El ladrón le espetó: «Eso es imposible; lo llevo intentando diez días. Cuando soy consciente, no puedo robar. Cuando robo, no soy consciente». Y el ladrón añadió: «Me cazaste realmente; y ahora ya no puedo abandonar esta consciencia una vez que la he probado. Ahora nada vale la pena, ahora nada es más valioso».

Nagarjuna replicó: «Entonces no me molestes más. ¡Ve y enseña esto mismo a otros ladrones!».

La voz interior no es una voz, es un fenómeno vigoroso. Estás paralizado por la consciencia, por el silencio. Y en ese silencio, cualquier cosa que hagas será correcta; no puedes hacer nada que sea incorrecto.

De modo que no te digo que no hagas esto y que hagas aquello. Solo te digo lo que Nagarjuna le dijo al ladrón: «¡Sé consciente!»

Si no eres consciente, tendrás que elegir. Si no eres consciente, entonces hay siempre una serie de alternativas —hacer esto o hacer aquello— y uno siempre está confundido. Cuando hay consciencia, no hay alternativa. La consciencia no tiene alternativas. Simplemente te permite hacer lo que es correcto; no te permite hacer lo que no es correcto. No es algo que puedas elegir. Así que no preguntes hasta qué punto se puede confiar en la voz interior.

Lo primero: la voz interior no es una voz; es el silencio. Lo segundo: no necesitas preocuparte en confiar en «hasta qué punto». Simplemente permanece en ese espacio de silencio, silencio total. La virtud es un derivado, no es una disciplina. La virtud sigue a la consciencia como una sombra, como una consecuencia.

La sexta pregunta:
Osho,

**Soy consciente de mi necesidad de aprobación
y de aceptación de los demás.
No quiero que me domine esta necesidad.
¿Cómo lo puedo solucionar?**

Hay que darse cuenta de lo estúpido que es eso. No es una cuestión de solucionarlo. Hay que ver lo ridículo que es, entonces desaparece. No se soluciona. Las enfermedades no hay que solucionarlas; desaparecen. Simplemente intenta ver su estupidez.

Te contaré algunas anécdotas:

Una mujer que acababa de instalarse a vivir en una gran mansión, se encontró a otra mujer que sabía que vivía en una casa de campo al extremo de su pueblo.

«Bienvenida a nuestra pequeña comunidad», la saludó la que vivía en la casa de campo.

La nueva residente, de manera altiva, contestó: «Por favor, no me dirijas la palabra. Nunca hablo con un inferior».

«Ah», contestó con suavidad la de la casa de campo, «¿y cuándo te has encontrado con alguno?»

Todo el mundo es egoísta. Es difícil ver que tú estás en la misma barca. Eres capaz de ver a todos los demás en la misma barca. Simplemente fíjate en esto; que todo el mundo en profunda ignorancia sigue siendo un egoísta, sigue pensando en términos de ego. Nadie está en el mundo para satisfacer tu ego; cada uno está intentando satisfacer el suyo propio. ¿Quién tiene tiempo de satisfacer tu ego? Y si, a veces, alguien satisface tu ego, lo debe estar haciendo como medio para satisfacer el suyo.

Básicamente, cada uno está interesado en sí mismo. Al igual que tú estás interesado en ti mismo, los demás están interesados en sí mismos. Solo sé consciente de esto.

Todo el mundo está intentando competir; y en esta competición y en esta carrera egoísta y ambiciosa se destruye todo lo bello. Se destruye toda una vida maravillosa que podía haber florecido y ser una cima de existencia: como Buda, como Jesús, como Krishna. Pero cada uno le está pidiendo a los demás, le está rogando: ¡Dame tu aprobación! Di algo que me haga sentir bien. De ahí que los halagos funcionen. Por tanto, cualquiera te puede engañar solo con adularte.

Y las personas no hacen más que hacer cosas que nunca querían hacer, pero siguen haciéndolas porque es la única manera de conseguir la aprobación de los demás. Todo el mundo está distraído de su destino porque los otros están mirando, y ellos tienen una idea fija de cómo aprobarte.

En una ciudad, ocurrió lo siguiente:

La nueva novia volvió a su pueblo después de haberse escapado para casarse. «Ya me imagino que mi fuga sería aquí la comidilla de todo el vecindario durante nueve días», comentó al único policía del pueblo.

«Lo habría sido», contestó, «si esa misma noche no se hubiera vuelto loco el perro de los Martínez».

La gente no hace más que perder el tiempo, la vida y la energía. ¡No hace falta! De hecho, eres perfecto tal como eres. No hay que añadirte nada. Dios nunca crea nada imperfecto.

¿Cómo puede Él crear a alguien imperfecto?

Tú has oído a las personas religiosas enseñarte: Dios creó el mundo. Y añaden: Dios te creó a su imagen y semejanza. Y a pesar de ello no dejan de decirte:

¡Alcanza la perfección!

Esto es absurdo. ¿Dios te crea a su imagen y semejanza y todavía necesitas perfección? Entonces Dios debe ser imperfecto. ¿Cómo puede salir imperfección de Dios? La creación lleva su firma. Tú también llevas su firma. ¡Deja de mendigar!

Hay quien pide dinero, hay quien pide pan, hay quien pide aprobación. Todos ellos son mendigos. No pidas. Al pedir, te perderás mucho de lo que ya tienes a tu disposición. En vez de pedir, mira.

Mira dentro de ti mismo y descubrirás allí al emperador de los emperadores. ¡Empieza a disfrutarlo, empieza a vivirlo!

Una vez ocurrió lo siguiente:

El atleta más famoso de la universidad acababa de volver de las Olimpiadas con un montón de medallas y se puso enfermo.

En el hospital el doctor le tomó la temperatura, agitó su cabeza con preocupación y dijo: «Has alcanzado una temperatura de 42 grados».

«¿De verdad?», contestó el atleta débilmente. Y de repente, un poco después, preguntó interesado: «Oiga, doctor, ¿y cuál es el récord mundial?»

¡Abandona todas esas tonterías! Ya te han aprobado; de lo contrario, no estarías aquí. Dios te ha aceptado, te ha hecho nacer. Si Van Gogh pinta, cualquier pintura que haga ya está aprobada, de lo contrario, no la habría hecho. Si Picasso pinta algo, en el mismo cuadro está aprobado el cuadro. El pintor ha puesto su corazón en él. Solo ahonda un poco más en tu ser; Dios ha puesto ahí todos los tesoros que necesitas. Te ha aprobado, te ha aceptado. ¡Está feliz de que estés ahí!

Pero tú no miras ahí. Les pides a los demás como un mendigo: «¡Dadme vuestra aprobación!» Y ellos también son mendigos como tú. Mendigos que piden a mendigos. Aunque te aprueben un poco, esperarán que tú los apruebes a ellos. Será un intercambio. Simplemente piensa esto: si ellos mismos están pidiendo, quiere decir que no tienen nada que darte; y ¿qué les puedes dar tú si tú también estás pidiendo? Solo con estar un poco alerta uno abandona la mendicidad. Y con eso desaparece la ambición, desaparece el ego. Uno empieza a vivir.

Baila mientras estés vivo.

Respira lleno de dicha mientras estés vivo.

Canta mientras estés vivo.

Ama, medita mientras estés vivo.

Y una vez que cambies, cambiará tu conciencia, tu foco de conciencia, del exterior al interior, te sentirás inmensamente feliz y bendecido. El mero hecho de sentir «Existo» es tal bendición que no hace falta nada más. «¡Existo!»; en eso está incluido Dios.

No conviertas a tu Dios en un mendigo: ¡Sé un Dios! Reconoce tu divinidad y no tendrás nada que lograr. Solo hace falta empezar, hay que empezar a vivir. Vive como un Dios: ese es mi mensaje. Yo no te digo: conviértete en un Dios. Yo te digo: «¡Tú eres!» ¡Empieza a vivir! Tú eres, ¡reconócelo! Tú eres, ¡recuérdalo! Tú eres, solo tienes que tenerlo presente.

No hay nada que lograr. La vida no es un logro, es un don. Ya ha sido dada, ¿a qué estás esperando? La puerta está abierta y el anfitrión ya te ha invitado.

¡Adelante!

Ha sido suficiente por hoy.

8

Trascender el toro

Solo te puede satisfacer una respuesta existencial.
No una respuesta dada por otra persona,
No una respuesta fabricada, elaborada por la mente,
No una respuesta tomada prestada de las escrituras,
Sino una respuesta que surja de tu ser.

7. Trascender el toro

A horcajadas sobre el toro, llego a mi hogar.
Estoy sereno. El toro también puede descansar.
Ha llegado el alba. Reposo dichoso,
en mi choza he dejado el látigo y la cuerda.

Comentario:

Todo es una ley, no dos. Somos nosotros los que hacemos del toro
un sujeto temporal. Es como la relación del conejo y la trampa, o
del pez y la red. Es como el oro y la escoria, o la luna asomando
tras una nube. Un camino de luz clara viaja a través del tiempo
infinito.

8. Trascender el toro y el yo

Látigo, cuerda, persona y toro; todos se funden en la NADA. Este cielo es tan inmenso que no hay mensaje que pueda pintarlo. ¿Cómo puede existir un copo de nieve en un fuego intenso? Aquí están las huellas de los patriarcas.

Comentario:

Ha desaparecido la mediocridad.

La mente está libre de limitación. No busco ningún estado de iluminación. Ni permanezco donde no hay iluminación. Como no vivo en ninguna condición los ojos no me pueden ver. Aunque cientos de pájaros tapizaran mi camino de flores, esa plegaria no tendría sentido.

Gertrude Stein se estaba muriendo. De repente, abrió los ojos y les preguntó a los amigos que se habían reunido a su alrededor: «¿Cuál es la respuesta?» Es algo absolutamente maravilloso, es casi un koan. Sin haber formulado ninguna cuestión, pregunta: «¿Cuál es la respuesta?» Evidentemente, nadie fue capaz de responder. Se miraron unos a otros. No sabían siquiera qué era lo que quería decir ella. Habría hecho falta un maestro zen, alguien que pudiera haber respondido desde el corazón; espontáneamente, inmediatamente. Alguien que se pudiera haber reído a carcajadas, o gritado, o hecho algo, porque esa pregunta —¿Cuál es la respuesta?— no se puede responder con palabras.

Stein está diciendo que es una pregunta que no puede ser formulada; pero la pregunta sigue ahí, así que ¿cuál es la respuesta? Es una pregunta que es imposible de pronunciar. Es tan profunda, que no se puede traer a la superficie. Pero sigue ahí, así que, ¿cuál es la respuesta? La pregunta es tal que no está separada del que pregunta, como si todo el ser del que hiciera la pregunta se hubiera convertido en una interrogación: ¿Cuál es la respuesta?

Se miraron unos a otros. No tenían ni idea de qué podían hacer. Debieron pensar: la moribunda se ha vuelto loca. Es una locura, una cosa absurda, preguntar «¿Cuál es la respuesta?», cuando todavía no se ha formulado la pregunta. Nadie contestó. Nadie era lo suficientemente consciente para contestarla. Nadie respondió, porque en realidad no había nadie allí para responder. Nadie estaba tan presente como para responder.

«En ese caso», insistió, «¿cuál es la pregunta?» De nuevo, hubo un gran silencio. ¿Cómo te puede decir otra persona cuál es la pregunta? No hay duda de que se ha vuelto loca. No hay duda de que ha perdido la cordura. Pero la pregunta es tal que es imposible decir cuál es. En cuanto la formulas, la traicionas. En cuanto la verbalizas, ya no es la misma. No es la misma que estaba en el corazón. Una vez que se verbaliza, se vuelve una cosa cerebral. Parece casi trivial, superficial. No puedes preguntar la pregunta última. Al preguntarla, ya no será la pregunta última.

Solo un maestro podría haber entendido lo que estaba diciendo. Era una bella mujer, una bella persona, de gran entendimiento. Y en el último momento de su vida floreció en este koan. Debes haber oído su famosa frase que casi se ha convertido en un cliché: «Una rosa es una rosa es una rosa». No se puede decir nada sobre la rosa, salvo que es una rosa. Todo lo que puedas decir sobre ella la falseará. Simplemente está ahí en su extraña belleza, con su fragancia desconocida, como un hecho. No puedes teorizar sobre ella. Y todo lo que teorices será sobre otra cosa, no sobre esta rosa; será un reflejo del espejo, no será el objeto verdadero.

Una rosa es una rosa es una rosa; no se puede decir nada más. No estás diciendo nada cuando dices: «Una rosa es una rosa es una rosa». Si le preguntas a un lógico, te dirá que es una tautología; estás repitiendo la misma palabra sin necesidad. ¡No estás diciendo nada! Pero estás diciendo algo: que no se puede decir nada.

«En ese caso», insistió, «¿cuál es la pregunta?» El silencio permaneció inquebrantado. Nadie era lo suficientemente capaz como para responder. Lo que hacía falta no era una contestación; estaba pidiendo una reacción.

Puedes seguir pensando sobre la vida y la muerte, y puedes seguir creando muchas teorías e hipótesis, pero toda la filosofía no es más que basura. La vida sigue sin respuesta, la muerte sigue sin respuesta. En ese momento, Stein estaba preguntado sobre la vida y la muerte; sobre lo que es la vida, sobre eso que también es la muerte; sobre lo último, el sustrato, la misma base de tu ser. Estaba preguntando: ¿Quién soy yo? Pero la filosofía no tiene respuestas. La filosofía ha estado intentando responder; siglos de pensar, de especular, pero todo el esfuerzo está vacío.

Omar Khayyam dijo: «Cuando era joven yo también visitaba con frecuencia lleno de ansiedad a los sabios y a los santos, y escuché importantes debates sobre esto y aquello, pero siempre salí por la misma puerta por la que había entrado».

«Sobre esto y aquello...». Mucha discusión, mucho filosofar, pero sobre esto y aquello, nunca sobre el punto exacto, dando palos de ciego. Sigue habiendo mucha discusión acalorada; nada sale de ella. No es más que un guirigay. Nada sale de ella, porque la vida no es una pregunta filosófica. Y cualquier respuesta que sea solo filosófica no va a ser la respuesta. La vida es existencial. Solo te puede satisfacer una respuesta existencial, no una respuesta dada por alguien más; no una respuesta fabricada, elaborada por la mente; no una respuesta tomada prestada de las escrituras, sino una respuesta que surja de tu ser; que florezca, se abra, traiga todo tu destino de forma manifiesta; te haga completamente consciente. Esto será una realización; no una respuesta, sino una realización; no una respuesta, sino una revelación; no una respuesta, sino una experiencia; existencial.

He aquí toda la historia de los diez toros. La búsqueda es existencial. El zen es lo más directo. Va directamente al objetivo. Nunca va por aquí y por allá, nunca es esto y aquello. No va dando palos de ciego; es directo como una flecha.

Uno de los grandes filósofos occidentales, Ludwig Wittgenstein, se aproximó mucho a la actitud zen, casi llamó a la puerta. Él dijo: «Lo místico no es cómo las cosas están en este mundo, sino el mero hecho de que el mundo exista. El verdadero misterio es que el mundo exista. Lo que es un gran misterio no es cómo estás aquí, cómo llegaste aquí, el propósito de tu estancia aquí, sino el mero hecho de que tú estés aquí. El mero hecho de que tú estés aquí, de que yo esté, ese es el gran misterio. Y cuando no se puede expresar la pregunta, tampoco se puede expresar la respuesta».

Esto me hace recordar lo siguiente:

Un hombre acudió a Buda y le dijo: «Por favor, contesta a mi pregunta sin utilizar palabras, porque desde hace tiempo he oído que la respuesta es tal que no se puede expresar con palabras».

Buda se rio y replicó: «Sin duda, has oído muy bien; pero entonces formula tu pregunta sin utilizar palabras y yo la contestaré sin utilizar palabras».

Y el hombre añadió: «Eso es imposible». Entonces él lo entendió; si no se puede formular la pregunta, ¿cómo se va a formular la respuesta? Si no se puede enunciar siquiera la pregunta, ¿cómo puedes exigir una respuesta?

Wittgenstein está en lo cierto. Y cuando la respuesta no se puede expresar con palabras y tampoco se puede expresar la pregunta con palabras, no existe el enigma. Ni la pregunta ni la respuesta se pueden expresar con palabras; así que, ¿dónde está el enigma? ¿Dónde está el problema?

Esta es una visión muy profunda. El problema no existe; es algo creado por la mente; es una creación mental. Si la pregunta se puede formular, también es posible responderla.

Alguien le preguntó a Wittgenstein: «Entonces, ¿por qué continúas escribiendo libros tan maravillosos?» Su libro *Tractatus logico-philosophicus* fue hace poco aclamado como uno de los grandes libros de toda la historia de la humanidad. «Entonces, ¿por qué sigues escribiendo libros?» Si no se puede formular la cuestión y no se puede dar la respuesta, entonces, ¿por qué?»

Él contestó: «Mis proposiciones sirven como elucidaciones en el sentido en que cualquiera que me entienda, al final las reconocerá como sin sentido». Permíteme que te lo repita: «Cualquiera que me entienda, al final las reconocerá como sin sentido. Esa persona las habrá utilizado como peldaños para subir por encima de ellas. Debe, por decirlo de algún modo, tirar la escalera después de que haya subido por ella».

En el momento en el que entiendas, cualquier cosa que diga no tendrá sentido. Cuando no entiendes, parece que tiene sentido. Todo significado se debe al malentendido. Cuando entiendes, desaparece todo el significado; solo existe la vida. El significado es algo de la mente, una proyección de la mente, una interpretación de la mente. Entonces una rosa es una rosa es una rosa; ni siquiera existen estas palabras. Solo la rosa... solo la rosa sin nombre, sin ningún adjetivo, sin ninguna definición. Solo existe la vida; de repente, sin ningún significado, sin ningún propósito. Y ese es el mayor misterio del que hay que darse cuenta.

De modo que el significado no es la verdadera búsqueda. La verdadera búsqueda consiste en volver sobre la vida misma; pura, desnuda. En cierto modo, todas las preguntas son estúpidas, y todas las respuestas también. Todas las preguntas son en cierto sentido estúpidas, porque son creadas por la mente, y la mente es la barrera entre tú y lo real. Y la mente no hace más que crear preguntas, retrasa la búsqueda. Te convence de que tú eres un gran buscador, porque estás haciendo muchas preguntas. Pero gracias a tus preguntas estás reuniendo nubes a tu alrededor. Primero preguntarás, después te rodeará la pregunta; después empezarás a conseguir algunas respuestas, las respuestas te rodearán; y allí permanecerán siempre como una barrera entre tú y la vida pura, salvaje, desnuda, lo que existe. No es una pregunta ni una respuesta, es una revelación. Es algo que se te revela cuando no está la mente. Simplemente está ahí, manifestada en toda su gloria, disponible en su totalidad.

Pero el hombre no hace más que preguntar cosas, y le parece que el hecho de hacer preguntas es, en cierto modo, una gran búsqueda. No lo es. Todas las preguntas, todas las respuestas, todas estas cosas son juegos; no son más que juegos. Puedes jugar si quieres, pero no vas a resolver nada así. Y la gente sigue preguntando hasta el final de su vida.

Pero Gertrude Stein hizo bien. En el último momento reveló una cualidad zen. Se mostró a sí misma como una mujer de entendimiento, de consciencia. Evidentemente, la gente que había allí no podía entender lo que ella había revelado. En Oriente habría sido entendida, pero no en Occidente. Allí debieron pensar que se había vuelto loca justo antes de morir; porque nuestras preguntas continúan, las mismas preguntas estúpidas. Incluso en el mismo límite, cuando la muerte está llegando, no seguimos haciendo las mismas preguntas rutinarias, podridas, y seguimos buscando respuestas.

Una vez oí que en un banco entró un ladrón y le pasó una nota al cajero en la que ponía: «Pon el dinero en una bolsa, estúpido, y no te muevas».

El cajero rápidamente escribió otra nota y se la pasó: «Ponte bien la corbata, memo. Te están grabando en vídeo».

Incluso en el mismo momento de la muerte estarás poniéndote bien la corbata, porque te están rodando. El hombre sigue interesado en los espejos. El hombre sigue interesado en lo que piensan los demás de él, en lo que dicen los demás de él. El hombre no hace más que crear una bella imagen de sí mismo. A eso es a lo que dedica toda su vida. Y un día desaparecerás y tu imagen se desvanecerá en el polvo.

El polvo al polvo, nada permanece.

Sé consciente. No te preocupes tanto por la imagen. Preocúpate por lo real; y lo real está en tu interior; es tu energía. No tiene nada que ver con nadie más. No hace falta espejo para el autoconocimiento, porque el autoconocimiento es un reflejo. El autoconocimiento es un encuentro directo, inmediato; te encuentras cara a cara con tu propio ser:

El séptimo sutra:

Trascender el toro

A horcajadas sobre el toro, llego a mi hogar.
Estoy sereno. El toro también puede descansar.
Ha llegado el alba. Reposo dichoso,
en mi choza he dejado el látigo y la cuerda.
Trascender el toro...

Una vez que te hayas convertido en maestro de tu mente, habrás trascendido la mente. En el momento en que te hayas convertido en maestro de tu mente, la mente ya no estará ahí. Solo permanece si eres un esclavo. En cuanto hayas sujetado al toro y lo estés montando, el toro desaparecerá. El toro solo existe separado de ti, si tú no eres el amo. Esto es algo que hay que entender.

Cuando no eres el amo, estás dividido, estás esquizofrénico, fragmentado. En cuanto surja la maestría en ti, en cuanto la consciencia y la disciplina —el látigo y la cuerda— estén ahí, se disolverán las divisiones, te convertirás en uno. En esa unidad se trascenderá el toro. Entonces no te verás a ti mismo como separado de tu mente. Entonces no te verás a ti mismo como separado de tu cuerpo. Entonces no te verás a ti mismo como separado del todo. Te convertirás en uno.

Todos los amos son uno con la existencia; solo los esclavos están separados. La separación es una enfermedad. En la salud, tú no estás separado del todo; te conviertes en uno con él.

Simplemente intenta entenderlo. Cuando tienes dolor de cabeza, tu cabeza está separada de ti. ¿Te has dado cuenta? Cuando el dolor de cabeza sigue zumbando dentro, golpeando dentro, tu cabeza está separada de ti. Pero cuando el dolor de cabeza desaparece, también desaparece la cabeza; entonces no la puedes sentir, ya no está separada, se ha convertido en parte de tu ser.

Cuando tu cuerpo está totalmente sano, no sientes el cuerpo; es como si fueras incorpóreo. La incorporeidad es la definición de la salud perfecta. En cuanto te duele algo eres consciente de esa parte; y en esa conciencia está la separación. Una espina en tu pie, o el zapato te aprieta, entonces hay una división. Cuando el zapato es de tu talla, se trasciende la división.

Tú eres consciente de la mente porque, en cierto modo, tu vida no es armónica, hay cierta discordancia, algo desafinado, fuera de tono. Hay algo fuera de lugar dentro de ti mismo, por tanto te sientes dividido. Cuando todo se sintoniza y se armoniza, se trascienden todas las divisiones.

Este es el séptimo sutra: *A horcajadas en el toro…* uno está montando su propia energía. La energía no se está moviendo en ninguna otra dirección y tú no te estás moviendo en ninguna otra dirección. Ahora ambos os estáis moviendo en una misma dirección. Ya no hay lucha, ha desaparecido la división. No estás luchando con el río; estás fluyendo, montado en el río. De repente, no estás separado del río.

Ve al río: Primero, intenta ir río arriba; lucha, pelea, y verás que el río está luchando contigo, dirás que el río está intentando derrotarte. Y vas a ver: al final, el río te derrotará... porque llegará un momento en el que te cansarás, y verás que el río está ganando y que estás siendo derrotado.

Entonces intenta otra manera: flota con el río, déjalo ir y, poco a poco, verás que ahora el río no está luchando contigo. De hecho, el río no estaba luchando contigo en absoluto; incluso cuando ibas río arriba, el río no estaba luchando contigo. Tú eras el único que estaba luchando, que estaba en un estado de ánimo egoísta, que estaba intentando ganar, ser victorioso, que estaba intentando probar algo, que «Yo soy alguien». Era esa idea de ser alguien la que estaba creando todo el problema.

Ahora tú no eres nadie, flotando en el río, dejándote llevar totalmente. El río ya no está contra ti; ¡nunca lo ha estado! Lo único que cambia es tu actitud, y sientes que el río ha cambiado completamente. Pero el río siempre ha sido el mismo; ahora tú estás cabalgando sobre el río. Y si puedes flotar completamente, sin hacer el mínimo esfuerzo para nadar, solo flotando, entonces tu cuerpo y el río se fundirán. Entonces no serás consciente de dónde termina tu cuerpo y dónde empieza el cuerpo del río. Estarás en una unidad orgánica con el río. Sentirás una experiencia orgásmica. De repente, al ser uno con el río, trascenderás todas las limitaciones. Ya no eres pequeño, ya no eres grande; eres el todo.

A horcajadas sobre el toro, llego a mi hogar. Y esa es la manera de llegar al hogar, porque el hogar es el origen, la verdadera fuente de la que provienes; el hogar no está en otro lugar. El hogar es el lugar de donde vienes, de donde has estado surgiendo. El hogar es la fuente. Si uno se permite a sí mismo dejarse llevar totalmente, uno llega al hogar. El «hogar» significa que uno alcanza la verdadera fuente de la vida y del ser, que uno toca el verdadero principio.

A horcajadas sobre el toro, llego a mi hogar. Estoy sereno. Y no hay otra manera de estar sereno. La única manera de estar sereno consiste en no estar. La única manera de estar sereno consiste en estar en un profundo dejarse llevar, una profunda rendición, uno con la energía de la vida.

Estoy sereno. El toro también puede descansar. Y no solo tú puedes descansar; el toro también. No solo tú puedes descansar, el río también. Cuando el conflicto continúa, ni tú ni Dios podéis descansar. Recuerda esto. Esto es algo muy valioso que hay que tener siempre presente. Si tú no estás sereno, Dios no puede estar sereno; si tú no estás feliz, Dios no puede estar feliz; si tú no eres dichoso, Dios no puede ser dichoso, porque tú eres parte de él, parte del todo. Tú le afectas a él al igual que él te afecta a ti.

La vida está interrelacionada. Todo está interrelacionado con todo. Es una ecología, una correlación profundamente interrelacionada. Existe una coherencia. Si tú no eres feliz entonces, Dios no puedes ser feliz, porque tú eres una parte. Es como si mi pierna no fuera feliz: ¿Cómo voy a ser feliz? Esa infelicidad me afecta. No solo tú tienes un gran problema; tu energía vital también tiene un gran problema contigo. No es solo que tú tengas dificultades y estés enfermo; tú energía vital tiene dificultades y está enferma.

Estoy sereno. El toro también puede descansar.
Ha llegado el alba. Reposo dichoso,
en mi choza, he dejado el látigo y la cuerda.

Y ahora ya no hace falta el látigo ni la cuerda. El látigo significa la consciencia y la cuerda significa la disciplina. Cuando llegas a un punto en el que te puedes sentir a ti mismo uno con el río de la vida, ya no hace falta consciencia ni disciplina. No hace falta meditar. No hace falta nada. La vida lo hace todo por ti. Uno se puede relajar, porque uno puede confiar totalmente. Entonces no hace falta ni siguiera consciencia, recuerda esto.

Al principio hace falta consciencia. Al principio hace falta incluso disciplina. Pero a medida que creces espiritualmente trasciendes la escalera, puedes tirarla.

En mi choza he dejado el látigo y la cuerda.

Recuerda esto: un santo solo es realmente santo cuando ha abandonado el látigo y la cuerda. Ese es el criterio. Si todavía está intentando rezar, meditar, hacer esto y aquello, y disciplinarse, todavía no se ha iluminado. Todavía está aquí y continúa en parte el hacer. Y el hacer acumula el ego. Todavía no ha llegado a casa. El viaje todavía no se ha completado.

En China existe un maravilloso cuento zen:

Una mujer muy rica sirvió durante treinta años a un monje. El monje era realmente maravilloso, siempre consciente, disciplinado. Tenía una belleza que surge de forma natural cuando llevas una vida ordenada; una especie de limpieza, de frescura. La mujer se estaba muriendo, era muy mayor. Llamó a una prostituta de la ciudad y le dijo: «Antes de que abandone mi cuerpo me gustaría saber una cosa, si este hombre al que he estado sirviendo durante treinta años ha alcanzado ya la iluminación o no».

Es normal que surja la sospecha, porque el hombre todavía no ha abandonado el látigo y la cuerda.

La prostituta le preguntó: «¿Qué tengo que hacer?»

La mujer respondió: «Te daré todo el dinero que quieras. Solo tienes que ir allí en medio de la noche. Él estará meditando, porque medita a medianoche. La puerta nunca está cerrada, porque no hay nada que robar, así que abre la puerta y observa su reacción. Abre la puerta, acércate, abrázalo, y después vuelve y cuéntame lo que ocurrió. Antes de morir me gustaría saber si he estado sirviendo a un verdadero maestro o solo a un ser ordinario, mediocre».

La prostituta se fue. Ella abrió la puerta. Había una pequeña lámpara encendida; el hombre estaba meditando. Él abrió los ojos. Al ver a la prostituta, al reconocer a la prostituta, le dio miedo, tembló un poco y exclamó: «¡Cómo! ¿Qué haces aquí?» Y cuando la mujer trató de abrazarlo, intentó escapar. Estaba temblando y furioso.

La mujer volvió y le contó a la anciana lo que había ocurrido. La anciana ordenó a sus sirvientes que quemaran la cabaña que había construido para este hombre, y no quiso saber más de él. No había llegado a ningún lado. La anciana dijo: «Al menos podía haber sido un poco amable, un poco más compasivo».

Este miedo demuestra que todavía no ha abandonado el látigo. Esta ira demuestra que la consciencia todavía cuesta, que no se ha hecho natural, que no se ha hecho espontánea.

El octavo sutra:

Trascender el toro y el yo...

Primero se trasciende el toro; se trasciende la mente, la energía mental, la vida, la energía vital. Y después, cuando has trascendido la vida, te trasciendes a ti mismo.

Trascender el toro y el yo
Látigo, cuerda, persona y toro; todos se funden en la nada.
Este cielo es tan inmenso que no hay mensaje que pueda pintarlo.
¿Cómo puede existir un copo de nieve en un fuego intenso?
Aquí están las huellas de los patriarcas.

En el momento en el que desaparece la mente, tú también desapareces, porque tú existes en la lucha. El ego existe en la tensión. Para el ego la dualidad es una necesidad. No puede existir con una realidad no-dual. De modo que simplemente observa: cada vez que luchas, tu ego se agudiza. Observa durante veinticuatro horas y verás en tu ego muchas cimas y muchos valles, y muchas veces sentirás que no está ahí. Si no estás luchando con nada, no está ahí. Depende de la lucha.

De ahí que las personas no hagan más que buscar formas, maneras y excusas para luchar, porque sin lucha empiezan a desaparecer. Necesita ser creada constantemente, al igual que cuando uno pedalea en una bicicleta. Tienes que seguir pedaleando; solo entonces seguirá andando la bicicleta. En cuanto dejes de pedalear, más tarde o más temprano, la bicicleta se caerá. Es un milagro; te vas moviendo solo sobre dos ruedas, desafiando la gravedad. Pero hace falta un pedaleo constante.

El ego es un milagro: la cosas más ilusoria, y parece ser la más sólida y real. La gente vive por él y muere por él. Pero necesita un constante pedaleo; y ese pedaleo es tu lucha. De ahí que no puedas vivir sin lucha. Encontrarás alguna que otra manera. Empezarás a luchar con tus hijos si no puedes luchar con nadie más. Empezarás a luchar con tu mujer o con tu marido, a veces sin ninguna razón. De hecho, no hace falta ninguna razón; todas las razones son racionalizaciones. Pero tienes que luchar, de lo contrario empiezas a desaparecer, te empiezas a fundir. Empiezas a caer como si estuvieras en un abismo, en un abismo sin fondo.

Por la mañana, cuando te acabas de despertar, durante unos segundos hay un estado de no-ego. Por eso te sientes tan puro y limpio y virgen. Pero inmediatamente comienza el mundo. Incluso por la noche, durante el sueño, sigues luchando, sigues creando pesadillas, para que no se pierda el hilo con el ego.

El ego solo es posible en conflicto, en lucha. Si no tienes nada para luchar, crearás alguna manera para luchar.

El otro día estaba leyendo acerca de un hombre que nunca peleaba con su mujer, y los vecinos se preguntaban cómo era posible. Siempre volvía de la fábrica riendo y feliz, nunca estaba cansado ni tenso. Incluso su mujer a veces se preguntaba: «Nunca pelea, nunca está enfadado, ¿qué pasa?»

Entonces todo el vecindario se reunió y le preguntó qué pasaba, y el hombre dijo: «No tiene ningún misterio: En la fábrica... » Él trabajaba en una fábrica de cristal, y cuando algo no alcanzaba el nivel estándar, se lo daban a él para que lo rompiera; ese era su trabajo. Se pasaba todo el día rompiendo platos, copas, vasos... Decía: «Me siento tan feliz que no tengo que luchar con nadie. ¡Eso ya es suficiente! Me siento en el paraíso».

Es algo que tú ya sabes muy bien; cuando tu mujer no se siente bien, se romperán más platos, caerán más copas. Tienes que ser así. El ego encuentra alguna manera, cualquiera —imaginaria, incluso imaginaria— valdrá, pero hay que romper algo. Así que comienza la lucha.

Los leñadores, las personas que se dedican a cortar madera, son personas muy calladas. Su psicología es diferente: como están todo el día cortando madera, esto es algo que libera su ira. Están todo el día en catarsis. No necesitan realizar Meditación Dinámica. Además, descubrirás que son personas muy cariñosas. Los cazadores son personas muy cariñosas, todo su trabajo es violencia, pero son personas muy cariñosas; no encontrarás mejores personas que los cazadores. No necesitan sacar su ego contra ti, ya lo hacen lo suficiente con hacerlo frente a los animales.

Si vas a las cárceles y ves allí a los criminales, te sorprenderá ver que tienen la mirada más silenciosa que aquellos a los que tú denominas santos. Aquellos a los que tú denominas santos están sentados sobre volcanes, constantemente reprimiendo algo. Los criminales no han reprimido nada, por eso son criminales. No llevan el volcán dentro de sí. En cierto modo, son buenas personas; más calladas, más cariñosas, más sinceras. Puedes confiar en ellos. Pero no puedes confiar en tus santos; son personas peligrosas, no hacen más que acumular mucho veneno. Y también tienen que crear luchas imaginarias.

Debes de haber oído que el demonio tienta a los santos. El demonio no está en ninguna parte. El demonio no existe, es su propia imaginación. Necesitan un poco de lucha, de lo contrario se sienten mal. Su ego no puede existir; ya no son parte del mundanal ruido. Esa competición feroz ya no es para ellos; la han abandonado. Ahora, ¿dónde sostener el ego? ¿Cómo sostener el ego? No están en política, ¿cómo sostener el ego? No son poetas, pintores; ¿dónde sostener el ego? No están haciendo nada, no están luchando con competidores, así que se crean enemigos imaginarios —el demonio— y empiezan a luchar con el demonio.

En India tenemos muchas historias en los Puranas, en las antiguas escrituras, en las que cada vez que los santos están meditando, aparecen bellas mujeres del cielo para tentarlos. Pero ¿por qué tienen que molestarse? No están haciendo nada malo meditando. ¿Por qué se tiene que molestar alguien en distraerlos? Pero las apsaras, las bellas doncellas celestiales, vienen y danzan a su alrededor. ¡Y ellos luchan denodadamente! Intentan dominar la tentación.

Sin embargo, todo esto es imaginario. Han abandonado a los verdaderos enemigos, ahora están creando enemigos imaginarios porque el ego no puede existir sin enemigos. Hace falta una lucha; real, imaginaria, eso da igual. Cuando hay lucha, tú existes. Cuando no hay lucha, desapareces. De ahí que el gran mensaje que te puedo dar es —recuérdalo— que tienes que llegar a un punto en el que abandones toda la lucha. Solo entonces te trascenderás a ti mismo. Solo entonces no volverás a ser de nuevo el pequeño yo, el diminuto y feo yo que tú eres. Lo trascenderás y te convertirás en uno con el todo.

Látigo, cuerda, persona y toro; todos se funden en la NADA. *Surge una gran nada en la que se pierde todo. Este vacío no es negativo; es la verdadera fuente del ser. Pero no tiene limitaciones.*

Este cielo es tan inmenso que no hay mensaje que pueda pintarlo. ¿Cómo puede existir un copo de nieve en un fuego intenso?

Al igual que el copo de nieve desaparecerá en un fuego intenso, en esta inmensa energía de lo absoluto desaparece todo: el látigo, la cuerda, la persona y el toro.

Aquí están las huellas de los patriarcas. Aquí descubres por primera vez por dónde han pasado los Budas. Aquí encuentras, por primera vez, la fragancia de los iluminados, la importancia de su ser, de su realización. Aquí escuchas su canción. Se abren las puertas de una nueva dimensión. Puedes llamar a esta dimensión nirvana, moksha, reino de Dios —lo que quieras—, pero se abre algo totalmente diferente del mundo que has conocido hasta ahora. Aquí están las huellas de los patriarcas, todos los grandes que han caminado hacia la nada y han desaparecido en ella.

Comenta la prosa del séptimo sutra:

Todo es una ley, no dos. Somos nosotros los que hacemos del toro un sujeto temporal. Es como la relación del conejo y la trampa, o del pez y la red. Es como el oro y la escoria, o la luna asomando tras una nube. Un camino de luz clara viaja a través del tiempo infinito.

Todo es una ley, no dos. La unidad es la verdadera naturaleza de la existencia. La dualidad es nuestra imaginación. Por tanto, toda la vida estamos anhelando el amor. Este anhelo de amor no es nada más que un síntoma de que donde existe la unidad, hemos creado una dualidad que es falsa.

No puedes encontrar a ninguna persona que no necesite profundamente amor... que no quiera amar y que no quiera ser amada. ¿Por qué ese gran deseo de amor? Debe ser algo muy arraigado. He aquí lo que está profundamente arraigado: la vida es una; nosotros nos hemos imaginado a nosotros mismos como separados. Pero esa separación se hace pesada. Es falsa y es una carga. El amor no es más que la idea de convertirse de nuevo en uno con el todo. De ahí el deseo de ser amado; de ahí el deseo de ser necesitado; de ahí el deseo de que alguien acepte tu amor. Parece difícil convertirse en uno con el todo. Al menos alguien te aceptará; al menos serás capaz de cubrir el espacio desde la puerta de una persona.

Por eso, cuando no estás enamorado, no haces más que pensar en el amor. Se convierte en una obsesión, te obsesiona. Planea continuamente a tu alrededor. Y cuando estás enamorado, surge una segunda cosa: el amor, por muy profundo e intenso que sea, parece insuficiente, parece que falta algo. Aquellos que no están enamorados, buscan amor; aquellos que están enamorados, se dan cuenta de que hace falta algo más. Los grandes amantes, en lo más profundo, están muy frustrados, porque llegan a encontrarse y después llega un punto en el que parece que todo desaparecerá... pero de nuevo son lanzados a ellos mismos. Tienen destellos de cercanía, pero no de unidad. Cuando has amado bien, surge el deseo de oración o de meditación.

El deseo de oración es este: que he intentado y he encontrado que el amor da destellos. Pero los destellos te producen más sed que antes. Uno está sediento y entonces tiene un destello de un río maravilloso, de una fuente; de algo fresco. Y uno oye la canción de la fuente, y después esta desaparece; uno tiene más sed incluso que antes. Aquellos que no están enamorados, sufren, pero su sufrimiento no es nada comparado al de aquellos que están realmente enamorados. Su sufrimiento es tremendo, su sufrimiento es muy penetrante y muy intenso, porque están cerca, y, a pesar de eso, están lejos. Parece que su reino está a la vuelta de la esquina, y cuanto más se acercan, más se aleja este. Es como un horizonte que retrocediese.

El amor es el primer paso hacia Dios; la oración es el paso final; o la meditación, el último paso. El amor te enseña una nueva sed, un hambre nueva; de ahí que el amor sea maravilloso. La gente acude a mí y me pregunta sobre del amor, y yo les digo: Acércate a él; a sabiendas de que los estoy enviando al peligro. No los estoy enviando al amor profundo para que puedan estar satisfechos. Nadie está nunca satisfecho. Los estoy enviando a una historia amorosa profunda para que estén realmente sedientos, para que estén tan sedientos que solo Dios les baste, nada más.

El amor te prepara para una gran sed, una sed de lo divino, porque tú has tenido destellos en la otra persona, ha habido momentos en los que tú has visto al dios o a la diosas. Has mirado profundamente a la otra persona y has encontrado tranquilidad; te ha invadido la serenidad. Pero es algo temporal, momentáneo, viene y se va; más como la materia de los sueños que como la realidad.

Un hombre fue a ver a Ramanuja, un gran místico, y le dijo:
—Me gustaría enamorarme de Dios. ¡Muéstrame el camino!
Y Ramanuja le dijo:
—Dime primero una cosa: ¿has amado alguna vez a alguien?
El hombre le contestó:
—No me interesan el mundo ni los asuntos mundanos, ni el amor ni cosas así. Deseo a Dios.
Ramanuja le dijo:
—Por favor, piénsalo otra vez. ¿Has amado alguna vez a una mujer, a un niño, a alguien?
El hombre le contestó:
—Ya te lo he dicho. Soy una persona religiosa, no soy una persona mundana y no amo a nadie. Muéstrame el camino, cómo puedo llegar a Dios.
Cuentan que Ramanuja comenzó a llorar. Sus ojos se llenaron de lágrimas y respondió:
—Entonces es imposible. Primero tienes que amar a alguien. Ese es el primer paso. ¿Estás preguntando por el último paso y todavía no has dado el primer paso? ¡Ve y ama a alguien!

Solo cuando el amor no apaga tu sed, Dios se convierte en una necesidad. Pero ambas necesidades están en el mismo camino. La razón básica es que, en realidad, no estamos separados del todo, sino que pensamos que estamos separados. De ahí que surja el deseo:

¿Cómo me puedo convertir en uno con el todo?

El primer paso lo tienes que tomar con alguien del que te puedas enamorar, y el segundo paso surgirá por sí solo. El verdadero amor conduce necesariamente a la oración. Y si el amor no te conduce a la oración, todavía no es amor. Hace falta más. El verdadero amor te conduce a la puerta del templo; tiene que ser así. Ese es el criterio del verdadero amor.

Todo es una ley, no dos. Somos nosotros los que hacemos del toro un sujeto temporal. Ahora dice el sutra: el toro no está separado de ti; solo era un sujeto temporal. Al malinterpretarlo, piensas que es así. Era solo una hipótesis, utilizada y luego tirada a la basura, utilizada y luego trascendida. Así que no estés continuamente luchando. La lucha no se tiene que convertir en un asunto eterno. La lucha es solo un medio. Recuerda esto.

He visto gente que lleva luchando toda su vida. Han luchado y luchado; no solo en esta vida, sino también en sus vidas pasadas... Se han convertido en guerreros. Ahora han olvidado por completo el propósito. Ahora la lucha en sí se ha convertido en el propósito. Siguen luchando, y a través de la lucha van acumulando un ego casi imperceptible; muy piadoso, tal vez, pero aún así venenoso. Siguen acumulando un ego muy sutil. Ascetas, monjes... obsérvales y encontrarás un ego tan afilado como el acero. No es tan afilado en la gente mundana, porque la gente mundana se sabe ignorante.

Una vez escuché la siguiente historia:

Actuando en contra de su buen sentido común, un hombre muy mayor aceptó dar una vuelta en coche con su hijo adolescente y su nieto para probar un motor que ellos mismos habían ensamblado. Cuando aquella chatarra no consiguió girar, y rebotó varias veces hasta pararse en un campo sembrado, él inclinó su cabeza sobre sus manos temblorosas.

«¿Estás herido, papá?» preguntó el hijo. «¿Quieres que llame a un médico?»

«No», dijo con agudeza. «Dado que solo un burro se subiría a este armatoste, mejor, llévame al veterinario».

El hombre mundano sabe que es un burro. Su ego no puede ser muy fuerte: sabe que ha ido en pos de cosas estúpidas. ¡Lo sabe! Sabe muy bien que ha ido en pos de cosas estúpidas, pero se siente débil. Aunque lo sabe, continúa caminando por la vieja trampa, por el viejo surco, por la vieja rutina. Es un debilucho; lo sabe, se arrepiente. Decide muchas veces no caer de nuevo en la vieja trampa, pero vuelve a caer. Es consciente de su debilidad, de sus limitaciones. Su ego no puede ser muy fuerte.

Una vez Mulla Nasrudin acudió al psiquiatra. Le dijo: «Mire, no tengo mucho dinero ni tengo tiempo que perder en toda esa historia del diván. Lo único que quiero es preguntarle dos cosas».

El psiquiatra le dijo que esa no era la forma en que trabajaba normalmente, pero que en su caso haría una excepción: «¿Cuáles son tus preguntas?»

Mulla dijo: «Mi primera pregunta es esta: ¿se puede enamorar un hombre de un elefante?»

El psiquiatra meditó profundamente su pregunta durante unos momentos. Al final dijo: «No, un hombre no se puede enamorar de un elefante».

El Mulla parecía decepcionado: «¿Está seguro?»

El doctor dijo que no tenía ninguna duda.

«Bueno, entonces, dijo el Mulla, mi segunda pregunta es esta: ¿conoce a alguien al que le pudiera interesar un anillo de compromiso de talla extragrande?»

El hombre común y mundano sabe que, en cierto modo, está siendo tonto y estúpido. Su relación amorosa es una relación estúpida; está enamorado de elefantes; dinero, poder, prestigio. Sabe muy bien que no es posible; sabe que, en cierto modo, se está equivocando, pero se siente incapaz de resistir, se siente incapaz de pararse a sí mismo, se siente débil. No puede tener un ego grande y afilado.

Sin embargo, el asceta religioso, el que se ha alejado del mundo y se ha ido a los Himalayas, es muy egoísta. Su ego está tan afilado como una espada. Evidentemente, no corta a nadie porque ha abandonado el mundo. Es bueno que haya abandonado el mundo. Se corta a sí mismo, es autodestructivo.

Los egos de las personas que están en el mundo hieren a los demás. Los egos de las personas que han abandonado el mundo solo les hieren a ellos mismos. Se vuelven masoquistas. Empiezan a luchar con ellos mismos y a destruirse a sí mismos. De hecho, comienzan a sentir una alegría sutil y perversa en la infelicidad que han creado, en los sufrimientos que han impuesto a los demás. Una satisfacción muy perversa.

Recuerda esto: si te digo que seas consciente, no es más que un medio. Si te digo que seas disciplinado, no es más que un medio, un medio útil para ti; no lo conviertas en tu objetivo. Recuerda siempre: algún día lo tendrás que trascender, así que no te apegues profundamente a eso.

Es muy difícil. Primero, tengo que enseñar a las personas a meditar; después resulta difícil conducirlas a la meditación. De mala gana… crean todo tipo de dificultades, pero, de alguna manera, consigo forzarlos a la meditación. Después llega un día en el que quiero que la abandonen; entonces no quieren abandonarla. Al principio, no querían entrar en el camino, después se apegaron demasiado al camino. Ahora piensan que si abandonan el camino habrán desperdiciado toda su vida; es como si ahora se apegaran a la escalera, a la escalinata. Primero tenían miedo de ir a ella, ahora no la quieren dejar.

La meditación es buena, es medicinal. La palabra *meditación* proviene de la misma raíz que la palabra *medicina*. Es medicinal. Cuando estás enfermo necesitas una medicina. Cuando estás sano, tienes que trascender la medicina. No es un fin. No deberías llevar siempre las pastillas contigo. Ni tampoco necesitas estar orgulloso de tus medicinas.

Hay que trascender la meditación. Hay que trascender la consciencia. Hay que trascender la disciplina. Llega un momento en el que hay que vivir espontáneamente, cortando madera, llevando agua desde el pozo, comiendo cuanto se tenga hambre, durmiendo cuando se tenga sueño, viviendo de manera ordinaria; ya no mundano, ya no de otro mundo, ya no materialista, ya no religioso. Simplemente sencillo, ordinario. No se puede clasificar al verdadero hombre de este tipo. No le puedes llamar mundano o religioso. Está por encima de las categorías. Ha ido más allá de la lógica.

Somos nosotros los que hacemos del toro un sujeto temporal. Es como la relación del conejo y la trampa, o del pez y la red. Es como el oro y la escoria, o la luna asomando tras una nube.

Cuando la luna está asomando tras una nube, el hecho de que la nube esté ahí es algo accidental. No forma parte de la naturaleza de la luna. Cuando la luna está oculta tras la nube, sigue siendo la misma luna. Cuando sale de detrás de la nube, es la misma luna. No ha cambiado nada. La nube no era más que una condición momentánea, temporal.

La mente es una nube. El pensamiento es como las nubes. Tú eres la luna. El mundo es como una nube; a ti eso no te afecta. No ha afectado a tu naturaleza intrínseca. Sigues siendo puro, sigues siendo divino.

Por eso no hago más que insistir en que ahora mismo sois dioses. No hay necesidad de posponerlo. Quizá haya una nube, pero eso no afecta. Puedes alcanzar tu divinidad incluso oculto detrás de una nube. La luna sigue siendo la luna… Un camino de luz clara viaja a través del tiempo infinito.

Dice el comentario en prosa del octavo sutra:

Ha desaparecido la mediocridad.
La mente está libre de limitación. No busco ningún estado de ilu-
minación. Ni permanezco donde no hay iluminación. Como no vivo en
ninguna condición, los ojos no me pueden ver. Aunque cientos de pájaros
tapizaran mi camino de flores, esa plegaria no tendría sentido.

Ha desaparecido la mediocridad... La mente es mediocre. La gente
dice que determinada persona tiene una mente mediocre; esto es algo
equivocado, porque todas las mentes son mediocres. La mente como
tal es mediocre. Recuerda: la mediocridad es la cualidad de la mente.

La inteligencia no es de la mente, la inteligencia es del más allá.
Cuando la mente no está ahí, entonces hay inteligencia. Cuando la
luna no está oculta detrás de la nube, la puedes ver; brillante, reluciente.
Cuando está oculta tras una nube, la nube interfiere con su brillo; no
te puede llegar. Entonces no puedes ver su brillo. Toda mente es una
luna oculta detrás de la nube. La nube es la mente; tú eres la no-mente.

Ha desaparecido la mediocridad. La mente está libre de limitación.
Y cuando no hay limitación, hay no-mente. No busco ningún estado de
iluminación. En este momento de realización, ¿a quién le importa la
iluminación? Hay cientos de bellas historias en el zen...

Alguien se acerca al maestro y le pregunta:
«Me gustaría convertirme en un Buda, y el maestro lo golpea con fuerza».
El hombre le dice: «Pero ¿qué pasa? ¿Por qué me golpeas? ¿Qué tiene de
malo mi pregunta?»
Y el maestro le contesta: «¿Eres un Buda y quieres convertirte en un Buda?
¡Eso es imposible!»

Un Buda intentando convertirse en un Buda es imposible. De
ahí que hiciera falta que te golpearan fuerte para que volvieras a casa,
para devolverte a tus sentidos... porque estás preguntando una tontería. Tú eres un Buda.

A veces ha ocurrido que la persona se ha iluminado con un golpe. Es algo que tiene que ocurrir en el momento justo. Tiene que
darse la condición de que la persona haya estado buscando durante
muchas vidas y este cansado de todo el viaje, agotada de todo el viaje, y esté preparada; como si hiciera falta una última brizna de paja
para que el camello se cayera, y el golpe funcionó como la brizna
de paja.

Pero es verdad; tú ya eres eso que estás buscando. El buscador es lo buscado.

Y el objetivo no está en algún lugar, lejos, en el futuro. Está bajo tus pies. Está exactamente donde estás de pie. Puede que tardes en darte cuenta, puede que te lleve varias vidas darte cuenta, pero es igual. El día que te des cuenta, te reirás de todas su estupidez; estaba debajo de tus pies.

El octavo comentario dice:

Ha desaparecido la mediocridad. La mente está libre de limitación. No busco ningún estado de iluminación. Ni permanezco donde no hay iluminación. Se trascienden todos los estados: iluminación, no-iluminación; el mundo, el nirvana; todos se trascienden. Como no vivo en ninguna condición, los ojos no me pueden ver.

Este octavo dibujo no tiene nada en él: un círculo sin nada dentro; ni el toro ni el buscador tras el toro. El látigo, la cuerda, el toro, el luchador, todos han desaparecido. Puro vacío.

Este octavo dibujo fue el último dibujo taoísta, porque el taoísmo no pudo ver qué más podía ocurrir. ¡Ya está! Todo ha desaparecido. Ha ocurrido la nada, ¿qué más puede ocurrir? Todo ha sido trascendido. Ha ocurrido la pura trascendencia, ¿ahora qué más puede ocurrir? Pero Kakuan creó otros dos dibujos —debe de haber sido un gran creador— y esos serán los otros dos dibujos de los que hablaremos. Pero este es el último dibujo taoísta.

Esta es la diferencia entre el tao y el zen, y esta es también la diferencia entre el budismo y el zen. A Buda también le habría gustado que la octava fuera la última. Sus discípulos, Bodhidharma, Kakuan y Baso, fueron un poco más allá que el maestro. El zen no es solo budismo, es algo más que budismo. Es el florecimiento último; como si Buda también hubiera sido mejorado. Unos cuantos toques, toques maestros, y ha cambiado toda la cara.

El zen ofrece al mundo un tipo de religión completamente nuevo.

El zen va a ser la religión del futuro de la humanidad, porque enseña cómo renunciar y enseña también cómo renunciar a la renuncia. Enseña cómo ir más allá del mundo, y enseña cómo ir más allá del más allá. Parece paradójico pero no lo es, porque cuando vas más allá del más allá estás de vuelta en el mundo; se completa el círculo.

Con Buda el círculo queda un poco incompleto. El nirvana sigue siendo nirvana, el mundo sigue siendo el mundo, separado. El hombre iluminado sigue estando iluminado, el hombre no iluminado sigue estando no iluminado; separado. El zen construye un puente entre ellos. El florecimiento último se da cuando un hombre no es ni iluminado ni no iluminado; está más allá de las categorías. Vive en el mundo y, a pesar de eso, no vive en el mundo. Vive en el mundo, pero el mundo no vive en él. Se ha convertido en la flor de loto.

Sé una flor de loto. Estate en el agua, pero no dejes que el agua te toque.

Ir a los Himalayas y ser puro no es muy difícil. ¿Qué más puedes hacer? Tienes que ser puro; prácticamente no puedes hacer otra cosa.

Devuelve tus Himalayas al mundo. Deja que tus Himalayas estén aquí, ahora, en el mundo, en el mercado, y entonces hay un criterio, una prueba.

El verdadero criterio está en el mundo. Si realmente has alcanzado el nirvana, volverás al mundo, porque ahora no hay nada que temer. Ahora puedes estar en cualquier parte. Ahora, incluso el infierno es el cielo y la oscuridad es luz y la muerte es la vida. Ahora nada te puede distraer. Tu realización es total, perfecta, definitiva.

¡Sé una flor de loto!

Ha sido suficiente por hoy.

9

La vida es el objetivo

Solo sé un observador.

Dentro de poco el silencio de extenderá; impregnará tu alma.

Dentro de poco estarás cada vez más cerca del hogar.

Todo está en su estado natural.

Estate tú también en tu estado natural.

La primera pregunta:
Osho,

Parece como si todo lo que percibo dentro o fuera de la meditación fuera mi propia creación o proyección. No puedo distinguir entre lo que veo, lo que siento o lo que estoy creando.
Osho, ¿qué es eso?

No hace falta distinguir entre los pensamientos, sueños y realidades. Si lo intentas, te sentirás más confundido. No hay forma de distinguir, porque en lo que respecta a la mente ante ella todo aparece como pensamiento. Puede ser real, puede no ser real; pero en el momento en el que algo se aparece ante la mente, aparece en forma de pensamiento.

Tú no puedes distinguirlo y no hace falta. Y no emprendas ese viaje, porque ese viaje se convierte en un viaje de pensamiento, y se pierde la meditación. En vez de eso, haz lo contrario, céntrate en tu observación. No te preocupes por los objetos de la mente; sean cuales sean, son cosas mentales. Tú simplemente céntrate más en tu observación. Tan solo sé el observador. No intentes distinguir. Sea lo que sea lo que aparezca en la mente, simplemente, obsérvalo. Observa cómo aparece, observa cómo está ahí, observa cómo desaparece.

Más tarde o más temprano, cuando estés realmente centrado... y eso es algo que puede suceder en cualquier momento. Ese momento es siempre impredecible. Cada vez que te sientes centrado desaparece por completo la mente: los pensamientos, los sueños, la realidad; todo. De repente, estás vacío; no hay objeto para ti. No hay nada en la mente; puro vacío. Entonces abre los ojos y mira: sea lo que sea lo que esté allí, es real.

Cuando eres un observador y la mente ha desaparecido completamente, solo se conoce lo que existe; llámalo Dios, lo real, la verdad o como quieras llamarlo. La mente nunca te permitirá conocer lo real. La mente es una molestia. Y si te complicas mucho en ella, estarás intentando resolver rompecabezas. Puedes continuar resolviendo y creando, y volviendo a resolver y a crear otros nuevos, pero esto es algo interminable. El pensamiento no te conduce a la realidad; la conciencia sin-pensamiento sí. Así que no intentes distinguir nada. Solamente observa, independientemente de lo que sea. La mente es irreal.

Por ejemplo: si estás delante del espejo, algo aparece en el espejo. Puede ser real; puede ser un reflejo de algo real fuera del espejo, pero en el espejo lo único que hay es un reflejo; puede no ser real en absoluto. Puedes estar viendo tu propio sueño reflejado. Puedes estar proyectando. Eso también es irreal. Lo que aparezca en el espejo es irreal, porque el espejo simplemente refleja. La mente es un espejo, solo refleja. Abandona la mente, abandona el espejo, y después observa. Lo que haya será real, porque ahora ya no está el factor perturbador.

Todo mi empeño aquí consiste en ayudaros a ser observadores.

Así que no intentéis pensar, contemplar; de lo contrario os confundiréis más. Y no hay manera de salir del pensamiento a través del pensamiento. Se sigue creando a sí mismo continuamente. La única manera consiste en no entrar en él. Así que observa, permanece alerta. Da igual lo que pase por la mente, no intentes decidir qué es. Observa como si todo fuera un sueño. Ese es el concepto de la noción hindú de maya, ilusión. Todo es irreal. Así que no hace falta preocuparse, no hace falta distinguir. Aquello que aparezca en la mente, por el hecho de aparecer en ella, es irreal. La mente es la facultad de lo irreal.

Así que abandona la mente. Céntrate más en el alma observadora. Sé un mero observador. Poco a poco reinará el silencio, permeará tu alma. Poco a poco te acercarás a tu hogar. Poco a poco todo se centrará y tú te centrarás en ti mismo. Esto es algo que puede ocurrir en cualquier momento. De repente, la mente no estará ahí y tus ojos estarán limpios, limpios de mente. Entonces, veas lo que veas, será real. Y este mundo que has visto antes no estará ahí tal como tú lo has visto antes. Será totalmente nuevo. Será algo que nunca has conocido antes. Todo será lo mismo y, sin embargo, no será lo mismo; porque tú has cambiado. Ya no estás borracho de la mente. Estás alerta, consciente.

Así pues, déjame que te lo diga de esta manera: cuanto más consciente seas, más podrás conocer la realidad; cuando menos consciente, menos posibilidad habrá de conocer la realidad. Así que lo básico depende de ser consciente. Si tú eres consciente, aquello que conozcas será la realidad.

La segunda pregunta:
Osho,

Me gusta disfrutar de la vida y de sus diversiones y, aunque pienso que soy de los que hacen las cosas con desgana, no me quiero ir de aquí a menos que me eches.

Entonces debe ser que no me has entendido bien. Yo no estoy en contra de la vida. Yo no estoy en contra de ninguna diversión. De hecho, lo que te estoy diciendo es que de la forma en que estás viviendo no estás disfrutando. De la forma en que estás viviendo solo sueñas que disfrutas. Solo sufres. Sigues siendo infeliz. Simplemente esperas.

La esperanza no es una diversión. La esperanza no es más que un engaño de la mente para consolarte, para convencerte de alguna manera de que el hoy ya ha pasado pero mañana todo irá bien. Hoy uno es infeliz, mañana no habrá infelicidad. Uno sueña, espera, proyecta.

El hombre que disfruta realmente está aquí-ahora. Nunca piensa en el mañana, no hay necesidad de pensar en el mañana. Si eres realmente feliz, no piensas nunca en el pasado, no piensas nunca en el futuro. ¿Qué más te da? ¿Para qué? Toda tu energía se concentra en el aquí-ahora, se convierte en una danza interminable de dicha, felicidad, celebración.

Yo no estoy en contra de la vida. Yo no estoy en contra de la idea de disfrutarla. Si me has interpretado de esa manera, me has malinterpretado. Mi religión es de celebración. Mi religión es de disfrute. Mi religión es de danza. Yo no quiero que adores a ningún dios que no pueda danzar; entonces ya no es un dios. Quiero enseñarte a vivir tan intensamente, tan apasionadamente, que vivas de esa manera pero que no te apegues a eso, porque el apego siempre es el reflejo de una mente desgraciada. Solo te apegas a las cosas cuando no las estás viviendo bien.

De modo que antes que nada: desde mi punto de vista, eres desgraciado. Puede que pienses que estás disfrutando de la vida. Piénsalo otra vez, medita sobre ello, ¿estás disfrutando realmente de la vida? Si la estás disfrutando, entonces no hay ningún problema. Disfrútala con mi bendición. Pero yo sé que no la estás disfrutando. Solo crees que la estás disfrutando… porque afrontar la cruda realidad de tu infelicidad sería demasiado, sería insoportable. Así que sigues engañándote a ti mismo, pensando que estás disfrutando de la vida.

No haces más que sonreír para ocultar tus lágrimas. Sigues vistiéndote, maquillándote, para ocultar tus heridas. Sigues, en cierto modo, engañando a los demás y engañándote a ti mismo con que eres feliz. No es así. Si eres feliz, quiere decir que te has iluminado, entonces ya no hace falta meditar. Si eres feliz, no tienes ninguna necesidad de religión.

La religión es necesaria como medio; la religión no es el fin. Es un método para aquellos que todavía no son felices, para aquellos que siguen siendo infelices, que siguen en la oscuridad, que siguen en la angustia y en la ansiedad.

Pero yo lo sé: es tanta la ansiedad que necesitas un techo, es tanta la ansiedad que necesitas un sueño, para que, en cierto modo, puedas esperar; esperar el futuro, el mañana.

Tu cielo y tu felicidad están siempre en algún otro lugar; nunca están donde tú estás. La verdadera felicidad siempre está aquí, siempre está ahora. No conoce otro momento ni otro espacio. Si tú eres realmente feliz, solo existe la felicidad; tú no existes. Recuérdalo: en la infelicidad solo existen dos cosas, tú y la infelicidad. En la felicidad, solo la felicidad.

La felicidad es no-dual, lo que llamamos en India a*dvait*. La infelicidad es dual. En la infelicidad tú siempre eres dos. La infelicidad es la división de tu ser; estás separado, no eres una unidad orgánica. Hay algo que va en tu contra. Hay algo ahí que tú no querías que estuviera ahí, pero esta ahí, una espina en la carne. Sufres con la esperanza de que mañana no sea así. Pero ¿te acuerdas de tu ayer? Tu ayer también era igual y estabas esperando al hoy, porque el hoy entonces era el mañana. Ahora ha llegado. No ha ocurrido nada. De la misma manera, seguirán llegando tus otros mañanas, pero siempre llegan como hoy, nunca llegan como mañanas.

El mañana nunca llega. No puede llegar por su propia naturaleza; no es más que un sueño en el horizonte. Puedes pensarlo, pero no puedes vivirlo. Es una falsedad. ¿Piensas que lo estás disfrutando? Piénsalo otra vez, porque a mí no me parece que sea así. Yo miro en tu interior y veo que eres infeliz; ocultándolo; pero ¿de quién te estás ocultando? ¿Y qué sentido tiene ocultarlo? Cuanto más lo ocultes, más difícil será librarse de eso; porque cuanto más lo ocultes, más profundo se hará. Cuanto más profundo se haga, más envenenará tu ser; la propia raíz de tu vida se envenenará cada vez más. La infelicidad se extenderá. Se convertirá casi en parte de ti y después no sabrás cómo librarte de ella.

De modo que para empezar: Yo estoy a favor de la vida, completamente a favor de la vida, y completamente a favor de la diversión. Yo no estoy a favor de la seriedad sombría, yo no estoy a favor de la tristeza. Yo estoy en contra de todas esas religiones que enseñan a las personas a ser serios. Dios no es serio; de lo contrario no existirían las flores. Dios no es serio; de lo contrario los pájaros no podrían cantar. Dios se divierte muchísimo; por eso decimos en India que la creación, en realidad, no es una creación sino un juego, un *leela*.

Dios está jugando, es como un niño que corretea de aquí para allá. Como fruto de la pura energía, rebosante, disfrutando, danzando mil y un danzas, cantando mil y una canciones; nunca agotado, sigue innovando, sigue poblando la tierra. Cada persona es una nueva forma de su danza y cada persona es nuevo esfuerzo suyo para cantar de nuevo, para amar de nuevo, para vivir de nuevo. Cada persona es un nuevo proyecto, un nuevo esfuerzo. Él nunca está cansado. Su obra es interminable.

Dios no es serio. Dios no es cristiano. No vive en una iglesia. Es festivo. Mira la vida: está en constante festividad. Escucha a estos pájaros... una constante festividad. Mira cómo continúan floreciendo los árboles, el Sol, la Luna y las estrellas. Desde lo más bajo hasta lo más alto, el mismo ritmo de alegría. Excepto el hombre, nadie parece ser serio. Excepto el hombre, nadie parece estar preocupado ni ansioso. Excepto el hombre, toda la vida es divertida.

No, yo no estoy a favor de la seriedad. Estoy absolutamente en contra de ella. Me gustaría que tú fueras festivo. Escúchame bien: me gustaría incluso que rezaras como diversión. En cuanto la seriedad entra en tu plegaria, ya está muerta. Me gustaría que meditaras como amor; una dicha sutil, una dicha constante por el mero hecho de estar ahí, de estar vivo.

Yo no estoy en contra de la diversión, pero no veo que tú estés divirtiéndote; de ahí que haga falta la meditación. La meditación sirve para liberarte de tu seriedad. La meditación sirve para hacerte consciente de tu tedio. La meditación te ayuda a liberarte de todos los vestigios del pasado, y de todas las proyecciones y sueños del futuro, para que puedas estar aquí-ahora, sencillamente, espontáneamente.

La meditación sirve para ayudarte a disfrutar tanto que desaparezcas en ese disfrute. Si permaneces, permanece la infelicidad. Permíteme que te lo diga así: tú eres la infelicidad. Mientras tú existas, continuará la seriedad. Allí donde vas, inmediatamente creas a tu alrededor una atmósfera seria, sombría; hay algo que ya se está muriendo. Tú eres la muerte. Tú eres la enfermedad.

Cuando disfrutas, danzas, amas o simplemente estás sentado sin hacer nada, estás sencillamente feliz sin ninguna razón. Y la felicidad no necesita razón. Si buscas alguna razón, nunca serás feliz. La felicidad no necesita causa; no puede ser causada. No puedes hacerla parte del mundo de causa y efecto. Es totalmente ilógica. Si quieres ser feliz, ¡sé feliz! No esperes, no prepares; no hace falta hacer ninguna preparación. Tú eres capaz de ser feliz tal como eres. No te falta nada. Si puedes aprender al menos esto de mí, lo habrás aprendido todo, todo mi arte.

La felicidad no necesita causa. La causa la crea tu infelicidad. La infelicidad dice: «Hoy soy infeliz, ¿cómo voy a ser feliz ahora mismo? Primero, hay que hacer preparaciones. Evidentemente, esto lleva tiempo, de modo que seré feliz mañana cuando todo esté preparado. Tengo que encontrar a una mujer maravillosa. Tengo que encontrar a un marido perfecto. Tengo que encontrar una buena casa, un gran coche... esto y aquello. Esto solo es posible mañana. ¿Cómo va a ser posible ahora mismo? Hace falta tiempo». Este es el engaño de la mente infeliz.

La mente infeliz dice que hace falta tiempo. La mente infeliz vive en el tiempo, depende del tiempo. La felicidad no tiene nada que ver con el tiempo. Justo ahora, justo aquí-ahora, por favor intenta ver este punto. Es cuestión de verlo. Si puedes estar un poco alerta, lo podrás ver ahora mismo. Es una realización.

Ahora mismo, ¿quién te está obstaculizando el camino?

Y si piensas que antes de que seas feliz tienes que encontrar una esposa perfecta... parece lógico: ¿cómo vas a ser feliz sin una esposa perfecta? Pero ¿has oído alguna vez que exista una esposa perfecta? ¿Has oído alguna vez que exista un marido perfecto, una casa perfecta, un coche perfecto? Todas esas cosas no son más que ilusiones.

Una vez oí que había un hombre que no hacía más que buscar y buscar. Llegó a los setenta años y alguien le preguntó:

—¿Has terminado ya tu búsqueda? ¿Cuándo te vas a asentar?

Él dijo:

—Estoy buscando a la esposa perfecta.

—Han pasado ya setenta años. La muerte está ya llamando a tu puerta. ¿Cuándo te vas a asentar?

Él contestó:

—¿Qué le voy a hacer? ¿Cómo se puede ser feliz sin una esposa perfecta?

El amigo le preguntó:

—Pero en todo este tiempo que llevas buscando, ¿no pudiste encontrar ninguna?

Él contestó:

—Sí, una vez encontré a una mujer.

Entonces el hombre le dijo:

—¿Y por qué no te casaste con ella?

Y el buscador de setenta años se puso muy triste y contestó:

—Fue difícil: ¡ella también estaba buscando al marido perfecto!

La perfección es una demanda de la mente, un regodeoególatra. La vida es maravillosamente imperfecta. Una vez que entiendes eso, empiezas a disfrutarla en ese mismo instante. Y cuanto más la disfrutas, más capaz eres de disfrutarla.

Permíteme que te diga una cosa: la felicidad no necesita causa; la felicidad solo necesita el hábito de disfrutar, simplemente una cualidad natural, una capacidad de disfrutar. No hace falta nada más. Y esa capacidad solo llega disfrutando; no puede llegar a través de nada más. Cuando disfrutas, te vuelves más capaz de disfrutar. Cuanto más capaz te vuelves, más disfrutas. Y esto continúa de ese modo; va alcanzando un crescendo cada vez más alto, una cima cada vez más alta.

Cada momento surge de este momento. El momento siguiente surgirá de este momento. Si has vivido totalmente este momento, has amado, has disfrutado, el momento siguiente surgirá de este momento, y tú nacerás de este momento. El momento siguiente abrirá más posibilidades y te hará más capaz.

La felicidad es una capacidad que tú ya tienes, pero con la que nunca has funcionado. Es como si a un niño no se le hubiera dejado nunca andar y se le hubieran paralizado los pies. No es que no tenga la capacidad de andar, sino que nunca se le ha permitido. La madre tenía mucho miedo de que se cayera, así que ahora continúa andando a gatas, a consecuencia del miedo. Cada niño nace para ser feliz de una forma tan natural como cada niño nace para andar. Así de fácil.

Así que tu pregunta es: «Me gusta disfrutar de la vida y de sus diversiones; no tanto como a mí; de lo contrario, estaríais en ellas al cien por cien; y aunque pienso que soy de los que hace las cosas con desgana».

Tú eres de los que hace las cosas con desgana, porque todavía no amas la vida totalmente. Nunca pienses en mis meditaciones como algo distinto a la vida; nunca las conviertas en lo opuesto a la vida. No estoy intentando darte otras monedas que la vida misma. No estoy intentando convencerte de otro viaje más que del de la vida. La vida es el viaje, la vida es el objetivo.

La religión no es un viaje separado. Es, en realidad, caminar por la vida de forma tan total que la vida comienza a revelar todos sus secretos; Dios, su más profundo secreto. Una vez que ames y vivas la vida, esta se revelará cada vez más. De repente, un día, revelará su más profundo centro: Dios.

Al amar la vida, un día amarás a Dios.

Al vivir la vida, un día vivirás a Dios.

Así que no hagas las cosas con desgana. Estate en la vida plenamente. Y yo no estoy aquí para distraerte de la vida. Eso ya se ha hecho. Toda la humanidad está sufriendo por eso. Las religiones han resultado ser una calamidad porque han intentado cumplir objetivos opuestos a la vida, diametralmente opuestos a la vida.

George Gurdjieff solía decir que todas las religiones van contra Dios. Parece que tiene mucha razón. No tienes más que pensar en las religiones: todas parecen ir contra Dios; contra la vida significa contra Dios.

Dios no está en contra de la vida, al menos esto es verdad; de lo contrario la vida habría cesado hace mucho tiempo. Tus mahatmas están contra la vida, pero Dios no. Tus mahatmas no hacen más que predicarte: ¡Renuncia! Pero Dios no hace más que seguir creando vida. No parece ser un escapista, un renunciante, parece estar profundamente inmerso y comprometido con la vida. Su compromiso es eterno. No tienes más que pensar en lo siguiente: en una vida de setenta o de ochenta años, tú estás harto y cansado, y piensas en irte a los Himalayas; y Dios que lleva aquí toda la eternidad todavía no se ha cansado. Desconoce lo que es el cansancio; la energía todavía está fresca y joven. Es como si acabara de empezar. No carga con el pasado. Cada momento supone una nueva creación.

Si tú te haces religioso en mi sentido del término, no renunciarás a la vida. Renunciarás a ti mismo, no a la vida. Te abandonarás a ti mismo y serás uno con la vida, así que no habrá divisiones. Hay que abandonar el «Yo», el ego, no la vida.

La tercera pregunta:
Osho,

Todo lo que nos dices atrae de vez en cuando a mi mente, y hay algo en mí que quiere seguirlo. Pero, a pesar de eso, nunca lo practico. Osho, ¿por qué ocurre eso?

Puede que la mente quiera seguirme, pero la mente es impotente. La mente es una pequeña parte, no tiene voluntad. Sueña bien, piensa bien, planea bien, pero no tiene voluntad. No puede actuar. En lo que respecta a la acción, la mente es una cobarde. En lo que respecta al pensamiento es muy valiente, en lo que respecta a la acción es totalmente cobarde. Así que cuando me escuchas, si solo piensas sobre mí, y piensas sobre todo lo que digo, la mente dirá: ¡Tiene toda la razón! ¡Muy bien! Esto es lo que yo siempre quise: pero tú nunca lo practicarás.

Así que no me escuches desde la mente. Existe otra forma de pensamiento. Escúchame como un ser total, no solo desde la mente; escúchame desde tus entrañas. Solo entonces practicarás lo que te estoy diciendo; de lo contrario permanecerás dividido. La mente pensará una cosa y tú seguirás haciendo justo lo contrario. Entonces te arrepentirás y te sentirás culpable. Entonces será mejor que no me escuches porque yo no estoy aquí para crearte complejo de culpabilidad. Eso sería un pecado. Crear complejo de culpabilidad en alguien es un pecado. Así que recuerda esto: yo no soy responsable; tú mismo lo estás creando.

Escúchame como una unidad orgánica total —tu sangre también escucha, tus latidos también escuchan, tus huesos, tu médula, tus entrañas, me escuchas como un ser total— entonces, solo entonces serás capaz de practicarlo. De hecho, decir que «serás capaz» no es correcto; lo practicarás. Si me has escuchado como un ser total unitario, ya has empezado a practicarlo. No habrá necesidad de hacer un esfuerzo consciente por practicarlo; lo encontrarás. Ha pasado a tu flujo sanguíneo; se ha convertido en una parte de ti. No puedes hacer otra cosa que practicarlo.

Así pues, escúchame de forma correcta, y cuando digo que me escuches de forma correcta quiero decir que no me escuches con la cabeza. La cabeza es la culpable, porque la cabeza ha encontrado técnicas de escuchar y no permite que todo tu ser sea consciente de lo que está ocurriendo aquí. No expone todo tu ser a mí. Escuchas con la cabeza, escondiéndote tras una rendija, un pequeño agujero como una cerradura. Y vas recogiendo todo lo que digo. No me estás bebiendo ni comiendo, no me estás digiriendo; de lo contrario nunca surgiría la cuestión de la práctica. Lo único que haces es pensar en mí, en lo que te estoy diciendo; interpretas, haces tus propias teorías, explicaciones, comentarios, y después estás embrollado en la cabeza. Entonces llegas a una decisión. Pero la cabeza no tiene poder para ejecutarla; la cabeza no es el poder ejecutivo en ti. La cabeza no tiene voluntad, es impotente. Puede pensar, pero nunca puede ejecutar.

Por eso los pensadores siguen pensando. Si ves sus vidas, te sorprenderás. ¡Parece increíble! Su pensamiento es muy rico, pero sus vidas son completamente pobres. Ni siquiera pueden decidir sobre las pequeñas cosas; y su pensamiento sigue siendo indeciso.

Una vez le ocurrió lo siguiente al gran pensador alemán Immanuel Kant: una mujer se enamoró de él y estuvo esperando mucho tiempo que algún día él pidiera su mano. Sin embargo, él hablaba de mil cosas, de grandes cosas, de especulaciones filosóficas, pero nunca pedía su mano. Finalmente, cansada, ella misma le dijo: «Me gustaría casarme contigo».

Él se quedó confundido. Le dijo: «Déjame pensar. No puedo hacer nada sin pensar».

Y cuenta la historia que empezó a pensar. Un día llamó a la puerta de la casa de la mujer; había decidido casarse con ella, había decidido decirle que sí, pero cuando le preguntó a su padre si podía ver a su hija, el padre le dijo: «¡Pero si ya se ha casado y ya tiene dos hijos! ¿Dónde has estado durante todo este tiempo?»

Habían pasado casi siete años. Él no hacía más que pensar y pensar. Todavía se conservan sus diarios; había encontrado trescientas cincuenta y cuatro razones a favor del matrimonio y trescientas cincuenta razones contra el matrimonio. Como había cuatro razones más para el matrimonio, decidió que había que hacer algo; pero fue demasiado tarde.

La vida del pensamiento es una vida falsa. No tiene sustrato. Es una vida del limbo; ni de la tierra ni del cielo, justo en el medio.

Si me escuchas con la cabeza, este problema te obsesionará toda tu vida. La cabeza dirá sí entonces surgirá el problema: ¿cómo practicarlo? Y como no lo ha oído todo tu ser, este seguirá su propio camino. Todo tu ser no se preocupará por tu cabeza; no se preocupa. De hecho, todo tu ser nunca escucha a tu cabeza. Le da a la cabeza la oportunidad de pensar, pero cuando se trata de decidir, tu totalidad llega a una decisión, no tu cabeza. Decide: Ahora ya no más ira,

¡ya es suficiente! Siempre es mala y envenena y te deja mal sabor de boca, y no hace más que crear más problemas y no resuelve nada. Tu cabeza decide: ¡No más enfado, ahora voy a tomar una decisión! Y al día siguiente estás enfadado. ¿Qué ha ocurrido? Todo tu ser todavía no ha oído la decisión. Tus huesos, tu sangre, tus entrañas, no son conscientes de tu decisión.

Pensar es un lujo. A menos que me oigas con tu totalidad, no como ser pensante… si vibras conmigo, si tu corazón late conmigo, si tu ritmo está conmigo, entonces no será necesario; no surgirá nunca este problema: «¿cómo practicar?» Practicarás. De repente, verás que estás practicando. Si algo se hace verdad para tu ser, si tu totalidad siente algo como verdad, está ya en el camino de practicarlo. Lo has digerido y entonces nunca te creará complejo de culpa.

Hay que entender esta cuestión de la culpa; de lo contrario, me escucharás y no serás capaz de entenderme. Entonces te sentirás culpable. Y yo estoy aquí para hacerte feliz, no para hacerte culpable. La persona culpable es una persona enferma. La persona culpable no está en armonía, hay un conflicto interior. Quiere hacer una cosa pero está siempre haciendo otra, la contraria. La grieta se va haciendo más grande y el puente se va haciendo cada vez más imposible. La culpa crea esquizofrenia: tú te conviertes en dos personas, o incluso en muchas. Tú te conviertes en una multitud; te haces polipsíquico; pierdes unidad.

Escúchame con todo tu corazón. Absórbeme. De lo contrario, es mejor que no me escuches, que me olvides por completo. Pero, por favor, no te sientas culpable.

Si me has escuchado de la forma adecuada, si me has escuchado, no surge nunca la pregunta de la práctica. Tú estás practicándolo. Es tan natural como cuando quieres salir y lo haces a través de la puerta no de la pared. Ves la puerta, sales por la puerta. Ni siquiera piensas dónde está la puerta, no preguntas: ¿dónde está la puerta? No decides esto: esta vez voy a salir por la puerta, no por el muro; pase lo que pase voy a ser firme en mi decisión, a pesar de las tentaciones, no voy a salir por el muro, voy a salir por la puerta.

Si haces eso, lo único que demuestra es que estás loco. Y saldrás por el muro, no por la puerta. El muro es demasiado tentador; tú estás fascinado, obsesionado.

El entendimiento trae su propia práctica. El entendimiento es suficiente. Si me entiendes, no hay problema. Así que, si surge el problema de la práctica, no te voy a decir que hagas más esfuerzos.

No. Abandona todos esfuerzos. Intenta entenderme otra vez. Para empezar no has entendido, no has entendido el meollo, la propia semilla, que produce la práctica espontáneamente.

Escúchame otra vez. Escúchame de forma muy relajada. Cuando la cabeza escucha, uno está muy atento, concentrado; hay una tensión. Escúchame de forma muy relajada. Permíteme que te rodee por todos los lados. Deja que me convierta en una atmósfera que te rodee por todos los lados. Y déjame que entre en ti, empápate de mí; sé como una esponja; no atento sino relajado, como una esponja, para que puedas beber todo lo que diga. No hace falta que pienses en ello, bébelo. Deja que se convierta en parte de tu ser. Y entonces verás que nunca me estás siguiendo.

Cuando hay entendimiento, te sigues a ti mismo. No se crea el complejo de culpa y no se crea el seguidor. No se crea la culpa y no se crea el conflicto de cómo practicarlo. Entonces tú no eres un seguidor. Te conviertes en mi amante no en mi seguidor; y esa es una dimensión completamente diferente. Y si algún día descubres que hay algo que dice la cabeza que hay que seguir, hacer y practicar y que tú no lo estás haciendo, no hagas el esfuerzo de practicarlo. Intenta escucharlo de nuevo. Ve de nuevo al primer momento de entendimiento; empieza por el principio de todo.

Este es un engaño de la mente: primero te engaña; solo entendimiento verbal, intelectual, y te da la impresión de que has entendido. Después dice: ¡Ahora practica!, y no puedes practicar porque no te has empapado de ello; no se ha convertido en parte de ti, no es integral a ti. Es algo ajeno, extraño. ¿Cómo vas a practicarlo? Se convierte en una carga, un peso. Entonces la cabeza dice: ¡Tú eres culpable! Entiendes pero no lo haces. Así que ahora, hagas lo que hagas, no te sentirás bien. Y esto, el entendimiento que crees que has logrado, tampoco se puede practicar, así que te sentirás mal. Así es como tantos millones de personas permanecen en la culpa, en el pecado, apesadumbradas, aplastadas bajo el peso.

¡Abandónalo! Esa dimensión es equivocada. Empieza a escucharme de nuevo. No hace falta que me entiendas intelectualmente. Yo no soy un intelectual ni te estoy enseñando doctrinas. Solo te estoy permitiendo que participes de mi ser, que te relaciones conmigo, que entres en sintonía conmigo. Todo este esfuerzo es para que puedas encontrar cierta armonía entre tú y yo, para que puedas ser mi compañero, para que compartas conmigo algo desconocido que me ha ocurrido y que también te puede ocurrir a ti. Quiero darte la mano. Quiero darte ánimos, no entendimiento intelectual. Quiero darte vida. Quiero compartir algo que me rebosa.

Así que no me escuches con la cabeza; esa es una mala manera de escuchar. En el zen dicen: escucha desde el vientre. Es mejor. Inténtalo alguna vez: escúchame con el vientre. Es mejor que con la cabeza. En el tao dicen: escucha con la planta de los pies. Eso es incluso mejor, porque si escuchas con la planta de tus pies, cuando pase desde los pies a tu cabeza, te atravesará todo el cuerpo. Si escuchas con el vientre, también está muy bien; al menos lo oirás desde la mitad, desde el mismo centro.

Sin embargo, yo te digo: escúchame como un todo. No hace falta que me escuches con la planta de tus pies o con el vientre o con la cabeza. Solo escúchame como un ser total.

Por ejemplo, si estás en peligro y alguien te está persiguiendo con una espada, ¿cómo correrás? ¿Solo con la cabeza? ¿Solo con tus pies? ¿Solo con tu vientre? No, correrás como un todo. Te olvidarás por completo de dónde está la cabeza, dónde están los pies y dónde el ombligo. Olvidarás todo. Te convertirás en una unidad. Correrás como uno.

Esa es la manera de estar aquí conmigo. Empápate de mí, absórbeme, y después no habrá problema de practicarme. Te empezará a afectar. Te empezará a cambiar. Te sorprenderás: de repente, verás que lo has practicado. Alguien estaba enfadado, pero en ti no había enfado; pudiste permanecer tranquilo y sereno. De repente, lo has practicado; se ha convertido en parte de tu ser, *ha ocurrido*.

Te sorprenderá: si el entendimiento es real, más que sentirte culpable, sentirás muchas, muchas sorpresas; a tu propio comportamiento, a tus propias reacciones. En la misma situación de siempre, si alguien te insulta, tú ni siquiera sentirás nada. Es como si te atravesara, sin golpearte; solo pasa, no te deja ninguna herida, ¡ni siquiera te ha rozado! Y tú puedes sonreír y puedes mirar atrás…, ¿qué ha ocurrido? ¡Un milagro! El entendimiento es milagroso. Es el único milagro que existe.

Si me has entendido, encontrarás sorpresas esperándote a cada momento de tu vida, a cada paso. No serás capaz de creer que eso te esté ocurriendo a ti, porque solo puedes esperar lo antiguo, y esto es nuevo, completamente nuevo. Empezarás a enamorarte de ti mismo.

Está surgiendo un nuevo ser.

La cuarta pregunta:
Osho,

No siempre tengo clara la diferencia entre gotear y rebosar. Por favor, ¿podrías poner algunos ejemplos?

La mente siempre está intentando confundirte; porque el poder de la mente se halla en tu confusión. Cuanto más confundido estés, más tendrás que escuchar a la mente. Si alcanzas la claridad, se termina la función misma de la mente. Por eso la mente nunca se va de vacaciones.

Conozco a un hombre que es un gran funcionario. Una vez yo iba a ir a los Himalayas y le dije que viniera conmigo. Él me dijo: «¡Imposible! No puedo irme de vacaciones».

Yo le dije: «¿Por qué? Nunca lo había visto irse de vacaciones». Le pregunté: «¿Qué pasa?»

Él me contestó: «Soy absolutamente innecesario en la oficina, y no quiero que nadie se dé cuenta. Tengo que estar allí continuamente para que parezca que soy necesario. En cuanto me vaya de vacaciones, todo el mundo se dará cuenta de que soy completamente innecesario. No puedo irme de vacaciones».

Eso es lo que ocurre con la mente. La mente nunca te deja, ni siquiera por un momento. No hace más que confundirte; porque una vez que te confunde, la mente está tranquila. Tienes que preguntarle a la mente cuál es el camino. Entonces la mente se convierte en tu gurú. De hecho, también crea confusión en las cosas sencillas en las que parece que es imposible la confusión. Por ejemplo, esta pregunta:

No siempre tengo clara cuál es la diferencia entre gotear y rebosar.

Mira, estos fenómenos son tan diametralmente opuestos que no puede haber ninguna confusión. No es posible. Pero la mente la puede crear...

Cuando goteas, te sientes cansado. Cuando rebosas, te sientes pleno. Rebosar es una dicha; pura dicha, solo dicha y nada más. Al igual que los árboles dan flores, eso es rebosar. Cuando el árbol rebosa, solo entonces florece; de lo contrario no puede florecer. Cuando tiene demasiado y no lo puede contener, lo tiene que compartir. Es una descarga. Mira al árbol cuando está en flor: todo el árbol parece relajado, descargado, aliviado, feliz.

Cuando rebosas, cuando compartes, después, nunca te sientes cansado. De hecho, te sientes más energizado, más en sintonía, más a gusto. Todo se asienta, te sientes descargado. Te crecen alas, puedes volar en el cielo. Eres muy ligero, desaparece la gravitación. La sensación es totalmente diferente a la sensación que tienes cuando goteas, te disipas y se pierde energía. Es casi imposible confundirlos. ¿Cómo puedes confundirlos? Son totalmente diferentes. Sin embargo, la mente crea la confusión.

La única función de la mente consiste en crear confusión. Crea dudas; donde no pueden existir dudas, crea dudas. Crea fantasmas, cosas imaginarias, y crea un enigma. Entonces, por supuesto, tienes que preguntar a la propia mente: ¿Cuál es la salida?

Puedes conseguir un ejemplo de la diferencia del sentimiento en el orgasmo sexual. Si estás haciendo el amor con un hombre o con una mujer de forma mecánica, y no compartes amor —no hay amor, solo un hábito mecánico o solo porque tu médico dice que es higiénico, que es necesario para el cuerpo, o cualquier otra tontería—, te disiparás, la energía goteará de ti. Y después te sentirás cansado, no pleno, frustrado. Te quedarás más débil, no más fuerte. Por eso, mucha gente se siente frustrada después de hacer el amor, y deciden dejar de hacer el amor, porque les parece inútil.

Pero si amas a esa persona y estás rebosando, y quieres compartir tu energía con la otra persona… en ese momento, eso no es algo en absoluto sexual; tú no tienes la idea de sexo; tu mente no está ahí, ocurre espontáneamente. No lo planeas con la cabeza, no lo ensayas; no lo haces, en realidad, ocurre; no eres el hacedor, te conviertes en el vehículo. Tú estás poseído por algo mayor que tú, más alto que tú, más grande que tú. Entonces no es un goteo. Entonces estás rebosando completamente. No es algo local, sexual, es total. Entonces alcanzas paz, serenidad, calma. Entonces alcanzas la plenitud. Eso es el orgasmo. Las personas pocas veces alcanzan el orgasmo.

Esto no te dejará más débil, te hará más fuerte. Y tú no decidirás después de hacer el amor que estás en contra del sexo, que los denominados santos tienen la razón y que los debías haber escuchado antes; que ahora decides hacer voto de *brahmacharya*, o celibato, y decides convertirte en un monje católico y te metes en un monasterio, no. Si ha habido un flujo orgásmico de energía y tu energía ha sido simplemente compartida y ha rebosado, te sentirás agradecido hacia Dios. Surgirá una plegaria en ti. Te sentirás tan pleno que desearás dar las gracias. Te sentirás tan agradecido, tan bendecido, que en ese momento podrás bendecir a todo el mundo. Tu cara, tu cuerpo, tu mente, todo tendrá una actitud tranquila; una nueva plenitud de ser. Te rodeará una bendición.

La oración surge en tales momentos de agradecimiento, de gratitud.

En esos momentos, uno se vuelve religioso. Para mí la religión surgió de un profundo orgasmo amoroso. De ahí que, para mí, el tantra siga siendo lo máximo en religión, la última palabra, porque es la cima más alta de unidad que ha alcanzado el hombre, la cima más alta en la que el ego se dispersa, desaparece. Uno es, pero no está limitado. Donde uno no está bloqueado, sino que es un flujo; donde la energía se mueve y fluye, y uno se convierte en el centro de tantos caminos entrecruzados, caminos de energía; el ego desaparece. El ego es muy sólido, como una piedra. En el amor uno se hace líquido, fluye, fluye por todos lados.

Gotear es algo frustrante; independientemente del tipo de goteo que sea: sexual, no sexual, pero es agotador. A veces alguien está contigo y tú te sientes cansado; por el mero hecho de estar con esa persona, por el mero hecho de estar en presencia de esa persona. No quieres a esa persona, estás aburrido, y entonces empiezas a gotear, empiezas a disipar tu energía. Después, cuando esa persona se va, te sientes cansado, sacudido, como si hubiera tomado demasiado de ti y no te hubiera dado nada a cambio. Simplemente te deja débil. Pero si amas a la persona, si eres feliz de que esa persona venga a verte y a estar contigo, te sientes realzado. La energía se revitaliza, tú te sientes revitalizado. Te sientes rejuvenecido. No puede haber confusión entre los dos.

Evita el goteo, y permanece dispuesto a rebosar. Y poco a poco te harás más capaz de rebosar solo; porque el goteo es una actitud de la mente. Si para ti una persona es aburrida y está diciendo cosas que no quieres escuchar, te sentirás disipado, ocurrirá un goteo. Cambia tu actitud.

Justo en el medio de la conversación te estabas aburriendo. Cambia la actitud y empieza a escuchar a la persona. Él también es una persona misteriosa; quizá un poco aburrida, pero él también es Dios. Quizá un poco aburrido… Escúchalo con otra actitud. Zarandéate a ti mismo, sacúdete; abandona tu vieja actitud y empieza a escuchar su historia. Quizá haya algo en ella. E inmediatamente verá, la energía ya no se está disipando.

Es tu actitud. Cualquier cosa puede dar energía o puede destruirla; depende de la actitud. La persona religiosa —esa es mi definición de persona religiosa— es la que siempre está rebosando independientemente de la situación. Aunque la muerte se le acerque, la muerte la encontrará en un profundo orgasmo.

Normalmente, ni siquiera la vida te encuentra en un profundo orgasmo, ni siquiera el amor te encuentra en un profundo orgasmo. Pero a un hombre como Sócrates, incluso la muerte lo encuentra en un orgasmo; preparado, receptivo, danzando, como si la muerte le estuviera trayendo misterios. ¡Lo está haciendo! Ese también es el rostro de Dios; oscuro quizá, pero la oscuridad también es divina. Vas a desaparecer, pero la desaparición es tan misteriosa como la aparición.

El nacimiento y la muerte son las dos caras de la misma moneda.

¡Sócrates está emocionado! Tú no estás tan emocionado con la vida como él lo está con la muerte. Sus discípulos empezaron a llorar y a sollozar, y él dijo: «¡Basta! Ya tendréis tiempo de llorar cuando me muera. No desperdiciéis estos momentos. Estos momentos son trascendentales. Vamos a recibir a la muerte; solo viene una vez en la vida. Es un invitado muy especial. No viene todos los días. Tengo la suerte de que esté viniendo en este día predecible; de lo contrario vendría en un día impredecible y no podría recibirla»

Lo iban a envenenar, fue sentenciado a muerte por los griegos. Exactamente a las seis en punto se bebería el veneno; y estaba esperando emocionado como un niño. ¡Los discípulos no se lo podían creer! Se bebió el veneno y empezó a caminar por la habitación, y alguien le preguntó: «¿Qué haces?»

Él contestó: «Estoy intentando estar alerta, estar despierto, para que la muerte no me encuentre dormido».

Después se le hizo imposible andar. Las piernas le estaban empezando a flaquear. Así que se tendió en un diván y empezó a decir: «Ahora se me están durmiendo los pies; parece como si los pies estuvieran muertos. Pero sigo estando igual que antes. No se han llevado nada de mí; ¡¡sigo siendo un todo!!»

Y estaba feliz.

Y después dijo: «Ya no siento las piernas; pero escuchadme: sigo estando entero. Eso significa que solo se están llevando el cuerpo. Mi conciencia permanece intacta, sin ningún rasguño. Parece que la muerte no me va a matar».

Esta es la actitud del hombre religioso… y depende de tu actitud. Toda tu vida puede ser un flujo orgásmico. No solo el amor; cada momento de tu vida puede ser un flujo orgásmico. Entonces estás rebosando. Y recuerda una cosa básica, una regla fundamental: cuanto más reboses, más recibirás. Es como si cogieras agua de un pozo, cuanta más agua saques de él, más agua fresca fluirá en él, constantemente. Si dejas de coger agua, el agua se quedará estancada, muerta, y las frescas fuentes no le llevarán más agua; no habrá necesidad.

¡Comparte! Comparte todo lo que puedas, y recibirás más.

Jesús dice: «Si te apegas, perderás; si compartes, obtendrás». No seas avaro, ¡comparte! Y siéntete agradecido: siéntete agradecido hacia todo aquel que acepte tu energía, porque la podía haber rechazado. Siéntete agradecido y sigue compartiendo. Y verás; de tu fuente interior surgirá continuamente agua fresca. Cuanto más compartas, más joven permanecerás. Cuanto más compartas, más virgen permanecerás. Cuanto más compartas, más fresco, más puro.

Y si no compartes, empezarás a gotear. Si no compartes, si no eres feliz compartiendo, te convertirás en un avaro. El avaro gotea. Sé un derrochador en lo que se refiere a energía. El avaro empieza a gotear y se siente frustrado y siempre infeliz porque le han quitado algo. Y en esta infelicidad se encoge; y a causa de su encogimiento, las fuentes interiores, el manantial interior no lo puede volver a llenar.

Depende de ti.

La distinción es totalmente clara. Permite que este sea el criterio; después de todo contacto de energía... y la vida entera es un contacto de energía. Cuando contemplas el árbol, hay un contacto de energía; tus ojos encontrándose con el verdor del árbol, has abrazado el árbol de un modo sutil. Tocas la roca y hay un contacto, se ha compartido energía. Miras a los ojos de otro ser humano y ha habido una comunicación. Dices algo o te quedas callado, pero la comunión permanece continuamente. Está ocurriendo a cada momento.

Ahora depende de ti que lo conviertas en goteo. Si es un goteo, morirás cada día mil muertes. Depende. Si lo conviertes en un rebosar, un compartir abundante, que tú siempre querías dar, una descarga de tu corazón —al igual que la flor exhala su fragancia a los vientos y la lámpara ofrece su luz a la noche y las nubes regalan sus lluvias a la tierra—, si no cesas de compartir, toda tu vida se convertirá en una maravillosa danza de energía. Y cada día tendrás mil y un nacimientos nuevos.

Ha sido suficiente por hoy.

10

Llegar a la fuente

Todo está en su estado natural.
Estate tú también en tu estado natural.
El mundo es absolutamente bueno,
el mundo es absolutamente hermoso.
Es el mejor mundo que puede haber.

9. Llegar a la fuente

Se han tenido que dar muchos pasos para volver a la raíz y a la Fuente.
¡Habría sido mejor estar sordo y ciego desde el principio!
Cuando uno vive en su verdadera morada, despreocupado por el exterior, el río fluye con tranquilidad y las flores son rojas.

Comentario:

Desde el principio, la verdad está clara. Sereno en el silencio, observo las formas de integración y de desintegración. El que no está apegado a la forma no necesita ser reformado. El agua es esmeralda, la montaña es índigo, y veo lo que crea y lo que destruye.

10. En el mundo

Descalzo y con el pecho desnudo, me mezclo con las gentes del MUNDO. Tengo las ropas a jirones y polvorientas, y soy eternamente dichoso. No utilizo la magia para alargar mi vida. Ahora, ante mí, los árboles cobran vida.

Comentario:

Tras mi puerta, mil sabios no me conocen. La belleza de mi jardín es invisible. ¿Por qué buscar las huellas de los patriarcas? Voy al mercado con mi botella y vuelvo a casa con mi bastón. Visito la taberna y el mercado, y todo aquel al que contemplo se ilumina.

Anoche Sat Prem acudió a mí. Vipassana está en su lecho de muerte. Él estaba muy preocupado, conmovido, inmensamente conmovido, y con razón. El momento de la muerte de una persona a la que has amado te trae a la mente tu propia muerte. El momento de la muerte es una gran revelación. Te hace sentir impotente, inútil. Te hace sentir que no existes. Desaparece la ilusión del ser.

Sat Prem estaba llorando. No es un hombre que llore fácilmente. No es un hombre que se sienta impotente fácilmente; no llora. Pero estaba conmovido. Cualquiera estaría conmovido; ya que de repente ves que la tierra que había bajo tus pies ha desaparecido. No puedes hacer nada. Se está muriendo una persona a la que amabas. Te gustaría incluso dar tu vida, pero no puedes. No se puede hacer nada. Lo único que puedes hacer es esperar en profunda impotencia.

Ese momento te puede deprimir, te puede entristecer, o te puede conducir al gran viaje de la verdad; un gran viaje en búsqueda del toro.

¿Qué es la vida? Si llega la muerte y se la lleva, ¿qué es la vida? ¿Qué sentido tiene si uno es tan impotente ante la muerte? Y recuerda, no solo Vipassana está en su lecho de muerte; todo el mundo está en su lecho de muerte. A partir del nacimiento todo el mundo está en su lecho de muerte. No puede ser de otra manera. Todos los lechos son lechos de muerte, porque después de la muerte solo hay una cosa cierta, y esta es la muerte.

Tú también estás muriendo, no solo Vipassana. Quizá tú estés un poco más lejos en la cola, pero no es más que una cuestión de tiempo. Hoy se muere alguien, mañana otro, pasado mañana otro. ¿Cuál es la diferencia básicamente? El tiempo no cambia mucho las cosas. El tiempo solo puede crear la ilusión de la vida, pero la vida que termina en la muerte no es, y no puede ser, la vida real. Debe ser un sueño. Me gustaría que fueras consciente de esto; entonces empezará tu búsqueda del toro.

La búsqueda del toro es la búsqueda de la vida real, de la vida auténtica, que no conoce la muerte. La vida es auténtica solo cuando es eterna. De lo contrario, ¿qué diferencia hay entre un sueño y lo que tú llamas vida? Por la noche, cuando duermes profundamente, el sueño es tan verdadero como cualquier cosa, tan real; incluso más real que lo que ves con los ojos abiertos. Cuando amanece, desaparece; no queda ninguna huella. Por la mañana cuando estás despierto ves que era un sueño y no la realidad. Este sueño de la vida continúa durante unos cuantos años; entonces, de repente, uno se despierta, y toda la vida resulta un sueño.

La muerte es una gran revelación. Si no hubiera muerte, no habría habido religión. A causa de la muerte, existe la religión. A causa de la muerte, nació un Buda. Todos los Budas nacen al ser conscientes de la muerte.

Buda pasó por una calle y se encontró con una persona muerta. Le preguntó a su sirviente, al cochero que estaba llevándolo en su carruaje: «¿Qué le ha ocurrido a este hombre? ¿Qué le ha ocurrido a este hombre?».

Y el cochero no podía mentir. Quería mentir —eso es lo que nos hacemos unos a otros— quería mentir a su joven príncipe: ¿para qué preocuparlo innecesariamente? Todavía es muy joven. ¿Para qué preocuparlo con la muerte?

La historia es maravillosa. Cuenta que él iba a mentirle y a evitar esta cuestión y a darle cualquier explicación, pero los dioses del cielo estaban observando la escena e inmediatamente se encarnaron en este hombre, lo poseyeron: Hay que decir la verdad; de lo contrario Gautama Siddhartha perderá esta oportunidad. Forzaron al cochero a decir la verdad. A pesar suyo, el cochero se encontró a sí mismo diciendo: «Este hombre está muerto, y todos vamos a morir así, ¡incluso usted, mi señor!».

«¿Incluso yo?», preguntó Buda. «Entonces llévame de vuelta a casa. Entonces no hay ningún lugar a donde ir, entonces toda esta vida es falsa. No debo perder el tiempo; debo buscar lo eterno.

Esa es la búsqueda del toro. Ve, siéntate al lado de Vipasssana; siente la muerte. No sientas pena por ella. Si sientes pena por ella, no estarás entendiendo nada. Perderás una oportunidad, una gran puerta. No sientas pena por ella, no hace falta sentir pena por ella. Ella es absolutamente maravillosa. Ella está abandonando el mundo con algo ganado en su interior.

El día que acudió a mí, me di cuenta de que su respiración no estaba bien y esto me preocupó. De ahí el nombre Vipassana. Vipassana significa consciencia de la respiración. Y le dije que fuera todo lo consciente que pudiera de su respiración. Iba a morir —no importa cuándo— e iba a morir de algún gran problema de respiración. Su respiración era arrítmica.

Pero se esforzó mucho, y me siento feliz de que esté muriendo con una cierta integración, para que no muera inútilmente. No sientas ninguna pena por ella. Al contrario, te puedes sentir feliz por ella. Se ha esforzado mucho. Y todo aquello que ha logrado es algo que se va a llevar a la otra vida. Ha utilizado esta oportunidad lo mejor posible; así que no importa si sobrevive o muere.

Cuando vayas y te sientes a su lado, siente pena por ti. Tú estás en la misma barca, en la misma situación. Cualquier día la muerte llamará a tu puerta. Estate preparado. Antes de que venga la muerte, encuentra el toro. Antes de que llame la muerte, vuelve a casa. No te debe coger en el medio; de lo contrario, toda esta vida desaparece como un sueño, y tú te quedas en una gran pobreza, una pobreza interior.

La búsqueda del toro es la búsqueda de la energía, la energía eterna, la energía realmente dinámica, de la vida. No conoce la muerte. Pasa a través de muchas muertes. Cada muerte es una puerta para una nueva formación. Cada muerte es una limpieza. Cada muerte es una descarga. Cada muerte simplemente te libera de lo viejo.

La vida, la auténtica vida, nunca muere. Entonces, ¿quién muere? Tú mueres. El «yo» muere, el ego muere. El ego es parte de la muerte; la vida no lo es. Así que, si puedes vivir sin ego, no habrá muerte para ti. Si puedes abandonar el ego conscientemente, habrás conquistado la muerte. Y en la búsqueda del toro, lo único que hay que hacer es abandonar el ego poco a poco. Si tú eres realmente consciente, puedes abandonar el ego en un solo paso. Si no eres muy consciente, tendrás que abandonarlo gradualmente. Eso depende de ti. Pero hay una cosa segura: hay que abandonar el ego. Con la desaparición del ego, desaparece la muerte. Con el abandono del ego, también se abandona la muerte.

Así que ve y siéntate al lado de Vipassana. Pronto desaparecerá. No sientas pena por ella; siente pena por ti mismo. Deja que la muerte te rodee. Saboréala. Siéntete inútil, impotente. ¿Quién se siente inútil y quién se siente impotente? El ego; porque ves que no puedes hacer nada. Te gustaría ayudarla pero no puedes. Te gustaría que sobreviviera, pero no se puede hacer nada.

Siente esta impotencia todo lo que puedas.

Y como fruto de esta impotencia, surgirá una cierta consciencia, una oración, una meditación. Utiliza la muerte; es una oportunidad. Aquí conmigo, utiliza todo como una oportunidad.

Ella ha utilizado su vida maravillosamente. Puedo decirle adiós muy contento para que ella pueda volver pronto. Volverá en un plano superior. Y esta muerte le va a ayudar, porque con este cuerpo ya no puede trabajar más. Todo lo que podría hacer, ya lo ha hecho. Necesita un cuerpo nuevo, fresco para trabajar más.

Y no está luchando, no está combatiendo. Simplemente está rindiéndose poco a poco; y eso es algo maravilloso. Se está dejando llevar. Si lucha, puede que sobreviva unos días más. Por eso los médicos no van a ser de mucha ayuda, porque ella misma está aceptando la muerte. Y cuando alguien acepta la muerte, nada puede ayudarle, porque en lo más profundo esa persona está dispuesta a morir. Y eso es algo maravilloso, que uno esté dispuesto a morir, porque uno solo está dispuesto a morir cuando ha sentido algo que está más allá de la muerte, nunca antes. Cuando uno ha llegado a probar el sabor de la inmortalidad, aunque solo sea un destello, uno sabe que no va a morir. Uno va a morir, pero no va a morir. Cuando uno llega a saber eso, se relaja. Entonces, ¿dónde está la lucha? ¿Qué sentido tiene? Uno se relaja.

Ella se está relajando. Poco a poco desaparecerá. ¡Utiliza esa oportunidad! Estate a su lado. Siéntate en silencio. Medita. Permite que su muerte se convierta en un ejemplo para ti para que tú no continúes malgastando tu vida. Lo mismo te va a ocurrir a ti.

Llegar a la fuente: el noveno sutra:

Se han tenido que dar muchos pasos para volver a la raíz y a la Fuente.
¡Habría sido mejor estar sordo y ciego desde el principio!
Cuando uno vive en su verdadera morada, despreocupado por el exterior, el río fluye con tranquilidad y las flores son rojas.

Se han tenido que dar muchos pasos... En realidad, no hacía falta dar tantos pasos. Pero solo te das cuenta de esto cuando llegas al noveno punto. Cuando llegues a casa te darás cuenta de que esto se podía haber hecho en un solo paso. No hacía falta dar tantos pasos, no hacía falta moverse gradualmente, en grados. Se podía dar un salto.

La gente acude a mí y yo les digo que den el salto. Ellos me dicen: Pero tendré que pensarlo. ¿Cómo puedes pensar para dar un salto? Y si lo piensas y llegas a una decisión pensando, ¿cómo se va a llamar salto? Un salto es un salto a lo desconocido, no pensado, no contemplado, no planeado. Un salto no puede ser planeado. No te puedes preparar para él, no puedes pensar los pros y los contras. Tú no puedes ser el que decida. Un salto supone salir del ego; hacer algo que no ha sido decidido por el ego. Un salto es permitir que el todo tome posesión de ti. Un salto es algo discontinuo contigo; no es una continuidad. Si piensas y después llegas a una decisión, es una continuidad. Puede que entonces tomes sannyas, pero este será el primer paso de una larga serie.

Las sannyas que yo esperaba para ti eran un solo paso. En un solo paso habrías llegado a casa, pero tú quisiste pensar. También puedo entender tu postura; ¿cómo puedes aceptar algo sin pensar? ¿Cómo vas a ser tan confiado? El salto necesita confianza. No puedes pensar. Tú dudas, te han entrenado para la duda. Te han entrenado para pensar todas las posibilidades antes de decidir. Te han entrenado para permanecer siempre en control.

Puedes tomar sannyas como una conclusión de tu reflexión; entonces es continuidad. Las sannyas que yo te iba a dar eran más como la muerte, o como el amor. No puedes pensar en el amor; es algo que ocurre. Por eso es por lo que existe en todos los idiomas la expresión: caer presa del amor. Es una caída; una caída del ego, una caída de la cabeza, una caída del control, una caída de la continuidad.

Sí, es una caída. Ya no eres parte de tu pensamiento, de tu continuidad. De repente, hay un espacio. Es como la muerte; no puedes hacer nada. Viene, te posee; no es una decisión tuya. Pero un día, cuando te vayas acercando a casa, cuando tu casa este frente a ti, entonces te darás cuenta: *Se han tenido que dar muchos pasos para volver a la raíz y a la fuente. ¡Habría sido mejor estar sordo y ciego desde el principio!*

Ese es el significado de la confianza; habría sido mejor estar ciego y habría sido mejor estar sordo desde el principio. Si confías, tu mente dirá: Te estás convirtiendo en alguien que tiene fe ciega. No seas ciego. Piénsalo, tómate tu tiempo, después toma la decisión. Todo debería ser decisión tuya.

¿Has pensado alguna vez que tu nacimiento no fue decisión tuya? Para empezar nadie te preguntó. Y aun en el caso de que alguien te hubiera querido preguntar, tú no estabas allí para preguntarte. Tu nacimiento surgió de lo desconocido; naciste de la nada. No fue decisión tuya. Un día desaparecerás de nuevo en lo desconocido. Esa será tu muerte. No será una decisión tuya. Y a veces, entre medias de estos dos momentos habrá destellos de amor; todos serán de lo desconocido, y también tendrás destellos de lo desconocido si intentas la meditación y la plegaria y eres lo suficientemente afortunado. No será algo que hagas. De hecho, tu acción es la barrera.

Hay cosas que solo tú puedes hacer, y hay cosas que solo se pueden hacer cuando tú no estás ahí para hacerlas. Hay cosas que solo se pueden hacer en un profundo no-hacer: nacimiento, muerte, amor, meditación. Todo lo que es bello te ocurre; recuérdalo. Que se convierta en un recuerdo constante. Tú no puedes hacer estas cosas.

Se han tenido que dar muchos pasos para volver a la raíz y a la fuente.

¡Habría sido mejor estar sordo y ciego desde el principio!

Cuando uno vive en su verdadera morada, despreocupado por el exterior, el río fluye con tranquilidad y las flores son rojas.

Mira al río: fluye en profunda tranquilidad, en profunda calma, indiferente a todo lo que ocurre alrededor, no le distrae lo que ocurre en la orilla. Fluye, sin distraerse. Permanece en sintonía con su propia naturaleza, nunca se sale de su naturaleza. Permanece fiel a sí mismo. Nada lo distrae, nada lo llama a otro lugar, fuera de sí mismo. Ocurra lo que ocurra a su alrededor, el río sigue siendo un río, fiel a sí mismo, sigue moviéndose. Aunque ocurra una guerra, aunque estén cayendo bombas, ocurra lo que ocurra, bueno o malo, el río sigue siendo fiel a sí mismo. Se sigue moviendo. El movimiento es su naturaleza intrínseca. Y la tranquilidad es una sombra cuando eres fiel a ti mismo.

Y contempla las flores sobre los árboles... y las flores son rojas. Los árboles son fieles a sí mismos. No hay ninguna flor que esté intentando imitar a otra. No hay imitación, no hay competición, no hay celos. La flor roja, es simplemente roja, y está inmensamente feliz de ser roja. Nunca ha pensado ser otra cosa. ¿En qué se ha equivocado el hombre?

El hombre no encuentra su verdadera naturaleza a causa del deseo, de la imitación, de los celos, de la competición. El hombre es el único ser en la tierra que no es fiel a sí mismo, cuyo río no está en sintonía consigo mismo; que siempre se está dirigiendo a otro lugar, que siempre está mirando a alguien más; que siempre está intentando ser alguien más. Esa es la infelicidad, la calamidad. Tú solo puedes ser tú mismo. No hay otra posibilidad; sencillamente, no existe. Cuanto antes lo entiendas, mejor. No puedes ser Buda, no puedes ser Jesús, y no hace falta que lo seas. Solo puedes ser tú mismo.

Pero todo el mundo está intentando ser otra persona. Por eso continuamos, cada vez más lejos de la fuente original. El deseo es el que crea la distancia. Ves a alguien conduciendo un coche estupendo y quieres el coche. No es que te haga falta el coche; hace unos instantes no te hacía falta. De repente, al ver a alguien conduciendo ese coche, surge el deseo. Si no hubieras visto el coche, no habría surgido nunca el deseo. Así que no es algo inherente a ti, sino algo del exterior. Es como si el río se estuviera dirigiendo hacia el océano, y hubiera visto algo en la orilla y se rompiera el flujo; ahora el río ya no quiere ir al océano. Ahora le gustaría apegarse a algo, poseer algo en esta orilla. Ahora el río se ha alejado de su naturaleza intrínseca. Ha caído de su realidad, de su autenticidad, de su verdad.

Ves a alguien, un atleta, un cuerpo maravilloso, escultural, y de repente surge un deseo. Te gustaría tener el mismo cuerpo, te gustaría convertirte en Muhammad Ali; en «el mejor». O ves a un hombre guapo o a una mujer guapa y te gustaría ser así. O ves a un Buda, una tranquilidad de gran entendimiento y te gustaría ser como él. Recuerda una cosa; tú solo puedes ser tú mismo; no hay otra posibilidad. Lo único que hacen todas las otras posibilidades es alejarte de ti mismo.

Una vez que te des cuenta de esto lograrás el entendimiento básico, e inmediatamente empezará a fluir tu río. No habrá bloqueos. Hay personas que acuden a mí y me dicen que tienen muchos bloqueos aquí y allá. Todos los bloqueos existen por los deseos fuertemente arraigados de ser algo distinto a lo que eres. Todos los bloqueos existen porque la energía se congela; porque la energía solo conoce una manera de fluir, ese es su flujo natural.

Imagínate una rosa que se hubiera vuelto neurótica y quisiera convertirse en un loto.

¿Qué ocurriría?

Solo habría infelicidad, y en esa infelicidad la rosa no sería capaz de convertirse en una rosa. Hay una cosa cierta: la rosa no se puede convertir en loto; eso es absolutamente cierto. La rosa no será capaz tampoco de convertirse en una rosa; eso es algo prácticamente seguro, porque ahora todo su deseo se habrá ido muy lejos. La rosa soñará con el loto, y la rosa pensará en el loto y la rosa empezará a criticarse a sí misma.

¿Cómo puedes crecer si te criticas a ti mismo? La rosa no será capaz de amarse a sí misma. ¿Cómo puedes amar si no te puedes amar a ti mismo? La energía no fluirá. Habrá bloqueos. Ahora la rosa tendrá problemas continuamente. Un día será un dolor de cabeza; otro día será otra cosa. La rosa está enferma.

Una vez que la rosa llegue a entender que solo existe una posibilidad, que es ser rosa, y que no hay necesidad de ser un loto, y que es perfectamente bella como rosa, una vez que la rosa se acepte a sí misma y que desaparezca la condena, una vez que la rosa se ame a sí misma, volverá la gracia, volverá la dignidad. Entonces ya no habrá bloqueos, se desvanecerán. La rosa empezará a fluir como un río. La rosa será roja, feliz, tremendamente dichosa con aquello de lo que dispone de forma natural.

Las rosas nunca se vuelven neuróticas. Se ríen de los hombres. Los lotos nunca se vuelven neuróticos. Todo el mundo se ríe del hombre. El hombre es el único animal que se vuelve neurótico. Y la neurosis surge cuando intentas hacer algo innatural a ti mismo; entonces surge la neurosis. En cuanto tengas un ideal, vas a ser neurótico.

Tú eres el ideal, tú eres el destino. Cuando uno vive en su verdadera morada…, eso significa simplemente siendo uno mismo, sin intentar ser otra persona. … *despreocupado por el exterior, el río fluye con tranquilidad y las flores son rojas.*

El comentario en prosa:

Desde el principio, la verdad está clara. Sereno en el silencio, observo las formas de integración y de desintegración. El que no está apegado a la forma no necesita ser reformado. El agua es esmeralda, la montaña es índigo, y veo lo que crea y lo que destruye.

Desde el principio, la verdad está clara. Desde el principio la verdad no está oculta. Desde el principio, la verdad está justo frente a ti. Desde el principio, no hay nada más que la verdad. Algo malo ha ocurrido contigo, no con la verdad.

Hay personas que acuden a mí y me preguntan: ¿por qué Dios es invisible? Yo les digo: No lo es. Tú eres ciego. No digas, Dios es invisible. Dios es el todo que te rodea, dentro y fuera. Dios no es invisible; tú has perdido la capacidad de ver. Dios está aquí-ahora. Dios es todo lo que existe. Dios no es más que un nombre de la totalidad, del todo. Él es visible en millones de formas. En el curso del río, Él es la corriente. En la flor roja, Él es la «rojedad».

Dios no es invisible. Pero tú, en cierto modo, te has quedado ciego o te has apegado a tu antifaz. Tus ojos siguen vendados. Tu religión, tu cultura, tu sociedad, tu condicionamiento, la civilización y todas esas tonterías no funcionan más que como una venda para los ojos. No se te permite abrir los ojos. Te has acostumbrado a vivir con los ojos cerrados. Te has olvidado por completo de que tienes ojos y de que los puedes abrir. Te da tanto miedo abrir los ojos, ver la verdad, te has acostumbrado tanto a las mentiras que ves que la verdad va a ser realmente devastadora. Toda tu imagen se derrumbará, será abatida por tierra. Sencillamente, se derrumbará tu castillo de naipes y desaparecerá. Has vivido demasiado en los sueños y en los deseos, y te has vuelto totalmente temeroso de lo real.

No digas que Dios es invisible. Dios es absolutamente visible aquí y ahora.

Desde el principio, la verdad está clara. Entonces, ¿en qué se equivoca el hombre? Al tratar de encontrar algo más, al tratar de ser otra persona, al tratar de satisfacer algunos ideales, al tratar de ir al futuro y ser alguien. El regodeoególatra te desvía.

Abandona todos los ideales. Abandona todas las ideas de cómo deberías ser. El «debería» es el mayor veneno que existe. Simplemente vive de forma natural.

Esta es la particularidad exclusiva del zen: no te da ideales, te ayuda a ser natural. No te da imágenes que tengas que seguir e imitar. El maestro zen dice: Aunque te encuentres a Buda en el camino, ¡mátalo inmediatamente! Y si pronuncias el nombre de Buda, enjuaga tu boca. Ellos conocen el mensaje exacto de Buda, lo han entendido; de ahí que puedan ser tan duros. Parecen duros, pero no son duros. Lo que dicen es que tú solo puedes ser tú mismo, así que no se debe permitir imitar. Deberías destruir todas las semillas de imitación; de lo contrario, te convertirás en una falsedad, serás un ser falso.

Simplemente sé tú mismo. No hay otro objetivo que alcanzar. Vive alerta, dichoso, y todo será como debería ser. No hay necesidad de pensar en el «debería». La verdad te seguirá como una sombra. Tú simplemente asiéntate, relájate en tu naturalidad, sé espontáneo, sé natural. No vivas de acuerdo a las reglas. Deja que las reglas surjan de tu naturalidad.

El zen es la religión natural del hombre. Es casi una religión sin religión, una religión sin dios. Está más allá de la moralidad ordinaria.

Desde el principio, la verdad está clara. Sereno en el silencio, observo las formas de integración y de desintegración.

Cuando tú simplemente eres natural, te conviertes en un observador. Surge un deseo, aparece; permaneces siendo un observador. De la misma manera que aparece, desaparece. No necesitas hacer nada. Al igual que la ola se levanta en el océano y vuelve a caer; no necesita hacer nada. No hace falta luchar, no hace falta batallar. Las formas surgen y desaparecen, tú sigues siendo un observador. Y tú sabes bien que ninguna forma es idéntica a ti; tú no estás identificado con ninguna forma.

Tú eras un niño; esa forma vino y desapareció. Si te encontraras con tu niñez en algún lugar, no serías capaz de reconocerla. Te convertiste en un joven, en una joven; esa forma también desapareció. Si vas ahora y te encuentras con tu juventud en algún lugar, no serás capaz de reconocerla. Te harás viejo; esa forma también desaparecerá en la muerte. Las formas son como las olas, vienen y se van, aparecen y desaparecen. No hay necesidad de ser distraído por ellas. La ira viene y se va... no hay que hacer nada con ella. Si puedes permanecer sereno en tu estado alerta, no te podrá envenenar. Permaneces distante; cercano, muy cercano, pero, a pesar de eso, distante, lejos, muy lejos.

Permanece en medio de las formas, pero permanece alerta para que ninguna forma sea idéntica a tu ser. Tu ser no se puede reducir a ninguna forma. Tu ser es pura consciencia. Es solo consciencia sin forma.

Sereno en el silencio, observo las formas de integración y de desintegración. El que no está apegado a la forma no necesita ser reformado.

Esto es maravilloso: El que no está apegado a la forma no necesita ser reformado. Primero, te apegas a la forma de la ira, o de la avaricia, o de los celos, o del ansia de posesión o de lo que sea. Primero te identificas con la forma de la ira, después surge la pregunta: ¿Cómo abandonarla? ¿Cómo llegar a la no-ira? Primero te apegas a la forma de avaricia, y después empiezas a preguntar: ¿cómo no ser avaricioso? Entonces hace falta una reforma. Y esto es un círculo vicioso.

El zen dice: Para empezar, ¿por qué identificarse con cualquier forma? En vez de intentar convertir la ira en no-ira, la violencia en no-violencia, la avaricia en no-avaricia, ¿por qué no abandonar en primer lugar la identificación? Observa la ira; no te identifiques con ella. De repente, tú no estás ni enfadado ni no-enfadado, ni violento ni no-violento; tú eres el observador. La violencia y la no-violencia son ambas formas en la pantalla. Tú eres el espectador. Tú has ido más allá. No hace falta ninguna reforma. Intenta entender lo básico, lo más básico.

El zen no te dice que debas practicar el *brahmacharya*, el celibato; no. Solo dice: No te identifiques con la forma del sexo. De esa manera perderás lo auténtico. Una vez que te identificas con la forma del sexo, entras en un círculo vicioso. Se ha dado un primer paso equivocado, ahora no puedes llegar a casa. Hay que corregir el primer paso; así que ahora no hace falta acudir a un santo y hacer votos de *brahmacharya*. Tu *brahmacharya* va a ser peligroso; no será más que represión. Y tú serás cada vez más infeliz, y el sexo se hará cada vez más poderoso. Te fascinará cada vez más, te atraerá cada vez más. Empezarás a vivir una vida sexual muy pervertida. En el exterior, brahmacharya; en lo más profundo, un torbellino.

El zen dice: No te preocupes por el *brahmacharya*; no te identifiques con la forma del sexo. Cuando surja el deseo sexual, sé un observador. No lo condenes, porque si lo condenas no podrás ser un observador; te has convertido en una parte. Entonces no podrás ser imparcial, ya tienes prejuicios. No condenes, no juzgues. Simplemente permanece alerta sin hacer juicios, porque todos los juicios son formas sutiles de identificación. Si dices que está mal ya te has identificado, ya estás en su contra. Ya ha tomado posesión de ti, ya ha entrado en ti. Si dices que es bueno, evidentemente, te estás identificando.

No digas bueno o malo, sencillamente, no digas nada. ¿Puedes permanecer alerta cuando surja la ira, cuando surja el sexo, cuando surja la avaricia, sin decir sí o no? ¿Puedes resistir la tentación de decir sí o no? ¿Puedes estar simplemente alerta, tomando nota de aquello que está ahí, sin realizar ningún juicio? Entonces ya tienes la llave. Esa es la llave del zen. Es una llave maestra; abre todos los candados que existen.

El que no está apegado a la forma no necesita ser reformado. El agua es esmeralda, la montaña es índigo, y veo lo que crea y lo que destruye.

En realidad para un hombre de zen no hay problemas, porque él observa las cosas y acepta su naturalidad. *El agua es esmeralda*; ¿dónde está el problema? *La montaña es índigo*, ¿cuál es el problema? Una flor es una flor, una espina es una espina. Las cosas son lo que son. ¿Dónde está el problema?

El problema surge cuando empiezas a evaluarlas. Dices: habría sido mejor si el agua no hubiera sido esmeralda. Entonces surge el problema. Si dices: habría sido mejor si la montaña no hubiera sido índigo. Entonces tienes un problema.

El agua es esmeralda, las montañas son índigo; acepta el hecho. Vive con el hecho, y no lleves a él las teorías. Simplemente, continúa observando tu mente. No hace más que sacar teorías. No te permite aceptar nada. No hace más que pensar: no debería ser así, debería ser así. No hace más que llevar la imaginación.

Mira... ¿dónde está el problema?

Las cosas son como son. Y si tú aceptas esto, si tú entiendes esto, no hay que hacer nada más. Has regresado a tu hogar. Entonces no haces más que seguir mirando y seguir disfrutando. La escena es maravillosa, la escena es absolutamente maravillosa, pero no te metas en ella. Junto con tu evaluación, con tu juicio, entrará el ego.

El niño está inquieto, correteando alrededor. Tiene que ser así, es un niño. Pero tú quieres que se siente en silencio, quieres que se comporte como un viejo y ahí es donde surge el problema. Ahora puedes ver que el niño es un niño. Ahora estás intentando convertirlo en algo que no es. Entonces tendrás problemas, estás también creando problemas para el niño. ¡Acéptalo!

Los perros están ladrando y tú estás meditando. No digas que te están molestando. Ellos no se preocupan por ti en absoluto; ni siquiera saben que estás meditando. Son perros y ladrar es su meditación. Disfruta tu meditación y permite que ellos disfruten su meditación.

En cuanto lo aceptas, de repente, desaparece el problema. Pero en lo más profundo, sigues evaluando. Habría estado bien que estos perros no estuvieran ladrando. Pero ¿por qué no van a ladrar? Son perros y eso es algo que les divierte muchísimo. Simplemente acepta el hecho, y verás que cuanto más lo aceptes, menos te distraerá su ladrido. Entonces, de repente, ellos siguen ladrando y tú meditando y no hay choque. El choque surge de tu mente y de tu actitud.

Todo está en estado natural. Estate tú también en tu estado natural. El mundo es absolutamente bueno, el mundo es absolutamente bello; es el mejor mundo que puede haber.

El décimo sutra: En el mundo. El noveno sutra es: Llegar a la fuente, pero siempre que llegas a la fuente, hay que completar el círculo.

Estaba leyendo una pequeña anécdota:

«¿Quién hizo a Dios?», preguntó un niño de ocho años.
«Dios no tiene principio ni fin», contestó el maestro.
«Pero todo tiene principio o fin», insistió el niño.

Otro niño de ocho años intentó ayudar: «¿Dónde está el principio y el fin de un círculo?», preguntó.

«Ya lo entiendo», dijo el primer niño.

Para que la vida sea realmente completa, el círculo tiene que volver al primer paso. Entonces se completará el círculo. Eso es lo que faltaba antes de Kakuan. Los dibujos taoístas terminaban en el octavo dibujo, pero Kakuan sintió, y estaba en lo cierto, que el círculo no estaba completo; que faltaba algo.

Un hombre empieza en el mundo; debe terminar en el mundo. Solo entonces se completa el círculo y el hombre es perfecto.

En el zen existe un dicho: Antes de que entrara en el camino, los ríos eran ríos y las montañas eran montañas. A medida que me adentré en el camino, me confundí cada vez más. Los ríos ya no eran como ríos ni las montañas eran como montañas. Todo se puso patas arriba, al revés. Era un caos. Y cuando llegué al final y se terminó el camino, los ríos volvieron a ser ríos y las montañas volvieron a ser montañas.

Tiene que ser así. Tú empiezas en el mundo. El mundo es lo conocido. Cada vez que empiezas, empiezas en el mundo. Ahora hay una cosa cierta: si el círculo es completo y el viaje completo y tu estás satisfecho, debes terminar en el mundo. Pero en el medio, las cosas estarán patas arriba.

El *siddha* —aquel que se ha realizado— vuelve al mundo como un hombre ordinario. A veces puede que no te des cuenta siquiera de que hay un *siddha* que vive justo en tu barrio. Puede que alguien que conozcas sea un *siddha* y que no te hayas dado cuenta. El círculo puede ser tan completo que parezca un hombre normal, porque el esfuerzo por parecer un hombre extraordinario sigue siendo un regodeo ególatra. Así que, ¡ten cuidado!; puede que te estés cruzando con muchos *siddhas* en el mercado. Y estate alerta; puedes tener sentado a tu lado a un *siddha* que haya completado el círculo.

En Oriente nos inclinamos ante los demás en recuerdo profundo de Dios. En Occidente tú dices hola a alguien, dices buenos días, buenas tardes. En Oriente, no decimos eso, decimos: *Jai Ram* (Dios es grande). Reconocemos al dios que hay en la otra persona. Saludamos al dios que hay en la otra persona. ¿Quién sabe? A lo mejor ha completado el círculo.

En ese profundo reconocimiento no hablamos de la mañana, de la tarde o de la noche; eso es inútil. Buenas noches no es más que una formalidad; buenos días es solo una formalidad. Pero cuando alguien dice: *Jai Ram* —me inclino ante el dios que hay en ti— no es solo una formalidad. Tiene un profundo significado. Dice: ¿Quién sabe? No estoy muy alerta, y la otra persona puede ser Rama, puede ser Dios mismo. Me voy a inclinar ante él.

Cada vez que un Buda completa el círculo, vuelve al mundo. Allí es donde empieza todo el mundo y allí es donde todo el mundo debería terminar. Ese es el décimo sutra:

> *Descalzo y con el pecho desnudo,*
> *Me mezclo con las gentes del MUNDO.*
> *Tengo las ropas a jirones y polvorientas, y soy eternamente dichoso.*
> *No utilizo la magia para alargar mi vida,*
> *Ahora, ante mí, los árboles cobran vida.*

Descalzo y con el pecho desnudo… muy normal, como un mendigo.

Descalzo y con el pecho desnudo, me mezclo con las gentes del mundo.

El hecho de mezclarse con las gentes del mundo supone un gran reconocimiento, un entendimiento, que todo el mundo es divino. Así que no hace falta ir a los Himalayas, no hace falta que te escondas en la reclusión de un monasterio, no hace falta estar aislado. Mezclarse con la gente supone mezclarse con Dios en millones de formas.

Descalzo y con el pecho desnudo, me mezclo con las gentes del mundo.

Ahora ha desaparecido la división entre el mundo y el nirvana. Este mundo y ese mundo; esa división ha desaparecido. Lo profano y lo sagrado; esa división ha desaparecido. Ahora todo es sagrado o profano, porque todo es uno. Llámalo mundo o nirvana, da igual, es lo mismo. El mundo es *moksha*, el mundo es nirvana.

Hay ciertos proverbios como los de los monjes zen que preocupan mucho a otras personas religiosas. El maestro zen dice: Este mundo es nirvana, este mundo es iluminación, supremo, último, y no existe otro mundo. Esto preocupa y crea ansiedad en otras personas religiosas, porque no pueden pesar que lo profano pueda ser sagrado, que lo ordinario pueda ser extraordinario, que los guijarros del camino sean diamantes. Pero es así y la perspectiva zen es absolutamente correcta.

El otro mundo no está en ningún otro lugar, está aquí-ahora. Lo único que necesitas es percepción, transparencia. Cuando tus ojos son transparentes, los guijarros se convierten en diamantes. Cuando alcanzas la transparencia, todas las piedras se convierten en imágenes de

Dios. Cuando alcanzas la realización de tu ser, de repente, has realizado el todo. No hay otro mundo; este es el único mundo que existe. Pero existen dos maneras de verlo. Una es con los ojos vendados. No es correcto decir que esta sea una manera de ver, es una manera de no ver. Y después existe otra manera: con los ojos abiertos, limpios, transparentes, con percepción. Entonces, de repente todo es bello, divino, sagrado. Estés donde estés, estás pisando terreno sagrado. Te rodea lo más sagrado de lo sagrado.

Descalzo y con el pecho desnudo, me mezclo con las gentes del mundo. Tengo las ropas a jirones y polvorientas, y soy eternamente dichoso.

De nuevo lo ordinario; quizá cortar madera, llevar agua desde el pozo. Hacer cosas normales: limpiar la casa, preparar la comida, atender al invitado.

Tengo las ropas a jirones y polvorientas —de regreso a la normalidad de la vida— y soy eternamente dichoso. Sin embargo, allí donde estoy, la dicha me rodea. Ya no es algo que me ocurra a mí, es algo que se ha convertido en mi cualidad intrínseca. No es que a veces sea dichoso y a veces no, se ha convertido en mi naturaleza, soy la dicha.

No utilizo la magia para prolongar mi vida, ahora, ante mí, los árboles cobran vida.

Porque no se trata de prolongar la vida. Uno vive eternamente. Ahora no hay muerte, así pues, ¿qué necesidad hay de prolongar la vida?

Los yoguis se han preocupado mucho, casi se han obsesionado, con la idea de alargar la vida, de vivir más. Es un deseo muy arraigado en toda persona. Si alguien llega y dice: He encontrado en los Himalayas a un sadhu que tiene ciento cincuenta años, de repente te sientes interesado. ¿Por qué? ¿Qué diferencia hay entre cincuenta, ciento cincuenta o trescientos? ¿Qué diferencia? ¿Por qué te interesa? Todavía estás identificado con el cuerpo; todavía tienes miedo de la muerte.

Me hablaron de un sadhu que vivía en los Himalayas que solía decir que tenía mil años. Un occidental fue a verlo desde muy lejos, solo porque había oído que tenía mil años: Es imposible; pero, quién sabe… En Oriente ocurren cosas…

Fue, observó al hombre, pero no lo podía creer. El hombre no parecía tener más de sesenta años. Lo estuvo observando durante cinco días, pero no se podía creer que tuviera mil años; como mucho sesenta. Y esto incluso le parecía demasiado. Entonces reunió valor y le preguntó a un discípulo que parecía ser su principal discípulo: «¿Tú qué piensas? ¿De verdad tiene mil años?»

El discípulo dijo: «La verdad es que no lo sé, porque yo solo llevo con él trescientos años». ¡Y el discípulo no parecía tener más de treinta años!

La mente humana es estúpida. Pero la atracción tiene un profundo significado: demuestra que tienes miedo a la muerte. Te interesas por alguien que tiene mil años; quizá también te pueda ayudar a ti. Quizá también te pueda dar algún secreto, alguna fórmula alquímica, alguna clave, y tú puedas vivir mucho también. Pero el zen no está interesado por la prolongación de la vida, porque el zen dice: Una vez que te entiendas a ti mismo, tendrás vida eterna. ¿A quién le preocupa la prolongación de la vida?

Tener una vida prolongada sigue siendo un deseo del cuerpo; un hombre identificado que tiene miedo a la muerte. El hombre de entendimiento sabe que no existe la muerte. La muerte no ocurre; nunca ha ocurrido. Solo ocurre porque estás identificado con el cuerpo y no te conoces a ti mismo. Sí, serás separado del cuerpo. Si estás muy identificado con él, esa separación te parecerá como una muerte. Pero si no estás identificado con el cuerpo y te conoces a ti mismo como el alma observadora, como la conciencia, como la consciencia, entonces no hay muerte.

No utilizo la magia para prolongar mi vida..., pero está ocurriendo algo... Ahora, ante mí, los árboles cobran vida. Incluso los árboles muertos, a medida que paso a su lado, cobran vida. El hombre que ha llegado al centro más profundo de su ser está tan lleno de vida que cuando camina infunde su vida en todo. Se dice que cuando Buda fue al bosque, los árboles muertos cobraron vida y florecieron fuera de estación. Puede que no sean más que historias, pero son significativas; mitológicas, no históricas, no reales en el sentido de la historia pero, a pesar de ello, reales en un sentido más profundo. Cuando tú estás vivo, todo lo que tocas cobra vida. Cuando estás muerto, matas todo lo que tocas. Tu roce se vuelve venenoso.

El comentario en prosa:

Tras mi puerta, mil sabios no me conocen. La belleza de mi jardín es invisible. ¿Por qué buscar las huellas de los patriarcas? Voy al mercado con mi botella y vuelvo a casa con mi bastón. Visito la taberna y el mercado, y todo aquel al que contemplo se ilumina.

Tras mi puerta, mil sabios no me conocen. La verdad de un hombre es tan vasta que incluso mil sabios no la pueden conocer. No se puede conocer. No solo es lo desconocido, es lo «inconocible». Cuanto más lo conoces, más sientes su «inconocibilidad». Es un misterio, no un problema a resolver, no un acertijo que se pueda resolver. Es un misterio que se va haciendo cada vez más grande. Cuanto más te adentras en él, más misterioso se vuelve. Es el mismo sustrato. Es lo último. No hay nada más allá de él. No hay nada más allá de ti; tú eres la misma base de la existencia, la misma base del ser. Evidentemente, esa misma base no se puede convertir en parte del conocimiento. Es más profunda que el conocimiento. Es más profunda que el conocedor.

Tras mi puerta, mil sabios no me conocen. La belleza de mi jardín es invisible. Uno lo siente. Uno lo siente, pero no lo puede conocer. Uno se vuelve alerta, pero es algo muy sutil. No lo puedes apresar. Puedes darte cuenta de ello, puedes vivir en ello, pero no lo puedes apresar, no te puedes apegar a ello. Es algo elusivo.

¿Por qué buscar las huellas de los patriarcas? Ya no hace falta. ¿Por qué debería uno preocuparse por los Budas, los conocedores, las personas iluminadas? Jesús y Krishna y Lao Tse, ¿por qué se debería preocupar uno por ellos? Ha terminado la búsqueda. Has llegado a casa.

¿Por qué debería uno buscar las huellas de los patriarcas? Ya no hace falta. Una vez que has regresado a tu naturaleza más profunda ya no hace falta ninguna escritura, ninguna doctrina, ningún yoga, ningún sistema, ninguna búsqueda.

Voy al mercado con mi botella. Aquí Kakuan es único, un hombre muy valiente. Es muy difícil encontrar personas tan valientes entre las personas supuestamente religiosas. Solo una persona verdaderamente religiosa puede ser tan valiente. Acepta el mundo en su totalidad.

Voy al mercado con mi botella y vuelvo a casa con mi bastón. Visito la taberna y el mercado, y todo aquel al que contemplo se ilumina. Ya no hay nada prohibido, ya no se niega nada. Ya no hay «no». Un gran «sí» rodea todo. Todo está incluido, nada está excluido; ni siquiera está excluida la taberna. Nada está excluido; el «sí» incluye todo, es total.

Uno abarca todo de tal forma que va al mercado, incluso a la taberna. Ahora uno encuentra a Dios oculto en todo. Ahora uno no condena nada. Ha desaparecido por completo el decir no. Y recuerda, el ego desaparece totalmente solo cuando desaparece por completo el decir no. Si todavía tienes un no, todavía tienes un apego. Entonces el ego todavía se esconde de maneras sutiles. Dice no y se siente bien.

Lo que quiere decir Kakuan con esto es: ahora el sí es tan total que el templo y la taberna son lo mismo para mí. Ahora veo a Dios por todas partes. Ahora Dios es la ubicuidad. *Y a todo aquel al que miro se ilumina.*

Esto es lo último que hay que recordar. Una vez que tú te has iluminado no puedes encontrar a una persona que no se haya iluminado. No es que todo el mundo se ilumine, sino que si miro en tu interior, no puedo ver otra cosa, estás iluminado. Por eso no hago más que decir que tú eres todos lo budas. La «budidad» es tu naturaleza intrínseca. El día que me miré a mí mismo, ese mismo día todo el mundo se iluminó para mí.

Puede que estés confundido: puedo ver tu confusión. Puedes estar confundido sobre tus propios tesoros. Puede que no seas consciente, pero yo puedo verlo; estás llevando el mayor tesoro de la vida. Estás llevando a Dios dentro de ti. Puede que lo hayas olvidado completamente. Puede que hayas olvidado totalmente el camino de vuelta a casa, pero todavía sigue ahí.

Y Kakuan tiene razón: *Todo aquel al que miro se ilumina.* Si te miro a ti, te iluminas, porque para mí ahora solo existe la iluminación.

Seas quien seas, encontrarás el mundo exactamente igual. No harás más que encontrarte a ti mismo en el mundo. El mundo es un espejo. Si estás iluminado, estás rodeado de seres iluminados. No existe otra posibilidad. Estás rodeado por un universo iluminado. Toda la existencia, las rocas y los ríos, los océanos y las estrellas, todos están iluminados. Depende de ti. Allá donde estés, crearás tu mundo. Si eres infeliz, vivirás en un mundo infeliz. Si estás iluminado, vivirás en un mundo iluminado. Si tu energía está celebrando en tu interior, la totalidad se convertirá en una sinfonía de celebración.

Tú eres el mundo.

Ha sido suficiente por hoy.

Sobre el OSHO® *International Meditation Resort*

www.osho.com/meditationresort

SITUACIÓN: Situado a 160 kilómetros de Mumbai, en la moderna y próspera ciudad de Pune, en la India, el Resort de Meditación Osho International es un maravilloso lugar para pasar las vacaciones. El Resort de Meditación se extiende sobre una superficie de más de 16 hectáreas, en una zona poblada de árboles conocida como Koregaon Park.

MEDITACIONES OSHO: Un programa diario de meditaciones para cada tipo de persona que incluye métodos activos y pasivos, tradicionales y revolucionarios, y particularmente las Meditaciones Activas Osho™. Las meditaciones tienen lugar en la sala de meditación más grande del mundo, el Auditorio Osho.

OSHOMULTIVERSITY: Acceso a sesiones individuales, cursos y talleres, que abarcan desde las artes creativas hasta los tratamientos holísticos, pasando por la transformación y terapia personales, las ciencias esotéricas, el enfoque zen de los deportes y otras actividades recreativas, problemas de relación y transiciones vitales importantes para hombres y mujeres.

El secreto del éxito de la Osho Multiversity reside en el hecho de que todos los programas se complementan con meditación, apoyo y la comprensión de que, como seres humanos, somos mucho más que una suma de todas las partes.

SPA BASHO: El lujoso Spa Basho dispone de una piscina al aire libre rodeada de árboles y de un jardín tropical. Un singular y amplio jacuzzi, saunas, gimnasio, pistas de tenis..., todo ello realzado por la belleza de su entorno.

RESTAURACIÓN: Los cafés y restaurantes al aire libre del Resort de Meditación sirven cocina tradicional hindú y platos internacionales, todos ellos confeccionados con vegetales ecológicos cultivados en la granja del Resort de Meditación. El pan y las tartas se elaboran en el horno del Resort.

VIDA NOCTURNA: Por la noche hay muchos eventos entre los que elegir, ¡y el baile está en el primer lugar de la lista! Hay también otras actividades como la meditación de luna llena bajo las estrellas, espectáculos, conciertos de música y meditaciones para la vida diaria. O simplemente puedes disfrutar encontrándote con gente en el Plaza Café, o paseando por la noche en la tranquilidad de los jardines en un entorno de ensueño.

SERVICIOS: En la Galería encontrarás productos básicos y artículos de perfumería. En la Multimedia Gallery se puede adquirir un amplio abanico de productos Osho. En el campus encontrarás también un banco, una agencia de viajes y un cibercafé. Si estás interesado en hacer compras, en Pune encontrarás desde productos tradicionales y étnicos indios hasta todas las franquicias internacionales.

ALOJAMIENTO: Puedes alojarte en las elegantes habitaciones del Osho Guesthouse, o bien optar por un paquete del programa Osho Living-in, si se trata de una estancia más larga. Además, hay una gran variedad de hoteles y apartamentos con todos los servicios en las proximidades.

www.osho.com/meditationresort
www.osho.com/guesthouse
www.osho.com/livingin

Sobre el autor

Las enseñanzas de Osho desafían la categorización al abarcar desde la búsqueda individual de significado hasta los temas sociales y políticos más urgentes a los que la sociedad actual se enfrenta. Sus libros no han sido escritos, sino que son transcripciones de grabaciones, sonoras o en vídeo, tomadas de las conferencias improvisadas que ofreció, durante treinta y cinco años, a una audiencia internacional. Como él mismo dice: «Recuerda: todo lo que digo no es solo para ti... hablo también a las generaciones del futuro». Osho ha sido descrito por el *Sunday Times* de Londres como uno de los «1.000 constructores del siglo xx», y por el norteamericano Tom Robbins como «el hombre más peligroso desde Jesucristo».

El *Sunday Mid-Day* (India) lo ha seleccionado como una de las 10 personas —entre ellos Gandhi, Nehru y Buda, que han cambido el destino de la India.

Refiriéndose a su propio trabajo, Osho ha dicho que él está ayudando a crear las condiciones para el nacimiento de una nueva clase de ser humano. Muchas veces ha caracterizado a este nuevo ser humano como «Zorba el Buda» —capaz al mismo tiempo de disfrutar de los placeres terrenales como Zorba el griego y de la silenciosa serenidad de Gautama Buda. Atravesando como un hilo los diversos aspectos de la obra de Osho se encuentra una visión que pone en sintonía la perenne mirada oriental con las enormes posibilidades de la ciencia y las tecnologías occidentales.

Osho es también reconocido por sus revolucionarias contribuciones a la ciencia de la transformación interior, con un acercamiento a la meditación que deja de lado el ritmo acelerado de la vida contemporánea. Sus «Meditaciones Activas» están pensadas para, en primer lugar, desprenderse del estrés acumulado por el cuerpo y la mente, de manera que es más fácil experimentar el estado de meditación relajado y libre de pensamientos.

Existe una obra autobiográfica del autor:

- *Autobiografía de un místico espiritualmente incorrecto*, Ed. Kairós, Barcelona, 2011.

Para más información

Véase:

www.osho.com

Un amplio sitio web en varias lenguas, que ofrece una revista, libros OSHO, OSHO Talks en formato audio y vídeo, la Biblioteca OSHO con el archivo completo de los textos originales en inglés e hindi, y una amplia información sobre las meditaciones OSHO.

También encontrarás el programa actualizado de la OSHO Multiversity e información sobre el Resort de Meditación.

Website:

http://OSHO.com/resort
http://OSHO.com/magazine
http://OSHO.com/shop
http://www.youtube.com/OSHO
http://www.oshobytes.blogspot.com
http://www.Twitter.com/OSHOtimes
http://www.facebook.com/OSHOespanol
http://www.flickr.com/photos/oshointernational

O contactar con la Osho International, Nueva York
www.osho.com/oshointernational,
oshointernational@oshointernational.com

OSHO

tantra
energía y éxtasis

edaf

OSHO

en busca de la trascendencia

chakras, kundalini
y los siete cuerpos

OSHO

hombre y mujer
la danza de las energías

OSHO

día a día

365 meditaciones para
el aquí y el ahora

edaf